21世纪高职高专经管类系列规划教材

（第二批）

# 会计岗位职业技能实训

KUAIJI GANGWEI ZHIYE JINENG SHIXUN

● 主　编　富琳姝　伍春姑
● 副主编　邓满娥　饶　莉

华南理工大学出版社
·广州·

## 内容简介

本书以高职高专教育“培养技能、重在应用”的原则为导向，在企业会计工作环境下，从会计工作环境准备、会计工作知识储备、会计工作技能准备、实战企业业务准备、实战演练等方面展开论述，使学生熟练掌握会计工作岗位之间的业务衔接关系和内部控制要求。本书具有内容新、业务类型多、形式丰富等特点。

本书可作为高职高专院校会计及相关专业的教材，也可作为成人院校、职业学校相关专业的教材。

**图书在版编目（CIP）数据**

会计岗位职业技能实训/富琳姝，伍春姑主编．—广州：华南理工大学出版社，2011.8
21 世纪高职高专经管类系列规划教材 · 第二批
ISBN 978-7-5623-3447-7

Ⅰ. ①会…　Ⅱ. ①富…②伍…　Ⅲ. ①会计学－高等职业教育－教材　Ⅳ. ①F230

中国版本图书馆 CIP 数据核字（2011）第 095334 号

**总 发 行**：华南理工大学出版社（广州五山华南理工大学 17 号楼，邮编 510640）
营销部电话：020－87113487　87110964　22236386　87111048（传真）
**E-mail**：scutc13@scut.edu.cn　　**http**：//www.scutpress.com.cn
**总 策 划**：毛润政
**执行策划**：毛润政　朱彩翩
**责任编辑**：朱彩翩
**印 刷 者**：广州市穗彩彩印厂
**开　　本**：787mm×1092mm　1/16　**印张**：14.5　**字数**：320 千
**版　　次**：2011 年 8 月第 1 版　2011 年 8 月第 1 次印刷
**印　　数**：1～3 000 册
**定　　价**：25.00 元

“21世纪高职高专经管类系列规划教材”（第二批）

# 编写委员会

# 序 一

自我国提出大力发展高等职业技术教育以来，高职教育已取得了前所未有的成就，占据了中国高等教育的半壁江山。特别是2006年教育部颁布了《关于全面提高高等职业教育教学质量的若干意见》（教高［2006］16号），指出高职教育是高等教育的一种“类型”以来，高职教育的发展更是一片欣欣向荣。通过示范性院校建设项目和精品课程项目的启动和实施，高职教育日益彰显其作为高等教育的一种“类型”的本质属性和特征。

高技能人才培养模式也正由传统封闭的学校教育转向现代开放的校企合作办学模式，工学结合已成为高职教育人才培养模式改革的重要切入点。但是，要实现这一培养模式，课程改革是关键。高职教育与普通高等教育的类别特征及与中等职业教育的层次区别，也集中反映在其课程体系与课程内容之中。正如姜大源先生所说，想实现工学结合，而又不对课程进行改革，那么只能是镜花水月。课程始终是职业教育和教学改革的核心。事实证明，没有课程改革的教育改革一定是一场不彻底的、没有深度的，因而也不可能有实质性突破的改革。

正因为如此，中国高职教育整体的改革步伐始终伴随着三次课程改革的浪潮。第一次浪潮为20世纪80年代中后期至90年代初期，课程改革重点强调建设学科体系和实践体系双轨制的课程体系；第二次浪潮为20世纪90年代中后期至21世纪初，课程改革重点强调建设能力本位的模块化高职教育的课程体系；第三次浪潮为2006年以后，开始探索构建基于工作过程系统化和项目化的行动导向的课程体系。国家示范性高职院校建设计划和国家精品课程建设项目以及国家高职名师的评选计划的实施，标志着我国高职教育发展正式转向内涵建设。

目前，高职教育课程模式由单一走向多元，从封闭走向开放，以产业、行业、企业、职业、实践要素以及其工作过程系统化为基础，以真实的工作任务或产品为载体来对课程进行整体设计，将行业、企业技术标准与通用权威的职业资格标准引进课程，初步形成了职业实践导向的高职教育课程体系。

伴随着三次课程改革浪潮，高职教材建设也开展得如火如荼。基于实践本位理念的、基于能力本位理念的以及基于工作过程导向理念的各种形式的高职教材相继而出。尽管如此，但整体而言，作为高职院校基本建设之一的教材建设，仍然滞后于高等职业教育发展的步伐，以至于许多高职院校的学生缺乏适用的教材。这种现象在高职经管教育领域更为严重。其原因在于，相对工科类专业课程改革红红火火

的局面，经管类的课程改革总体而言还处在冰冻状态，这可以通过全国以及各省示范建设院校重点建设项目总数的90%以上属于工科专业的事实得到说明。还由于基于工作过程的课程改革在德国的探索首先开启于汽车、数控等工科类专业，随之产生的大量改革成果被我国高职院校借鉴和参考。而经管类专业，由于其职业和岗位（群）工作过程边界的模糊性，以及输入与输出和劳动工具与对象的无形性，使得经管类专业基于工作过程的课程改革实施难度较大，因而我国各高职院校选择工科类专业作为课改的首先对象就不足为奇了。其深层原因在于，职业技术教育作为一种类型的本质属性在理工科专业课程建设中更容易凸显。正是由于高职经管类课程改革的缓慢，才导致了其教材建设也不甚理想。目前我国高职经管类学生在人数上占据了高职学生总数的很大比例，如果继续忽视这一类课程及其教材的改革，将直接影响到经管类高职教育的健康发展和高职教学整体水平的提高。

值得欣慰的是，华南理工大学出版社肩负历史使命，受高度社会责任感的驱使，组织广东20多所高职高专院校编写了本套“21世纪高职高专经管类系列规划教材”，这是应高职改革之势、之需的新作为。本套教材以先进的高职理念为指导，在一定程度上突破了学科式的内容选择和排序方法，力求采取行动导向的教材建设思想，实施“理论课程实务化、实务课程实践化、实践课程整合化”以及“教学方法项目化”的教材建设思路。我们期望所有奋斗在经管类高职课程改革第一线的教师们能及时分享这一成果，以解除想上好高职经管类课程却无好高职经管类教材之尴尬和困境，并能利用这一成果充分展示高职项目教学法和情境教学的独特魅力。

我相信华南理工大学出版社组织编写的本套“21世纪高职高专经管类系列规划教材”的出版，宛如高职经管类课程开发及其教材建设之星星之火，可以燎原！

编委会主任：严中华

2009年6月28日于广州

# 序 二

当新世纪伴随着我国经济转型和经济高速发展的步伐到来之际，大学生就业难的问题就悄然摆在社会面前。2003 年是中国高校扩招后本科学生毕业的第一年，全国共有高校毕业生 212.2 万人，比 2002 年增加 64 万人，增幅达 43.2%；此后，每年均以超过 20% 的幅度在增长；2009 年毕业生更高达 560 万人，加上往届累积的 480 万人，全国未就业毕业生超过 1 000 万人，加上金融危机的影响，大学生就业难的问题更引起了全社会的广泛关注。

然而，在另一方面，却是企业对合格人才的呼唤和渴求以及企业对部分不合格大学生的“退货”，这一切令社会反思，令教育界反思，更令有责任心的教师们深思……

那么，职业院校应如何针对经济转型、发展需要和企业需求，培养出具有良好职业人文素质和精湛职业技能的应用型、职业型人才，使学生顺利地从“学生角色”过渡到“职业人”的问题，已是我们每个职业教育工作者刻不容缓的责任，也是我们职业教育内涵建设的关键。要实现这一人才培养目标，我们必须根据企业的需求，调整专业结构，更新课程内容，着重培养学生的就业能力，认真研究职业院校的学生应该“学什么，怎么学”；从以往完全按学科体系的模式，转变为根据各工作岗位对基本素质、基本技能和拓展技能的要求，按工作过程、工作内容进行设计，以项目为载体、以任务驱动设计教材内容。

为此，在华南理工大学出版社的大力支持下，广东省 20 多所高职院校联合起来并邀请部分企业参与，共同编写出适合目前高职院校教学需要的、有广东地域特色、符合教育部《关于全面提高高等职业教育教学质量的若干意见》(教高[2006] 16 号）要求的教材。本次参编人员达 260 余人，第一批出版教材近 30 种，这不仅是出版社的一件了不起的大事，甚至可以说是出版界的一件足以回味和借鉴的有意义的大事，同时也是广东高职高专经管类教育界的一件盛事。而且，通过各院校之间的相互交流和学习，相互研究和探讨，对高职高专的教学改革无疑将起着非常重要的积极作用。

本套教材的创新之处在于：

第一，教材内容根据职业岗位的工作过程、工作内容要求进行设计。

教材内容主要包括引导学生对工作岗位、工作内容有一个整体的认知，指导学生对其应该具备的职业人文素质和职业技能进行学习和训练。

第二，教学方法根据经管类专业的特点，按情景式教学法、体验式教学法、项目教学法和案例教学法进行设计。

教材尽量按模块进行编写，每个模块里包含若干个项目，每个项目又由若干个任务组成，真正体现“以项目为载体、以任务为驱动”的教学理念。力求体现企业要求和行业标准，又能适合高职高专学生的特点。

第三，重实务，体现时代要求。

我们侧重于对实务知识的介绍，突出教材实践性强的特点，让学生掌握更多的实操知识。

另外，考虑到网络已经成为现代人工作不可或缺的一部分，善于使用网络获取资源是现代人应该掌握的技能之一。因此，我们在教材的编写中一般都考虑到了“网上练习”这一环节，要求学生进行相关资料的收集或进行在线的测试。这也体现了本系列教材满足时代要求的设计思路。

第四，由企业专业人士和高职院校一线教师，结合企业人才需求和突出学生“教、学、做一体化”和“学以致用”的目的进行编写。

第五，对理论基础知识把握“必需”、“够用”的原则。

各书参编人员和主审大部分具有多年企业工作经验和多年的教学经历，在编写过程中还不断征求企业管理人员的意见，力求编写出符合企业人才需求和适合高职学生特点的教材。

总而言之，本系列教材整体框架和具体内容设计体现了“教、学、做”一体化原则，通过多样化的训练任务，应用“必需”的理论基础知识，把课堂交给学生去施展和体验，使学生由被动的学习者转变为主动的实践者。我们希望学生在这种“做中学”、“学中做”的教学模式中，能够真正获得知识、掌握技能、提升素质，成为善学习、常动手、会做人、能适应和快发展的实用型人才。

本系列教材凝聚了广东省20多所高职院校260多名教师和华南理工大学出版社编辑人员的智慧和辛劳。同时，侨鑫集团培训总监杨明军先生、仲衡保险公估公司总经理管仲华先生、豪森威市场调查公司总经理廖东升先生等多次参与本系列教材编写工作的研讨，提出了许多指导性意见，在此深表感谢。

编委会总主编：李旭穗

2009年7月20日

# 前 言

《会计岗位职业技能实训》是按照财政部2006年颁布的新的《企业会计准则》、《企业会计准则应用指南》以及2008年5月22日由财政部会同证监会、审计署、银监会、保监会等五部委联合发布，2009年7月1日开始执行的《企业内部控制基本规范》的要求，为全国高职高专院校会计及相关专业的学生而编写的。

本教材由富琳姝（副教授、高级会计师，广东建设职业技术学院）、伍春姑（高级会计师，河源职业技术学院）担任主编。邓满娥（副教授、会计师，中山职业技术学院）、饶莉（高级会计师、注册会计师、注册税务师，江门北斗会计师事务所有限公司）担任副主编。

参编人员根据多年的高职教学及会计实践工作经验，从高职高专会计及相关专业学生的学习特点出发，本着“以岗位为基础、以能力为本位”的原则，以真实的企业经济业务为依托，采用仿真的教学模式，以培养学生的职业技能为主线，紧紧围绕“岗位—知识—技能”来组织教学内容，旨在帮助学生熟悉会计工作环境，掌握会计核算流程及内部控制制度，培养与提高学生从事财务会计岗位工作应具备的业务素质及实践技能。本教材是校企合作的成果。

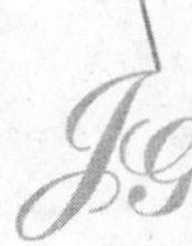

本教材有如下特点：

第一，内容新。教材内容以教育部《关于全面提高高等职业教育教学质量的若干意见》为指引，以财政部2006年颁布的新《企业会计准则》和2008年五部委联合发布的《企业内部控制基本规范》为要求，根据会计职业岗位的工作过程、工作内容及工作所需技能进行设计。

第二，类型多。针对越来越多的企业涉及出口业务核算的实际，将出口业务的核算及出口退税的业务处理融入教材中，使教材中涉及的经济业务的类型更多。

第三，形式新。改掉了过去以文字描述经济业务的弊端，以全仿真的原始凭证来展现经济业务的来龙去脉，使教学内容更贴近实际工作，也更能锻炼学生的职业判断能力。

第四，以岗位为基础。实训过程采用分组、角色扮演以及岗位轮换的方式，在全仿真的企业财务部门工作环境下，使学生亲身体验主管会计、制单会计、记账会计、出纳员等各会计工作岗位之间的业务传递及内部控制关系，补充学习理论知识上没有涉及的实践方面的知识和技能。

第五，以能力为本位。教材中具有详细的岗位能力要求与岗位技能实操，包括出纳岗位技能实操、制单会计岗位技能实操、记账会计岗位技能实操、主管会计岗位技能实操。

本书的编写分工是：邓满娥编写项目一；伍春姑编写项目二、附件四；富琳姝编写项目三、附件一、附件二、附件三；饶莉编写项目四；富琳姝、饶莉编写项目五。全书由富琳姝修改、定稿。

本教材在编写过程中得到了江门北斗会计师事务所有限公司的大力支持，并借鉴了财务会计实训方面书籍的相关观点以及相关法规、制度等大量文献资料，编者在此一并表示感谢！

由于编者水平有限，书中难免存在疏漏之处，敬请广大读者批评指正。

编　者

2011年4月

# 目 录

# 项目一　会计工作环境准备

## 能力目标

本内容使学习者在会计手工和会计电算化操作方式下均能达到以下能力目标：

☆ 能按实训的要求自觉遵守会计实训的纪律；

☆ 能认知会计环境，自行根据工作需要配置会计工作所需要的设施；

☆ 能提高在手工和计算机操作条件下会计综合业务处理能力，实现将企业手工会计向会计电算化转换；

☆ 能主动按会计工作岗位的要求进行会计核算工作，正确处理好各会计岗位之间相互依存和牵制的关系；

☆ 能熟练设置各种账簿，填制各种原始凭证，能对典型的经济业务进行确认、计量，能填制和审核记账凭证，能对各种账簿进行登记，能准确地进行成本计算和财产清查，以及编制财务会计报告；

☆ 能自主学习，以适应不同岗位的需要。

## 知识目标

本内容使学习者在手工和电算化操作方式下均能达到如下知识目标：

☆ 了解会计内部控制的基本要求；

☆ 明确会计实训的目的，恰当运用会计基本理论解决会计核算实践问题；

☆ 掌握会计实训的基本要求，自觉遵守财经法规与会计职业道德；

☆ 理解会计岗位设置的要求，明确各会计岗位责任，正确处理不同会计岗位之间的分工合作关系；

☆ 熟悉会计的相关法规及制度。

## 任务一　实训目的

会计实训是为了巩固、应用《财务会计》的理论知识；根据《企业会计准则》的规定，融理论与实践为一体，对经济业务进行记账、算账、报账等账务处理。通过会计综合实训使学生初步具备从事会计工作的能力，初步掌握会计核算程序操作的基本技能，掌握账务处理流程。通过实训能正确填制和审核原始凭证、编制和审

核记账凭证及记账凭证汇总表；能登记总账、明细账和进行账簿的结账及差错更正；能编制试算平衡表和主要会计报表，并在此基础上开展财务分析和纳税申报。培养作为一名会计人员应具有的认真、细致、兢兢业业、实事求是、踏实肯干的工作作风，树立良好的会计职业道德。

实训过程注重技能训练，以“用”促学，从做中学，边“用”边学。学生在实训期间，可获得多岗位通用的知识和经验，可在提高专业能力的同时，明显地提高社会适应能力。在实训业务活动组合方式中，学生可以在模拟公司扮演几个会计岗位角色，以个别化方式接受实训指导，培养学生岗位适应能力。

本实训以中山市宝利塑料制品有限公司的典型业务为主线，以会计岗位能力培养为目标开发而成。通过会计实训，将会计专业理论知识和专业实践有机地结合，达到两者的完美统一，使学生在掌握一般会计业务技能的基础上，进一步了解实际企业财务部门的岗位规划与职责设计，掌握各岗位会计业务处理技能，提高其实际操作能力以及对会计政策的理解水平，熟悉各会计岗位之间的协同关系，以及财务部门与其他相关职能部门单位的工作关系，掌握从理论到实践的转化过程，正确处理不同会计岗位之间的分工合作关系。会计模拟实训将经济业务的来龙去脉与企业的生产经营有机结合，将会计信息系统纳入企业信息系统中，能开阔学生的视野，增进学生对企业运营情况的认识，是会计专业学生从校门走向工作岗位的一次“实战演习”，为学生毕业后尽快适应具体会计岗位的工作要求奠定基础。

## 任务二　实训要求

在整个实训过程中，教师是实训教学的咨询者、指导者，而不是受训者在实训中经营业务的代办者、工作者；学生是模拟公司的实训主体，是经营活动的直接参与者或决策者，具体要求如下。

（1）会计岗位综合实训应在会计模拟实训室中进行。

（2）进行实训前，应提前阅读本实训教材的有关内容，明确每个岗位业务处理流程，并结合相关会计课程内容进行认真的预习，领会实训内容，以现行的会计法规、准则、制度和规章为依据，进行会计事项的处理。在实训中，应认真领会实训要求和中山市宝利塑料制品有限公司的内部会计制度，掌握每个岗位的实训目的和要求，领会各岗位之间的业务传递关系，掌握国家有关财经法律法规和企业会计制度，掌握各项费用的有关规定、范围和标准，加强学生的政策法制观念。对于每一笔经济业务的处理，都要依据现行会计制度的规定进行，依据审核无误的原始凭证或原始凭证汇总表编制记账凭证，并据以登记账簿，编制会计报表。

（3）以中山市宝利塑料制品有限公司实际发生的经济业务为实训内容。在现实经济活动中，各核算单位的经济业务比较复杂，不可能把企业可能发生的经济业务全部都列入实训内容中，只能选择其中具有代表性的基本经济业务为会计岗位实

训内容，通过对这些经济业务的账务处理，掌握会计各岗位经济业务账务处理的基本操作方法。

（4）以企业实际会计工作中使用的账、证、表为实训材料。在实训中，要运用规范、仿真的原始凭证，真实的记账凭证、会计账簿和会计报表，严格按现行企业会计制度的要求进行实操，以增强岗位实操的真实性，让学生获得感性认识，扩大视野，开拓思路，形成科学的账务基础。

（5）学生必须严格遵守实训纪律，严格考勤，不得迟到、缺课。所有学生都必须完成实训任务，不得无故缺席。如需请假，应办理相关请假手续，需由实训指导老师、教研室主任、系主任审核签字确认。

（6）在实训中，所有资料及办公用品必须认真保管，要求摆放有序、整洁，不得随便带出室外。

（7）全部实训结束后，将所有会计资料折叠整齐，按照装订凭证的规定，加具封面，注明单位名称、年度、月份和起讫日期，并由装订人签名或盖章。应将各种账页按不同格式（或类别）装订成册，附上账簿启用登记表。全部会计报表附上会计报表封面，注明单位名称、年度、月份，并签章。所有会计档案应妥善保管。

（8）全部实训结束后，每位参与实训的同学写出一份实训总结，以便进一步熟悉、掌握有关知识，提高分析问题和解决问题的能力。

## 任务三　手工实训环境

会计实训室应仿真企业财会部门布置，营造一种职业氛围，如布置会计岗位责任制、会计核算流程图、办公桌椅、办公用品、凭证、账表等，有条件的情况下可配备现代化的办公设施。

### 一、实训设备

（1）办公桌椅。会计模拟实训室内办公桌椅应按组有序摆放，模拟实际企业会计部门。

（2）岗位工牌4个：会计主管、制单会计、记账会计、出纳。

（3）会计办公用品：每个小组（4人）一套。主要包括装订机1台，双色印台1盒、大头针1盒、直尺1把、计算器4个、资料夹2个、胶水1瓶。

（4）印章：每个小组（4人）一套。包括模拟企业公章、财务专用章（代替发票专用章）、参加实训学生的人名章。

（5）多媒体教学设备。主要包括指导教师用计算机一台，液晶投影仪一台。

### 二、实训资料

（1）实训指导书：《会计岗位职业技能实训》。

（2）记账凭证：150 页。

（3）记账凭证封面 1 张。

（4）各种账簿：总账 70 页、现金日记账 2 页、银行存款日记账 4 页、三栏式明细账 100 页、数量金额式明细账 50 页、多栏式明细账 30 页、应交增值税明细账账页 4 页、科目汇总表 8 页。

（5）会计报表：包括资产负债表、利润表、现金流量表各 1 份。

（6）各种纳税申报表。

（7）红色、黑色签字笔若干。

## 任务四　计算机实训环境

实训室中每位学生配备一台电脑，并装有用友财务软件或金蝶 KIS 操作平台，配置局域网。其他与手工实训环境相同。

## 任务五　实训组织过程

## 子任务一　角色分工

会计岗位职业技能实训应分岗进行实训操作，每个实训小组组成一个模拟会计机构。在会计机构（会计室）中可以一人一岗，也可以一人多岗或一岗多人，并采用会计岗位轮岗实训的方式，相互合作完成实训。

### 一、学习模式

会计岗位轮岗实训采用“会计工作岗位训练模式”。在模拟会计工作环境中，按照有关规定和实际会计工作情况，将会计职业分解成几个工作岗位或岗位群，几个学生分为一组，分别承担会计工作中不同岗位的任务，分岗位处理会计业务与实务，并进行全部岗位的轮换，以掌握每个会计岗位的基本技能，并对整个会计工作流程有完整的认识，提高履行岗位职责的实际能力，增强岗位适应性、综合性和系统性。

主要特点：一是岗位针对性强，学生通过这种训练，能迅速适应会计的岗位工作；二是注重业务流程的训练；三是有助于学生学会处事和处理人与人之间的关系；四是便于以小组方式进行自主学习；五是可设置故障进行反复操作。

应用要领：必须明确各个岗位的主要工作职责及所需技能，有针对性地安排各岗位的具体工作内容，并合理分配工作负荷；引导学生正确把握不同岗位之间的关系，要求学生对整个部门工作流程有完整的认识；要提供中山市宝利塑料制品有限公司的业务资料及学习资源。

这一模式适用于已经学习完全部会计专业知识和技能、能熟练使用财务软件的学生，有过实际会计工作见习经验的学生则更为适用。

## 二、处理技术

会计业务处理技术有多种方式，其中典型的方式：一是手工操作方式，二是手工与计算机结合操作方式，三是手工与计算机并行方式。按照现代职业教育的要求，为推广先进技术，在实训中主要采用手工与计算机并行方式进行建账、日常会计业务核算和期末会计事项处理，分别形成两套账务资料。

## 三、教学组织

以学生为中心，由学生根据教师的要求和模拟的企业资料，寻求各种资源和信息，自主完成会计业务。教师的角色既是指导者或辅导者，又是组织者和观察者。教师向学生布置任务、介绍相关资料和学习资源，进行必要的指导，解答问题、控制学习进度，监督检查学习情况并及时纠正错误。

1. 会计岗位设置的基本原则

应按照《会计法》、《会计工作基本规范》、《内部会计控制规范》的有关规定，根据企业规模大小、会计业务的繁简和实际需要来设置会计工作岗位，要求既要满足管理的需要，又要避免与实际脱节。会计岗位设置的基本原则如下：

（1）会计岗位设置要与企业的类型和性质、管理体制、组织结构、经营规模及会计工作组织形式相适应，要体现精简、高效的原则。

（2）合理设置会计岗位及人员分工，使不相容职务相互分离，形成相互牵制作用。不相容职务主要有：授权批准、业务经办、会计记录、财产保管等。

（3）指定会计机构负责人，负责领导和办理本单位的会计工作。

（4）建立内部稽核制度。指定专人对本单位的会计凭证、账簿、报表及其他会计资料进行审核，包括事前审核和事后复核，保证核算资料的合法性，防止会计核算工作上的差错和经手人员的舞弊。

（5）会计机构内部实行钱账分管制度。凡涉及货币资金和财物的收付、结算及其登记的任何一项工作，规定由两人或两人以上分管。如：处理支付现金业务，首先由出纳付款，再由稽核员审核、记账员登记，不得由一人兼办。其目的主要是为了加强工作人员间的相互核对，相互牵制，防止差错。一旦发生舞弊行为，也易于发现。出纳人员不得兼任稽核、会计档案保管和收入、支出、费用、债权债务账目的登记工作。

2．符合多数企业实际情况

根据我国会计制度、法规及相关规定对企业会计岗位设置的要求，会计电算化后的工作岗位可分为基本会计岗位和电算化会计岗位。基本会计岗位可分为：会计主管、出纳、会计核算各岗位、会计稽核、总账报表、会计档案管理等。电算化会计岗位主要有电算主管、软件操作、审核记账、电算维护、电算审查、数据分析、会计档案资料保管员、软件开发。中小企业一般对上述会计工作岗位实行一人多岗。

在实际企业中，手工操作一般包括下列会计工作岗位：

（1）会计机构负责人（会计主管）。会计机构负责人的主要职责是制定企业内部会计制度及本单位会计事务办理流程；组织筹措和节约使用资金；提出财务报告，分析财务状况，汇报财务工作；编制财务预算，参与拟订企业经济计划、业务计划，考核并分析预算与财务计划的执行情况，参与经营决策；组织会计人员学习，考核调配人员。在使用计算机进行会计核算的情况下，会计主管可兼任电算化主管及数据分析岗位的工作，负责协调计算机及会计软件系统的运行工作，负责对计算机内的会计数据进行分析。

（2）出纳。出纳人员按规定办理货币资金收付手续，负责登记现金日记账及银行存款日记账，负责保管库存现金、有价证券，并保管部分印章。在使用计算机进行会计核算的情况下，负责库存现金日记账、银行存款日记账管理工作，具有出纳签字权、现金和银行存款日记账的查询及打印权、资金日报查询权、支票登记权以及与银行对账有关的操作权限。

（3）会计核算各岗位。会计核算各岗位人员的主要工作内容包括对货币资金、采购与付款、销售与收款、存货核算、固定资产核算、成本费用、投资和捐赠等经济业务的会计核算。会计核算首先由会计人员对经审核人员审核过的原始凭证判断其经济业务性质，并据此填制记账凭证，然后由记账会计登记有关会计账簿。使用计算机进行会计核算的情况下，会计核算岗位人员可兼任软件操作岗位的工作，负责输入记账凭证等会计数据，操作会计软件登记机内账簿，输出记账凭证、会计账簿、会计报表等。

（4）会计稽核。会计稽核人员主要负责对本单位会计凭证、账簿、报表及其他会计资料进行合法性、合理性、合规性审核，包括事前审核和事后复核。在使用计算机进行会计核算的情况下，会计稽核人员可兼任电算审查，负责对输入计算机的记账凭证和原始凭证进行审核，对打印输出的账簿、报表进行确定；负责监督计算机及会计软件系统的运行，防止利用计算机进行舞弊。

（5）总账报表。总账报表人员采用一定的会计核算程序，登记总分类账和明细分类账，编制财务会计报告并进行分析。

（6）会计档案管理。会计档案管理人员按规定管理各种会计档案，包括会计凭证、会计账簿、会计报表、其他会计资料及会计软件文档等，负责归档、装订、

存放和保管等工作。

3. 符合计算机会计信息系统的处理要求

在实际企业中，计算机操作一般包括下列会计工作岗位。

（1）电算主管。电算主管领导本单位会计电算化工作，拟定会计电算化中长期发展规划，制定会计电算化日常管理制度。根据所用软件的特点和本单位会计核算的实际情况来建立本单位的会计电算化体系和核算方式。会计科目的设置必须符合会计制度与本单位核算管理的要求，报表数据格式必须符合财政部门和其他有关部门的要求。定期或不定期组织有关岗位人员对会计应用软件进行系统分析，并根据会计电算化运行现状，提出修订或开发会计核算软件的意见。总体负责会计电算化系统的日常管理工作，包括计算机硬件、软件的运行工作，提出有关硬件、软件的更新、维护和安全保密的方案；挖掘硬件、软件的显在和潜在的作用，充分发挥会计电算化在生产经营管理过程中的作用。保证和监督系统的有效、安全和正常运转，发生故障应及时查明原因，及时纠正，及时恢复正常运转。负责上机人员的使用权限设置，协调系统内各类人员之间的工作关系。定期或不定期对会计电算化岗位工作进行检查考核，并指导各岗位人员完成会计电算化工作任务。做到各司其职、奖罚分明，以促进整体电算会计岗位责任制的运行效率提高。提出培养会计电算化人才的目标、方案和实施步骤。通过对会计电算化人员培养、锻炼和考核，使本单位形成不同技术层次的（程序员、维护员、操作员等）会计电算化人才格局。保证会计电算化工作沿着全面、持续、稳定、高效率的方向发展。负责组织监督系统运行环境的建立和完善以及系统建立时的各项初始化工作。负责整个会计电算化系统操作的安全性、正确性和及时性的检查，做好上机记录的整理工作，按规定及时归档。做好系统运行情况的总结，提出更新软件或修改软件的需求报告。

（2）审核记账。负责对输入计算机的会计数据（记账凭证和原始凭证等）进行审核，操作会计软件登记机内账簿，对打印输出的账簿、报表进行确认。此岗位要求具备会计和计算机知识，达到会计电算化初级知识培训的水平，可由主管会计兼任。

（3）软件操作。负责输入记账凭证和原始凭证等会计数据，输出记账凭证、会计账簿、报表和进行部分会计数据处理工作。要求具备会计软件操作知识，达到会计电算化初级知识培训的水平。各单位应鼓励基本会计岗位的会计人员兼任软件操作岗位的工作。

（4）电算维护。负责保证计算机硬件、软件的正常运行，管理机内会计数据。此岗位要求具备计算机和会计知识，经过会计电算化中级知识培训。采用大型、小型计算机和计算机网络会计软件的单位，应设立此岗位。此岗位在大中型企业中应由专职人员担任。

（5）电算审查。负责监督计算机及会计软件系统的运行，防止利用计算机进行舞弊。要求具备会计和计算机知识，达到会计电算化中级知识培训的水平。此岗位可由会计稽核人员兼任。采用大型、小型计算机和大型会计软件的单位，可设立此岗位。

（6）数据分析。负责对计算机内的会计数据进行分析，要求具备计算机和会计知识，达到会计电算化中级知识培训的水平。采用大型、小型计算机和计算机网络会计软件的单位，可设立此岗位，由主管会计兼任。

4. 合理分解每个工作岗位的工作负担，尽可能使每个人的工作量均衡

## 四、实训角色分工及扮演

（一）分组

为了便于小组讨论学习，易于轮岗操作，应安排每 4 名同学一组，组成一个模拟公司的财务部。在分组时应注意对各层次学生的搭配，必须保证每组中都有较为优秀的学生担任员工，通过他们来指导和带动本组的其他人员，这样实训效果会大大提高。小组中的每个成员分别扮演不同的角色，从而实现小组集体任务的分解，通过分工协作，最终完成总的任务。

（二）分岗方案

具体分为 4 个岗位，分别为会计主管、出纳员、制单会计和记账会计。岗位与其主要工作任务的关系如下：

| 岗　位 | 主要工作 |
|---|---|
| 会计主管 | 授权批准、稽核检查 |
| 出纳员 | 办理货币资金收付手续 |
| 制单会计 | 会计记录 |
| 记账会计 | 记账、会计业务经办 |

这样，每个实训小组的 4 名学生，分别扮演会计主管（财务经理）、出纳员、制单会计和记账会计 4 个角色。

**手工操作方式下的岗位职责**

1. 会计主管

① 负责空白票据及支票的管理，并保管一枚财务专用章；

② 编制财务预算；

③ 负责各种会计凭证的审核；

④ 负责编制科目汇总表，并登记总分类账；

⑤ 负责试算平衡；

⑥ 负责编制资产负债表、现金流量表，并对所有会计报表进行审核及分析；

⑦ 负责会计档案整理与管理。

2. 出纳员

① 负责保管库存现金、有价证券，并保管一枚法人代表专用章；

② 按规定办理货币资金收付手续，填写银行结算凭证；

③ 负责登记现金日记账、银行存款日记账、银行结算票据登记簿及有价证券进出登记簿；

④ 负责缴纳个人所得税、企业所得税、社保、公积金等各种税费。

3. 制单会计

① 负责编制记账凭证，包括采购预付款、销售预收款、存货核算、工资核算、固定资产核算、成本费用、投资、筹资和捐赠等经济业务的会计确认和计量工作；

② 负责期末账项调整时编制记账凭证工作；

③ 负责各种经常性的投融资业务的经办；

④ 负责固定资产核算；

⑤ 月末填制应交增值税、个人所得税、企业所得税等税费申报表；应交社保费用及住房公积金缴存表。

4. 记账会计

① 负责登记各种明细账；

② 负责开具发票；

③ 负责为调整期末账项整理账簿资料；

④ 负责成本计算工作；

⑤ 负责财产清查、往来账款管理等会计管理工作；

⑥ 负责编制利润表。

**手工与计算机结合操作方式下的岗位职责**

1. 会计主管

① 承担小组的领导组织工作；

② 负责会计软件的初始建账工作；

③ 负责空白票据及支票的管理，并保管一枚财务专用章；

④ 负责各种原始凭证、记账凭证和会计报表审核；

⑤ 负责财务分析工作；

⑥ 负责会计档案管理。

2. 出纳员

① 负责保管库存现金、有价证券，并保管一枚法人代表专用章；

② 按规定办理货币资金收付手续，填写银行结算凭证；

③ 负责登记银行结算票据的备查簿、有价证券的备查簿；

④ 办理经常性投融资业务手续；

⑤ 负责编制工资发放表及工资汇总表；

⑥ 负责编制各种税收申报表和养老保险申报表，并交纳各种税费。

3. 制单会计

① 负责全部会计记录工作，编制记账凭证，并将记账凭证输入计算机系统；

② 负责月末转账凭证（机制凭证）的生成工作。

4. 记账会计（兼综合业务处理）

① 负责财产物资清查、往来账款管理等工作；

② 负责登记账簿工作；

③ 负责财务成果核算；

④ 负责编制资产负债表、利润表、现金流量表等会计报表工作；

⑤ 负责开具发票；

⑥ 负责财产物资的收发、增减计算；

⑦ 负责成本费用计算。

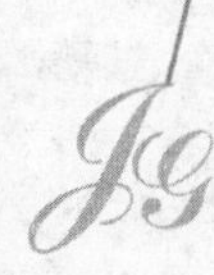

（三）考核

实训考核采用实训指导教师依据学生实训效果具体评定的方式，实训成绩从平时工作表现、完成的岗位工作资料、小组工作业绩及撰写的实训报告等方面来评价，具体为：

（1）总成绩（100%）= 平时成绩（30%）+ 完成岗位工作资料（40%）+ 小组考核成绩（20%）+ 实训报告（10%）。

（2）平时成绩占总成绩的 30%。平时成绩由实训纪律、实训工作态度和工作完成及时性三方面组成，其中实习纪律占平时成绩的 40%；实训工作态度占平时成绩的 40%；工作完成及时性占平时成绩的 20%。

（3）完成的岗位工作资料占总成绩的 40%。按每人四轮从事四个岗位分值加权平均算得，其中制单岗位占四个岗位分值的 30%，记账岗位占四个岗位分值的 30%，会计主管岗位占四个岗位分值的 20%，出纳岗位占四个岗位分值的 20%。

完成的岗位工作资料（40%）的考核标准如下表所示。（完成岗位工作资料的成绩考核实行百分制，计分方法采用扣分法。）

| 岗位 | 考核内容 | 评分要点 | 分值 | 小计 | 占四岗位比例 |
| --- | --- | --- | --- | --- | --- |
| 出纳岗位 | （1）登记现金日记账、银行存款日记账、银行结算票据登记簿及有价证券进出登记簿；<br>（2）编制工资发放表及工资汇总表；<br>（3）编制各种税收申报表和养老保险申报表，并交纳各种税费；<br>（4）负责编制现金流量表 | ①日记账开设正确，书写规范 | 20 分 | 100 分 | 20% |
| | | ②日记账登记正确 | 30 分 | | |
| | | ③日记账登记干净、整齐 | 15 分 | | |
| | | ④现金收付手续正确无误 | 10 分 | | |
| | | ⑤日记账期末处理正确 | 10 分 | | |
| | | ⑥各种报表编制正确 | 15 分 | | |
| 制单岗位 | （1）编制记账凭证；<br>（2）固定资产核算；<br>（3）编制应交增值税明细表，编制个人所得税、企业所得税等税费申报表；填写社保费用及住房公积金缴存表 | ①准确无误核算固定资产及折旧 | 20 分 | 100 分 | 30% |
| | | ②根据实训资料，编制有关记账凭证 | 30 分 | | |
| | | ③凭证要素填写齐全，借贷方向正确 | 20 分 | | |
| | | ④正确编制所要求的报表 | 30 分 | | |
| 记账岗位 | （1）登记各种明细账；<br>（2）调整期末账项；整理账簿资料；<br>（3）编制利润表；<br>（4）财产清查、往来账款管理等会计管理工作 | ①根据审核无误的凭证登记有关的总账和明细账，月终结账 | 20 分 | 100 分 | 30% |
| | | ②准确、完整登记总账和明细账 | 20 分 | | |
| | | ③在登记总账及明细账时，书写规范 | 20 分 | | |
| | | ④过次页承前页填写方法正确 | 10 分 | | |
| | | ⑤错账更正方法正确 | 10 分 | | |
| | | ⑥报表编制正确 | 20 分 | | |

续上表

| 岗位 | 考核内容 | 评分要点 | 分值 | 小计 | 占四岗位比例 |
|---|---|---|---|---|---|
| 会计主管岗位 | （1）各种会计凭证的审核；（2）编制科目汇总表，并登记总分类账；（3）负责试算平衡；（4）编制资产负债表、现金流量表，并对所有会计报表进行审核及分析，编制财务情况说明书；（5）会计档案整理与管理 | ①准确审核会计凭证 | 20分 | 100分 | 20% |
| | | ②科目汇总表及总账登记正确 | 20分 | | |
| | | ③试算平衡表编制正确 | 20分 | | |
| | | ④资产负债表编制正确，对财务状况进行恰当说明 | 20分 | | |
| | | ⑤妥善整理和管理会计档案 | 20分 | | |

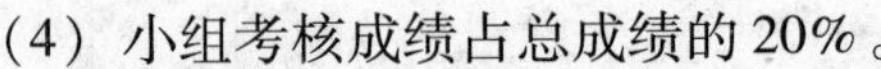

（4）小组考核成绩占总成绩的20%。

小组考核标准说明：考核以优秀、良好、中级、及格和不及格为打分标准。

① 优秀小组（90～100分）：特别熟悉整个会计核算程序，证、账、表的编制准确无误，书写清晰，格式正确，完全符合核算要求。

② 良好小组（80～89分）：熟悉整个会计核算程序，证、账、表编制基本准确，书写认真，格式无误，比较符合核算要求。

③ 中级小组（70～79分）：比较熟悉整个会计核算程序，证、账、表编制基本准确，书写认真，格式无误，比较符合核算要求。

④及格小组（60～69分）：基本熟悉整个会计核算程序，证、账、表的编制大部分准确，个别地方有错误，书写尚工整，格式基本正确，基本符合核算要求。

⑤ 不及格小组（60分以下）：整个会计核算程序不完整，证、账、表的编制，部分有错误，书写潦草，格式有误，不完全符合核算要求，缺课严重。

（5）实训报告撰写占总成绩的10%。实训报告撰写考核标准如下：

① 实训报告撰写内容齐全；（10分）

② 实训操作过程表述完整，条理清楚；（20分）

③ 实训体会收获表达清楚；（60分）

④ 字迹工整。（10分）

注：除上述考核参考标准表以外，有下列情形之一者，应直接判为不及格：

- 未完成实训内容者；
- 账证、账表不符，且明显具有造假痕迹者；
- 有明显抄袭他人行为者。

# 子任务二　实训过程

## 一、模拟实训的伙伴与协同

会计岗位职业技能实训中，分别扮演会计主管、出纳员、制单会计和记账会计的4名学生，组成伙伴，协同工作，其基本工作流程如图1－1所示，图的序号与操作步骤对应，第一步为建账，在图中省略，由第二步审核原始凭证开始。具体工作流程会根据经济业务的不同有所变化。

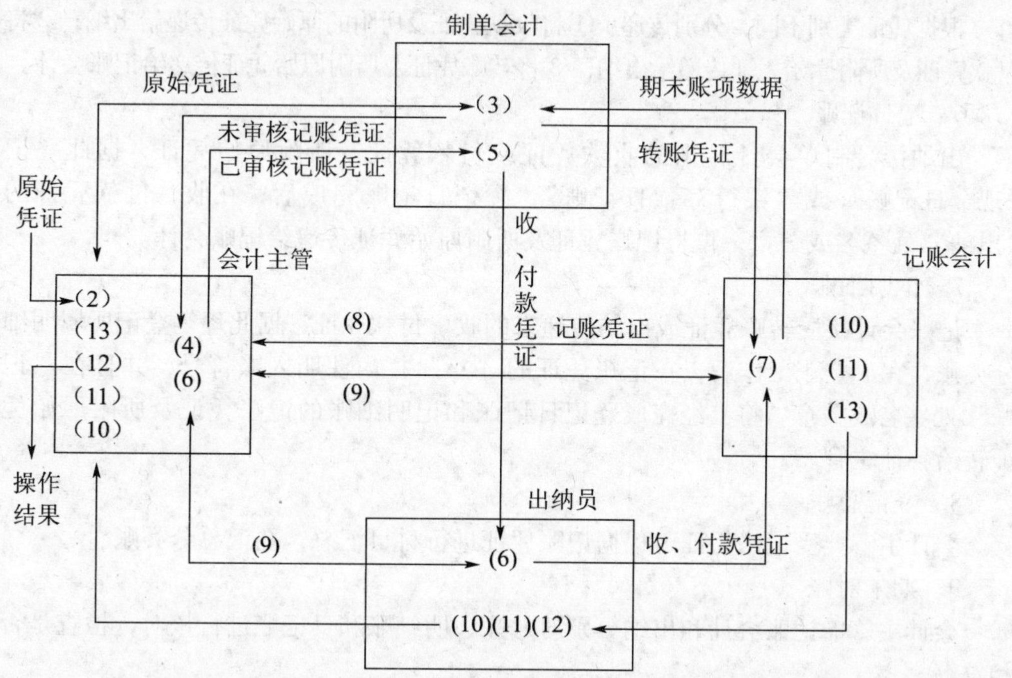


图1－1　会计岗位职业技能实训的基本过程

会计岗位职业技能实训的基本过程说明如下：

1．建账

总账会计（或会计主管）建立总账；出纳员建立日记账；记账会计建立明细账。

2．审核原始凭证

会计主管（审核员）接受外来或自制的原始凭证或原始凭证汇总表，对其进行合法性、合规性、合理性审核，同时签署审核意见，将审核无误的原始凭证传递给制单会计。

3．填制记账凭证

制单会计取得已审核的原始凭证，首先判断其经济业务性质，编制会计分录并填制记账凭证，然后在记账凭证的“制单”处签名或盖章，将已填制完成的记账凭证及所附原始凭证传递给审核员（会计主管）。

4．审核记账凭证

审核员（会计主管）接受制单会计转来的记账凭证以及所附原始凭证，进行认真审核，经审核无误后，应在记账凭证的“审核”处签名或盖章，以示负责，将审核后的记账凭证，再传递给制单会计。

5．制单会计取回已审核记账凭证

根据凭证类别不同，分别传递：①将收款凭证及所附的原始凭证传递给出纳；②将付款凭证及所附原始凭证传递给出纳；③将转账凭证及所附原始凭证传递给记账会计。

6．记日记账

出纳接受制单会计转来的收款凭证或付款凭证及所附原始凭证，据此登记“现金日记账”或“银行存款日记账”，登记日记账完成后，在收、付款凭证的“出纳”处签名或盖章，再将记账凭证及所附原始凭证传递给记账会计。

7．记明细账

记账会计接受转账凭证或出纳传递来的收、付款凭证，据此逐笔登记所属明细分类账，完成登账工作后，在记账凭证的“√”栏内注明入账符号，并且在“记账”处签名或盖章，将已经完成登记日记账和记明细账的记账凭证及所附原始凭证转给会计主管。

8．登记总账

会计主管接受记账凭证，根据记账凭证进行科目汇总，登记总分类账。

9．期末对账

会计主管、记账会计和出纳分别对总账、明细账和日记账进行核对，检查是否相符。

10．期末结账

会计主管负责编报前的试算平衡，会计主管、记账会计和出纳分别进行总账、明细账和日记账的期末结账工作。

11．编制报表

会计主管编制资产负债表、应交增值税明细表，记账会计编制利润表，出纳编制现金流量表。（此步骤任务分配，是为了在实训中平衡每位学生的工作量，不具有普遍性。）

12．审核报表

将编制的资产负债表、应交增值税明细表、利润表、现金流量表送交会计主管进行审核。

13. 档案管理

制单会计将原始凭证或原始凭证汇总表作为记账凭证的附件，记账凭证按收款、付款、转账三类进行顺序编号，折叠整齐，按照装订凭证的规定，加具封面，注明单位名称、年度、月份和起讫日期，并由装订人签名或盖章。记账会计应将各种账页按不同格式（或类别）装订成册，附上账簿启用登记表。会计主管将全部会计报表附上会计报表封面，注明单位名称、年度、月份。

所有会计档案应送交会计主管（审核员）审核，审核合格后，会计主管归档保管，等待上交。

## 二、模拟实训角色交换

在实训过程中，每4位同学一组，共同完成全部会计业务的处理。为让每位实训者熟悉不同的岗位，共分四个循环，每一个循环中，4位同学分别扮演会计主管、出纳、记账会计、制单会计中的一个角色，下一循环就换扮演另一名角色，每组同学进行轮岗。四个循环后，每位同学要扮演完四位角色，具体循环顺序见图1－2。

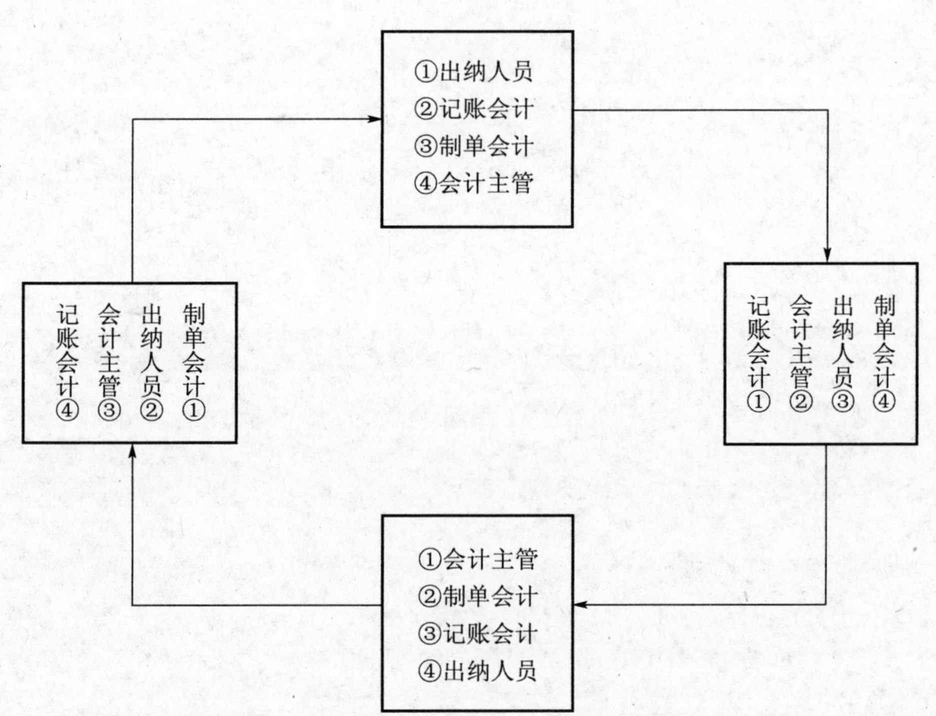


图1－2 会计岗位职业技能实训角色交换顺序

说明：

每位实训成员都要扮演上述四个角色，按从里到外的顺序，在每轮实训中扮演相应的角色。

内①层为一个实训小组进行的第一轮会计业务操作；

内②层为一个实训小组进行的第二轮会计业务操作；

内③层为一个实训小组进行的第三轮会计业务操作；

内④层为一个实训小组进行的第四轮会计业务操作。

# 项目二 会计工作知识储备

## 能力目标

本内容使学习者在会计手工和会计电算化操作方式下均能达到以下能力目标：

☆ 能熟练地为中山市宝利塑料制品有限公司创设会计工作环境、设置会计部门、配备会计人员、分配会计工作岗位和职责权限、制定会计工作的各项规章制度；

☆ 能熟练地为中山市宝利塑料制品有限公司办理现金支付、银行结算等业务，规范地管理好票据、印章、保险柜等；

☆ 能正确地为中山市宝利塑料制品有限公司完成期初建账、填制和审核会计凭证、登记各种会计账簿、进行产品成本核算和财产清查、编制财务报告、规范地管理会计档案等会计工作；

☆ 能熟练地为中山市宝利塑料制品有限公司办理采购与付款、销售与收款、内部借款和进出口等业务。

## 知识目标

本内容使学习者在手工和电算化操作方式下均能达到以下知识目标：

☆ 理解并掌握会计法律法规、会计基础规范、企业会计准则及相关的会计政策，了解企业会计的工作过程；

☆ 理解并掌握出纳人员完成会计工作所需的专业知识与操作技巧；

☆ 理解并掌握会计人员完成企业会计工作所需的专业知识与操作技巧；

☆ 熟练地掌握企业的采购与付款流程、销售与收款流程、内部借款流程、进出口业务的流程等。

# 任务一 企业的会计工作过程

## 子任务一 企业会计总体循环的工作过程

### 一、会计手工操作方式下的工作过程

在企业的实际会计工作中，企业每个月循环的会计工作过程大致如图 2－1 所示：

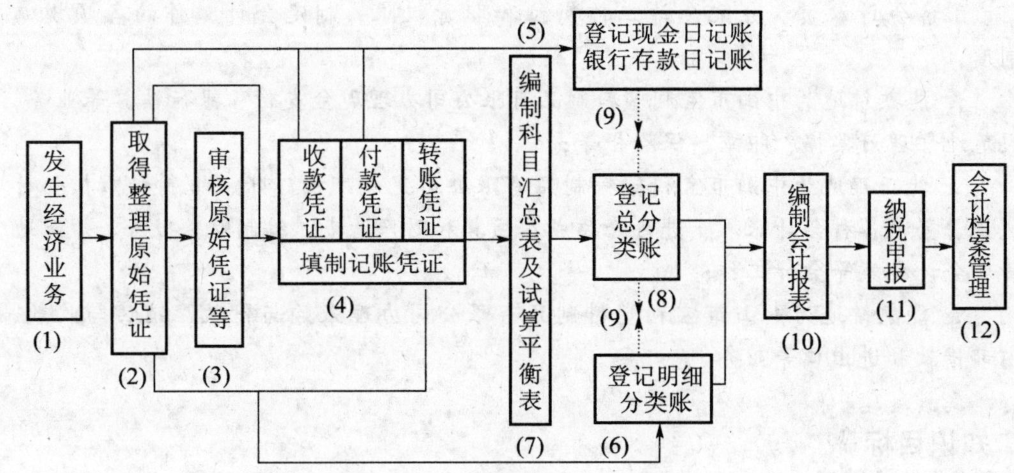


图 2－1 企业的会计工作过程

第一步：企业发生相关经济业务事项；

第二步：会计人员取得载明经济业务事项的原始凭证，并整理、汇总原始凭证；

第三步：会计人员审核原始凭证、汇总原始凭证或原始凭证汇总表等；

第四步：会计人员根据审核无误的原始凭证、汇总原始凭证或原始凭证汇总表填制记账凭证；

第五步：根据收款凭证、付款凭证（或涉及银行存款和现金的通用记账凭证）逐笔登记现金日记账和银行存款日记账；

第六步：根据审核无误的原始凭证、汇总原始凭证和记账凭证，登记各种明细分类账；

第七步：月末编制计提、摊销、结转等的记账凭证，对记账凭证进行复核汇总，编制科目汇总表；

第八步：根据科目汇总表登记总分类账；

第九步：月末，进行财产清查、对账（现金日记账、银行存款日记账和明细

分类账的余额同有关总分类账的余额核对相符)，结账做到账证相符、账账相符、账实相符、账款相符；

第十步：月末，根据审核无误的总分类账和明细分类账的本期发生额和期末余额，编制试算平衡表，试算平衡后，编制资产负债表、利润表、现金流量表及各种附表，做到数字准确、内容完整，并进行分析说明；

第十一步：月末，分别到企业所在地的国家税务局和地方税务局进行本月各种税费的纳税申报、缴纳、抄部、抵扣与核销等工作；

第十一步：所有的会计业务处理结束后，对会计凭证、会计账簿、会计报表及其他会计资料，应当按照国家有关规定建立档案，进行整理、装订立卷、归档及妥善保管，做到有序存放，方便查阅，严防毁损、散失和泄密。

## 二、会计电算化操作方式下企业会计的工作过程（以金蝶 KIS 操作平台为例）

在企业的实际会计工作中，企业每个月循环的会计工作过程大致如图 2－2 所示：

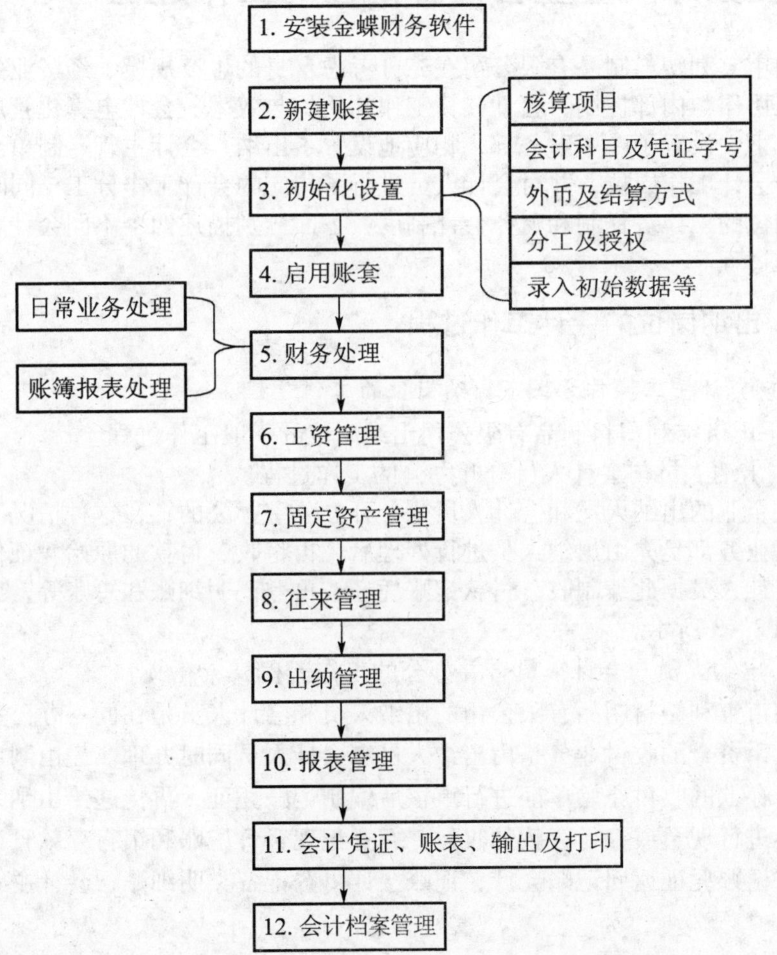


图 2－2　会计电算化操作方式下企业会计的工作过程

第一步：安装金蝶 KIS 标准版财务软件；
第二步：新建账套；
第三步：初始化设置，包括设置系统参数和基础资料、录入初始数据等；
第四步：启用账套；
第五步：财务处理，包括日常业务处理、账簿报表处理；
第六步：工资管理；
第七步：固定资产管理；
第八步：往来管理；
第九步：出纳管理；
第十步：报表管理；
第十一步：会计凭证、账表等在计算机内的保存、备份、输出及打印；
第十二步：会计档案管理。

## 子任务二　企业会计分岗位的工作过程

中山市宝利塑料制品有限公司在充分考虑自身的生产规模、经济业务、会计岗位的分工协作与内部控制、会计核算工作的质量与效率、会计电算化管理等实际因素的情况下，设置了一个财务部，相应地设置了出纳、会计主管、制单会计、记账会计 4 个会计工作岗位，并对会计人员进行了相应的会计工作分工，同时，建立健全了各岗位的工作责任制和财务会计制度，下面分别描述四个不同会计工作岗位具体的工作过程。

### 一、出纳岗位的会计工作过程

（一）会计手工操作方式下出纳岗位的工作过程

1. 中山市宝利塑料制品有限公司出纳岗位的一般工作过程

（1）出纳人员与会计人员分开办公的工作过程。

有些企业的出纳人员和会计人员是分开办公室办公的，在这种情况下，货币资金的收付业务都是先由出纳人员进行处理后，再将收、付款的原始凭证传递给会计人员，会计人员据此编制收、付款记账凭证，再登记明细账和总账等，出纳的工作流程如图 2-3 所示。

（2）出纳人员与会计人员合并办公的工作流程。

中山市宝利塑料制品有限公司的出纳人员和会计人员是在同一办公室同时办公的，其货币资金的收付业务是由出纳人员和会计人员同时办理。先由制单会计对现金或银行存款的收付原始单证进行审核后编制记账凭证，再传递给出纳人员，出纳人员据此进行现金或银行存款的收付，并登记现金日记账和银行存款日记账；随后再将这些记账凭证返回记账会计，记账会计再登记各类明细账，会计主管登记总分类账等。

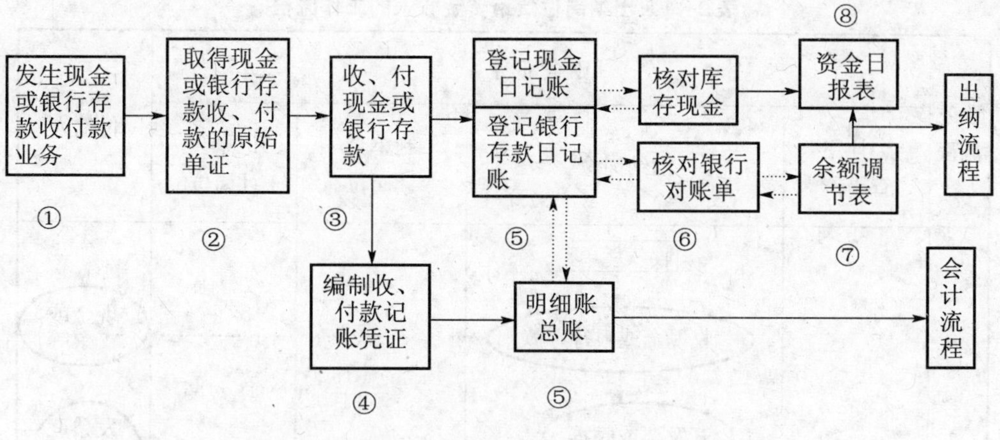


图2-3　出纳人员和会计人员分开办公的工作流程

出纳人员与会计人员合并办公的工作流程如图2-4所示。

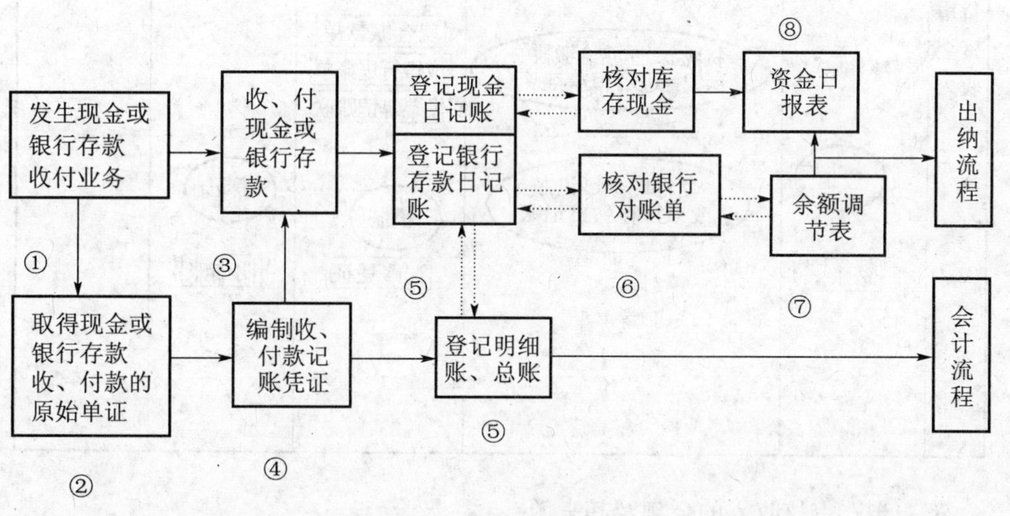


图2-4　出纳人员和会计人员合并办公的工作流程

2. 中山市宝利塑料制品有限公司出纳岗位具体的工作过程

（1）办理货币资金收支的工作过程。

①出纳岗位办理货币资金收入的工作流程（见表2-1）。

**表 2－1　出纳岗位货币资金收入的工作流程**

| 业务流程 | 财务部门 | | | | 付款人 |
|---|---|---|---|---|---|
| | 会计主管岗位 | 出纳岗位 | 制单会计岗位 | 记账会计岗位 | |
| 货币资金收入 | 登记<br>总账 | 收款凭单<br>收现金或银行存款<br>开发票或收据<br>填写现金缴款单或银行进账单<br>将现金连同现金缴款单或银行进账单送存银行<br>登记现金日记账或银行存款日记账 | 现金缴款单<br>或银行进账单<br>发票等记账联<br>填制<br>记账凭证 | 登记<br>明细账 | 现金或支票等<br>发票联或报销联 |

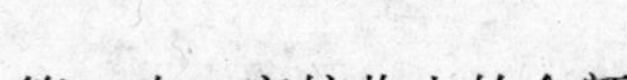

第一步：审核收入的金额及其来源；

第二步：收取金额（现金或银行存款）；

第三步：清点核对并开出发票、收据；

第四步：填制现金缴款单或银行进账单，将现金或银行存款收入存入银行；

第五步：登记现金日记账和银行存款日记账。

②出纳岗位办理货币资金支出的工作过程（见表2－2）。

表2－2　出纳岗位办理货币资金支出的工作过程

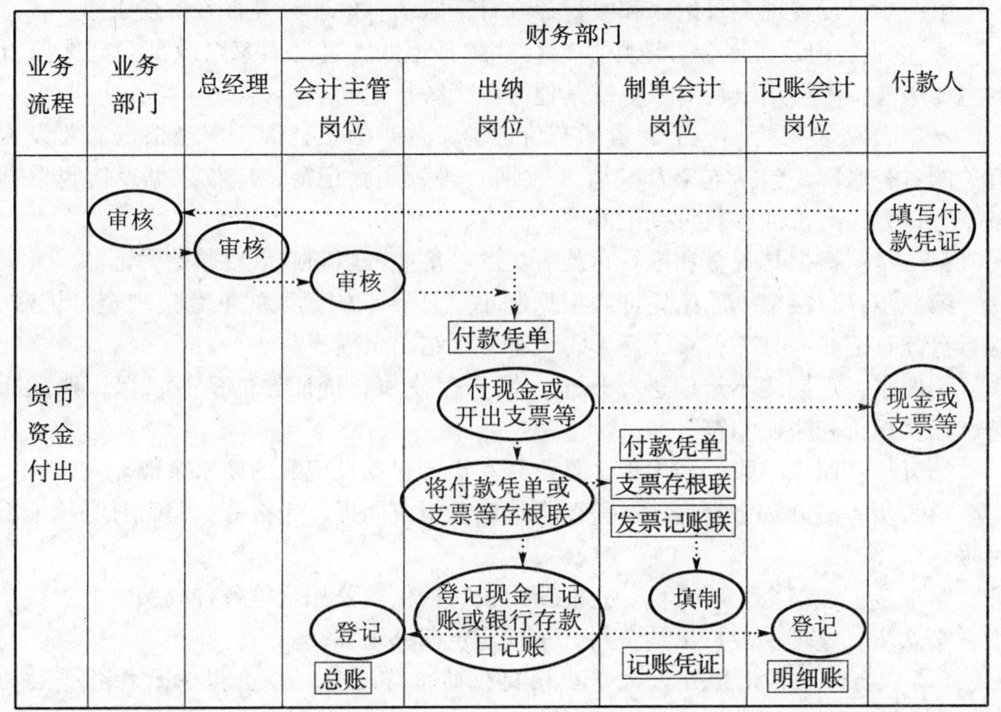


第一步：由经办人填制有关的付款单证，如借款单、报销单或提供收款人的发票或收据等，注明付款的具体金额和用途，并对付款事项的真实性、准确性负责。由有关证明人签章后，领导审批签章方才付款；

第二步：会计主管进一步审核付款单证审批手续是否齐全、金额计算是否正确、承受人及用途是否清晰等；

第三步：出纳人员在付款前再一次审核付款金额、用途及审批手续，办理付款手续；

现金付款必须与经办人当面点清，在清点过程中出现现金短缺、假钞由出纳人员负责。

银行付款开具支票时，出纳人员应当认真填写各项内容，保证支票要素完整、印鉴清晰、书写正确。

付款金额经确认后，由收款人或经办人在有关付款凭证上签字，然后付款，并由出纳人员加盖“现金付讫”或“银行付讫”或“付讫”印章。

第四步：登记现金日记账和银行存款日记账。

（2）出纳岗位的账务处理过程。

出纳账是以会计凭证为依据，全面、连续地反映企业货币资金收付业务的账簿，主要是现金日记账、银行存款日记账以及有关的备查账簿。出纳的账务处理过程与其他会计处理过程基本一致，但相对而言要简单一些，具体步骤如下：

第一步：设置现金日记账和银行存款日记账及有价证券等有关备查账簿。

- 企业必须设置现金日记账和银行存款日记账，这是国家财政部门建账监管的主要账簿，不得用银行对账单或其他方法代替日记账。
- 出纳人员保管和经手大量的有价证券、重要的票证等，应当根据需要设置有关的备查账簿，包括支票及发票（收据）等领用登记簿；应收票据及应付票据备查登记簿，有价证券收付登记簿等。

第二步：根据与现金和银行存款有关的经济业务填制或审核原始凭证。

第三步：直接根据原始凭证或根据制单会计转来的记账凭证登记现金日记账、银行存款日记账和有关备查账簿，每天都必须结出余额。

第四步：定期或不定期进行现金、银行存款和有价证券的清查，保证账款相符、账实相符和账账相符。

第五步：期末结账，结出现金日记账和银行存款日记账的期末余额。

第六步：编制资金报表。一般要求编制日报或周报、旬报等。每个月必须编制月报。

第七步：缴纳个人所得税、企业所得税、社保、公积金等各种税费。

第八步：整理、装订出纳资料，按规定定期办理移交。

（二）会计电算化操作方式下出纳岗位的工作过程（以金蝶 KIS 操作平台为例）

会计电算化操作方式下出纳岗位办理货币资金收支的工作过程与手工操作方式是一样的，但其账务处理过程与会计手工操作方式有所不同，其操作步骤大致如图 2－5 所示。

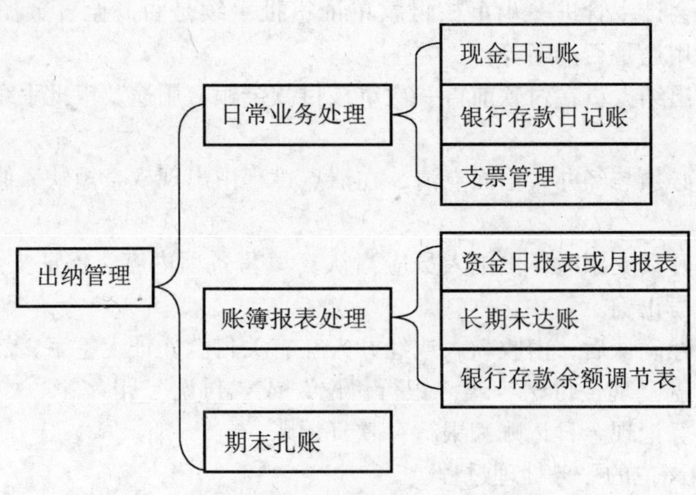


图 2－5　会计电算化操作方式下出纳岗位的工作过程

（三）出纳岗位工作的时间日程安排

1. 每天的日程安排

（1）上班的第一时间，出纳人员首先应检查库存现金、有价证券、印鉴及其他贵重物品。

（2）向有关领导及会计主管请示资金安排计划。

（3）列出当天应当处理的事项，分轻重缓急，合理安排时间顺序。

（4）按轻重缓急及时间顺序办理各项资金收付款业务。

（5）根据所有的货币资金收付原始凭证或会计转来的收付记账凭证登记现金日记账和银行存款日记账，并结出当天的余额。

（6）下班前出纳人员必须做好下面几件事：

① 清点库存现金，并与现金日记账余额核对，保证现金实有数与现金日记账余额相符。

② 在收到银行对账单当天，将对账单与银行存款日记账进行逐笔核对，编制银行存款余额调节表，保证银行存款账实相符。

③ 将超定额的多余现金存入银行。

④ 根据需要编制当天的现金和银行存款日报表，报送有关领导。

⑤ 整理好办公桌面，锁好抽屉及保险柜，保管好有关凭证，保持无资料遗漏或乱放现象。

2. 其他时间安排

（1）每月初，出纳人员应结转现金日记账和银行存款日记账期初余额，清点支票、有价证券或其他贵重物品结存数。

（2）平时，出纳人员每天应根据货币资金收支业务进行货币资金和有价证券的收、付及账务处理，登记现金日记账、银行存款日记账及有关备查账簿，并结出当天余额，编制出纳日报表。

（3）定期或不定期进行现金日记账与现金总账、银行存款日记账与银行存款总账核对，保证账账相符。

（4）定期或不定期接受会计人员或上级人员对现金和银行存款的实地盘点检查。

（5）月度或年度终了，出纳人员结清现金日记账和银行存款日记账，结出余额，并与库存现金及银行的银行存款余额核对相符，与现金总账、银行存款总账核对相符；对其保管的支票、发票、有价证券、重要结算凭证进行清点，按顺序进行登记核对。

（6）编制月度、季度、年度出纳报告。

（7）保管出纳会计资料。

## 二、制单会计岗位的工作过程

中山市宝利塑料制品有限公司的制单会计岗位承担记账凭证及应交增值税申报

表的填制工作，其工作过程见图2－6、图2－7。

(一) 会计手工操作方式下制单会计岗位的工作过程

第一步：取得出纳等传递过来的已审核的原始凭证；

第二步：进一步复核已审核过的原始凭证；

第三步：填制收、付、转记账凭证或通用的记账凭证，会计电算化操作方式下录入收、付、转记账凭证或通用的记账凭证；

第四步：月末填制应交增值税、个人所得税、企业所得税等税费申报表，应交社保费用及住房公积金缴存表。

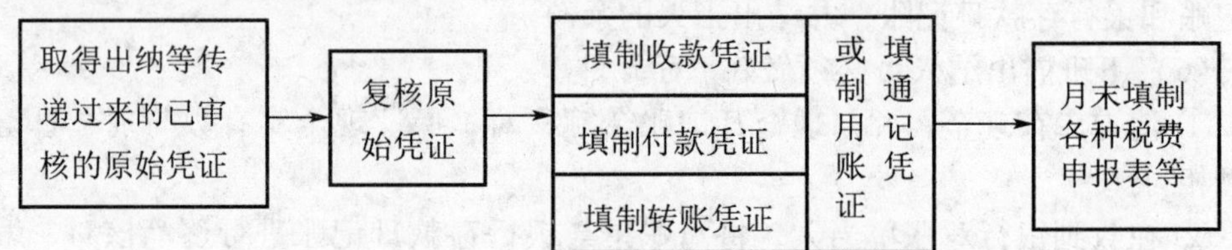


图2－6 会计手工操作方式下制单会计岗位的工作过程

(二) 会计电算化操作方式下制单会计岗位的工作过程（见图2－7）

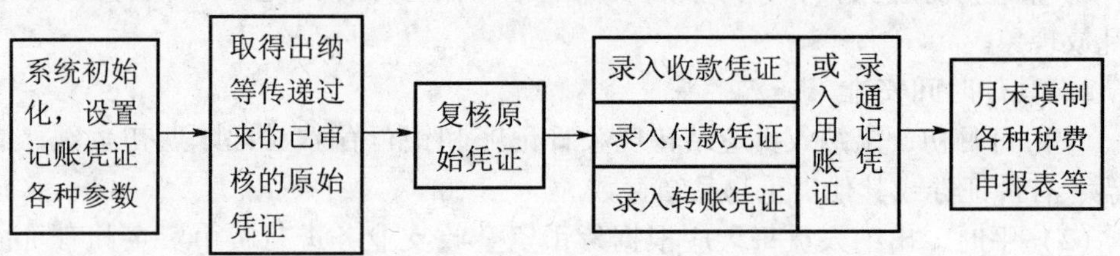


图2－7 会计电算化操作方式下制单会计岗位的工作过程

## 三、记账会计岗位的工作过程

中山市宝利塑料制品有限公司的记账会计岗位承担建立和登记明细账，进行成本核算和财产清查，填写往来款项核对表，填制各种发票及领料单、收料单、借款单，期末对账单和结账单，编制利润表等工作任务，其工作过程见图2－8、图2－9。

(一) 会计手工操作方式下记账会计岗位的工作过程

第一步：建立各账户明细账，填写期初数据（上年结转数据）；在会计电算化操作方式下设置明细账各种参数、录入期初数据，启用账簿（套）。

第二步：填写各种票据。

第三步：取得传递过来的已审核的记账凭证，会计电算化操作方式无此项

工作。

第四步：在手工操作方式下登记各账户明细账，在会计电算化操作方式进行过账。

第五步：进行成本核算。

第六步：进行财产清查，填写各种实物资产的盘存表及账存实存对比表、银行存款余额调节表及往来款项核对表等。

第七步：期末进行对账和结账。

第八步：编制利润表。

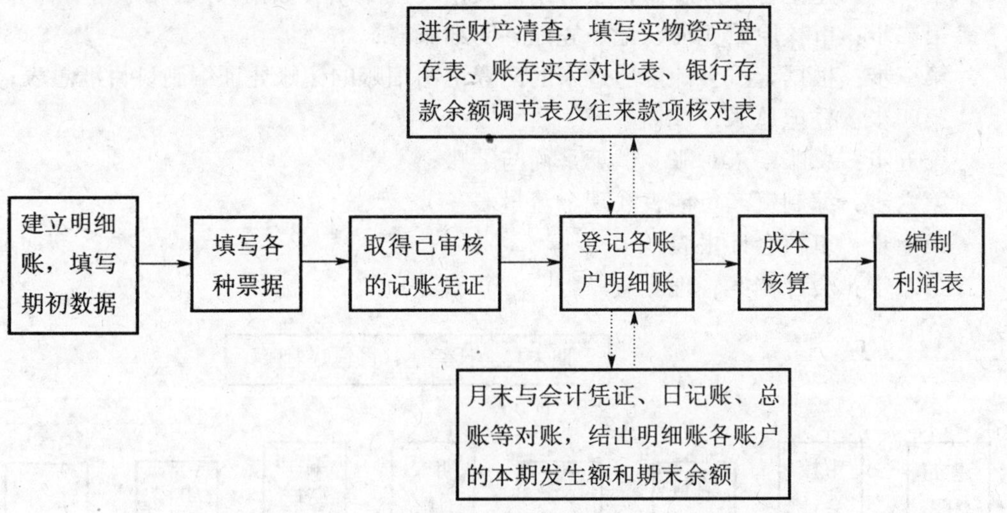


图2-8　会计手工操作方式下记账会计岗位的工作过程

（二）会计电算化操作方式下记账会计岗位的工作过程（见图2-9）

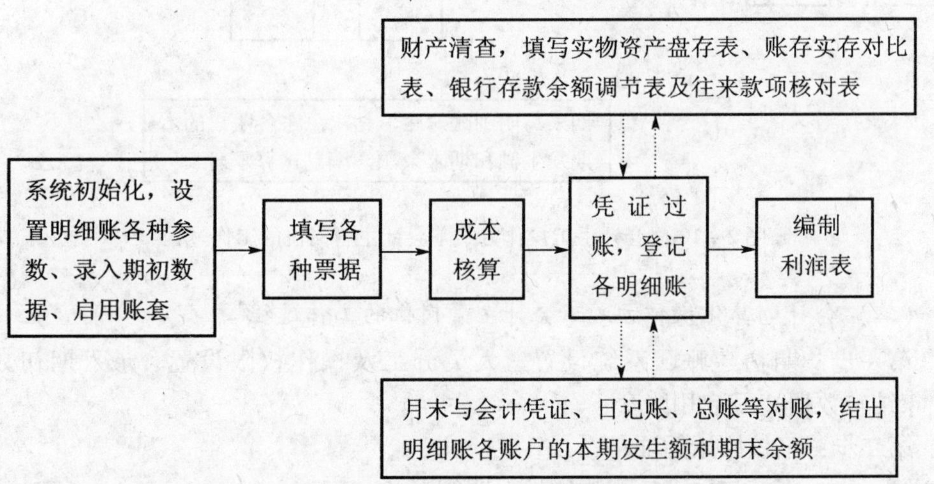


图2-9　会计电算化操作方式下记账会计岗位的工作过程

## 四、会计主管岗位的工作过程

中山市宝利塑料制品有限公司的会计主管岗位负责空白票据及支票的管理，并保管一枚财务专用章；负责编制财务预算工作；承担审核会计凭证、会计账簿、会计报表，建立和登记总账，总账期末对账、试算平衡与结账，编制资产负债表，会计档案管理等工作。其工作过程见图2－10、图2－11。

### （一）会计手工操作方式下会计主管岗位的工作过程

第一步：建立各账户总账，填写期初数据（上年结转数据），启用账簿；

第二步：审核原始凭证、记账凭证、明细账簿；

第三步：根据记账会计传递过来的已登记明细账的记账凭证编制科目汇总表；

第四步：登记总账；

第五步：总账期末对账、试算平衡与结账；

第六步：编制资产负债表、现金流量表；

第七步：审核会计报表；

第八步：会计档案管理。

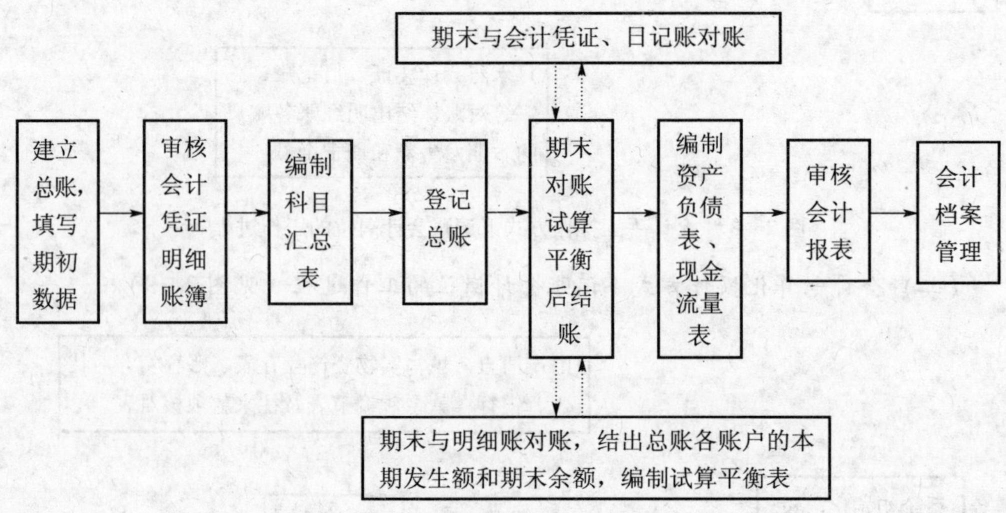


图2－10　会计手工操作方式下会计主管岗位的工作过程

### （二）会计电算化操作方式下会计主管岗位的工作过程

第一步：期初建账、系统设置、人员分工及操作权限设置、录入期初数据（上年结转数据）及启用账套；

第二步：审核原始凭证；

第三步：审核与反审核记账凭证、明细账簿；

第四步：登记总账（凭证过账），凭证反过账；
第五步：总账期末对账、试算平衡、结账、反结账；
第六步：编制资产负债表及现金流量表；
第七步：审核及分析会计报表；
第八步：会计档案管理。

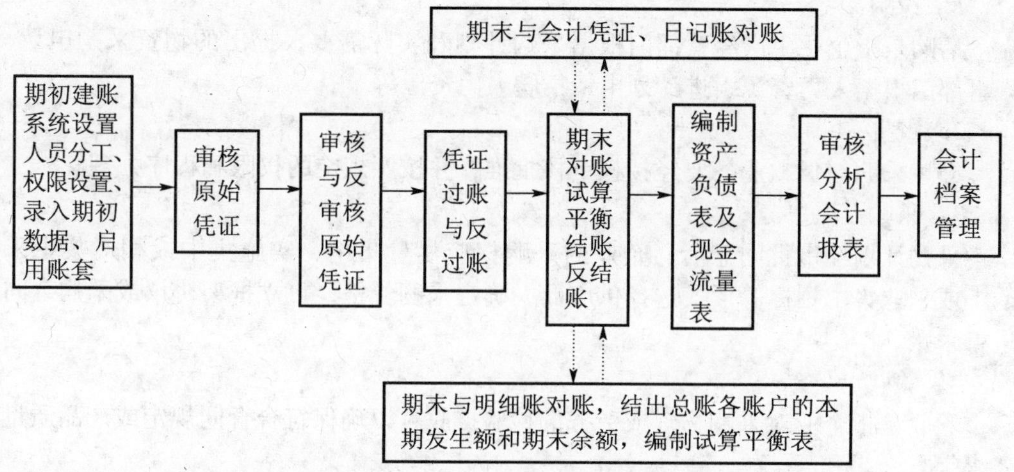


图 2－11　会计电算化操作方式下会计主管岗位的工作过程

# 任务二　企业的财务工作流程

## 子任务一　采购与付款流程

### 一、认识企业采购与付款业务

采购，是指企业购买物资（或接受劳务）过程，包括采购人力资源、原材料、商品、工程物资、固定资产、无形资产等。付款是指企业在对采购预算、合同、相关单据凭证、审批程序等内容审核无误后，按照采购合同规定及时向供应商办理支付款项的过程。

### 二、认识企业采购与付款业务的工作流程

采购与付款业务是企业生产经营的起点，包括编制需求及采购计划、请购、选择供应商、确定采购价格、订立采购合同、管理供应过程、验收、退货、付款、会计账务处理等财务管理环节。中山市宝利塑料制品有限公司严格按上述流程办理，

其工作流程如图 2－12 所示。

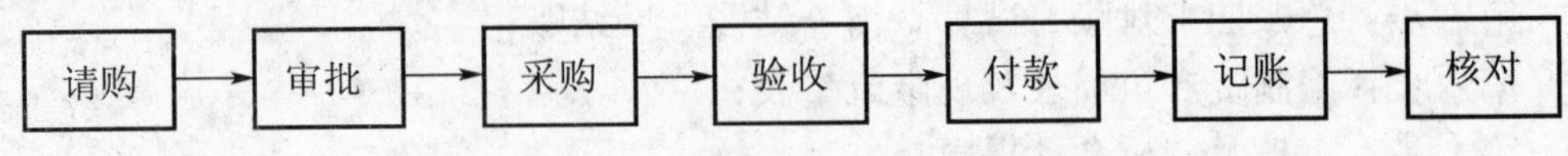


图 2－12　企业采购与付款业务工作流程

1．请购

请购是指企业生产经营部门根据采购计划和实际需要，提出的物资采购申请；人事部门根据人力资源引进计划申请招聘人力资源等。

2．审批

办理采购与付款业务要经授权审核批准，并按照规定的权限和程序办理。

3．采购

采购计划经审批同意后，企业的采购权应尽量集中，实施集中或相对集中采购，或采取集中招标等形式选择供应商，确定采购价格，订立框架协议或采购合同进行采购。

4．验收

验收是指企业对采购物资或劳务的检验接收，以确保符合合同规定或产品质量要求等。

5．付款

付款是指企业在对采购预算、合同、相关单据凭证、审批程序等内容审核无误后，按照采购合同规定及时向供应商办理支付款项的过程。中山市宝利塑料制品有限公司的采购与付款业务有以下情形（见表 2－3）：

（1）付款和收货同时进行。

（2）付款在先，收货在后。

（3）收货在先，付款在后。

（4）预付货款在先，收货后再结算。

（5）购入货物超过正常信用条件，延期支付货款。

6．记账

采购与付款业务发生后，中山市宝利塑料制品有限公司按国家相应的法律法规、统一会计准则与制度，正确进行会计核算与监督，并妥善保管与之相关的合同或协议、付款凭证、入库凭证等资料，同时及时处理采购过程中发生毁损、短缺、退货等特殊业务。

7．核对

中山市宝利塑料制品有限公司定期向供应商邮寄对账函，核对应付账款、应付票据、预付账款等往来款项，对供应商的异议及时查明原因，报有权管理的部门或人员批准后，做出相应调整。

**表 2－3　采购与付款业务流程**

| 业务流程 | 采购部 | 验收部门<br>仓储部门 | 总经理 | 财务部门：会计主管 | 财务部门：出纳 | 财务部门：制单会计 | 财务部门：记账会计 |
|---|---|---|---|---|---|---|---|
| 付款和收货同时进行 | 编制采购计划<br>订立采购合同<br>进行采购 | 验收<br>出具验收单<br>入库<br>出具入库单 | 审核<br>采购发票等 | 审核<br>采购发票等<br>记账<br>总账 | 付款<br>现金<br>或<br>银行存款 | 制单<br>记账凭证 | 记账<br>明细账 |
| 付款在先，收货在后 | 编制采购计划<br>订立采购合同<br>进行采购 | 验收<br>出具验收单<br>入库<br>出具入库单 | 审核<br>付款申请单<br>审核<br>采购发票等 | 审核<br>付款申请单<br>记账<br>总账<br>审核<br>采购发票等<br>记账<br>总账 | 付款<br>现金<br>或<br>银行存款 | 制单<br>记账凭证<br>制单<br>记账凭证 | 记账<br>明细账<br>记账<br>明细账 |

续表 2－3

<table>
<tr><th rowspan="2">业务流程</th><th rowspan="2">采购部</th><th rowspan="2">验收部门<br>仓储部门</th><th rowspan="2">总经理</th><th colspan="4">财务部门</th></tr>
<tr><th>会计主管</th><th>出纳</th><th>制单会计</th><th>记账会计</th></tr>
<tr><td>收货在先，付款在后</td><td>编制采购计划<br>订立采购合同<br>进行采购</td><td>验收<br>出具验收单<br>入库<br>出具入库单</td><td>审核<br>采购发票等<br>审核<br>付款申请单</td><td>审核<br>采购发票等<br>记账<br>总账<br>审核<br>付款申请单<br>记账<br>总账</td><td>付款<br>现金<br>或<br>银行存款</td><td>制单<br>记账凭证<br>制单<br>记账凭证</td><td>记账<br>明细账<br>记账<br>明细账</td></tr>
<tr><td>预付货款在先，收货后再结算</td><td>编制采购计划<br>订立采购合同<br>进行采购</td><td>验收<br>出具验收单<br>入库<br>出具入库单</td><td>审核<br>付款申请单<br>审核<br>采购发票等</td><td>审核<br>付款申请单<br>记账<br>总账<br>审核<br>采购发票等<br>记账<br>总账</td><td>预付款<br>现金<br>或<br>银行存款<br>补付款<br>现金<br>或<br>银行存款</td><td>制单<br>记账凭证<br>制单<br>记账凭证</td><td>记账<br>明细账<br>记账<br>明细账</td></tr>
</table>

续表 2－3

| 业务流程 | 采购部 | 验收部门<br>仓储部门 | 总经理 | 财务部门 | | | |
|---|---|---|---|---|---|---|---|
| | | | | 会计主管 | 出纳 | 制单会计 | 记账会计 |
| 购入货物超过正常信用条件，延期支付货款 | 编制采购计划<br>订立采购合同<br>进行采购 | 验收<br>出具验收单<br>入库<br>出具入库单 | 审核<br>采购发票等<br>审核<br>付款申请单 | 审核<br>采购发票等<br>记账<br>总账<br>审核<br>付款申请单<br>记账<br>总账 | 分期付款<br>现金<br>或<br>银行存款<br>分期付款<br>现金<br>或<br>银行存款 | 制单<br>记账凭证<br>制单<br>记账凭证 | 记账<br>明细账<br>记账<br>明细账 |

## 子任务二　销售与收款流程

### 一、认识企业销售与收款业务

销售与收款业务，是指企业出售商品（或提供劳务）及收取款项等相关活动。

### 二、认识企业销售与收款业务的工作流程

销售与收款业务是企业生产经营活动的最关键一个环节，是实现企业财务成果的基础。主要包括制订销售计划、订立销售合同、销售发货、收款、会计财务处理、对账等财务管理环节。中山市宝利塑料制品有限公司严格按上述流程办理，其工作流程如

图 2 – 13 所示。

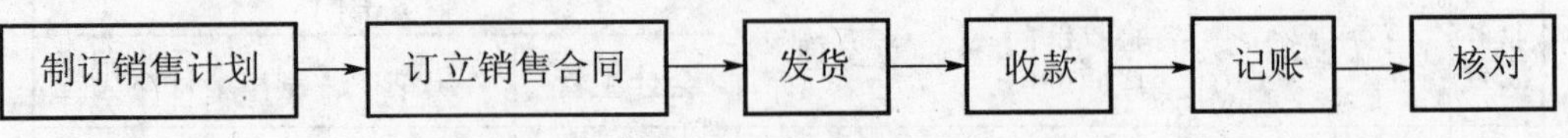


图 2 – 13　企业销售与收款业务工作流程

1. 制订销售计划

销售计划是指在进行销售预测的基础上，结合企业生产能力，设定总体目标额及不同产品的销售目标额，进而为能实现该目标而设定具体营销方案和实施计划，以支持未来一定期间销售额的实现。企业应从实际的生产销售情况出发，在充分考虑发展战略和年度生产经营计划基础上，制订年度销售计划，同时，结合客户订单情况，制订月度销售计划，并按规定的权限和程序审批后下达执行。

2. 签订销售合同

企业与客户签订销售合同，明确双方权利和义务，以此作为开展销售活动的基本依据。

3. 发货

发货是企业根据销售合同的约定向客户提供商品的环节。企业在发货过程中，销售部门应当按照经审核后的销售合同，开具相关的销售通知交仓储部门和财会部门。

4. 收款

收款指企业经授权发货后与客户结算的环节。企业在收款过程中，应结合企业的销售政策，选择恰当的结算方式，加快款项回收，提高资金的使用效率。

中山市宝利塑料制品有限公司的销售与收款业务有以下情形（见表 2 – 4）。

（1）销售与收款同时进行。

（2）收款在先，销售在后。

（3）销售在先，收款在后。

（4）预收货款在先，销售后再结算。

（5）分期收款销售。

5. 记账

销售与收款业务发生后，按国家相应的法律法规、统一会计准则与制度，正确进行会计核算与监督，并妥善保管与之相关的合同或协议、收款凭证、出库凭证等资料，并及时处理销售过程中发生的毁损、短缺、退货等特殊业务。

6. 核对

中山市宝利塑料制品有限公司定期向客户寄对账函，核对应收账款、应收票据、预收账款等往来款项，对客户的异议及时查明原因，报有权管理的部门或人员批准后，做出相应调整。

表2－4 企业销售与收款业务流程

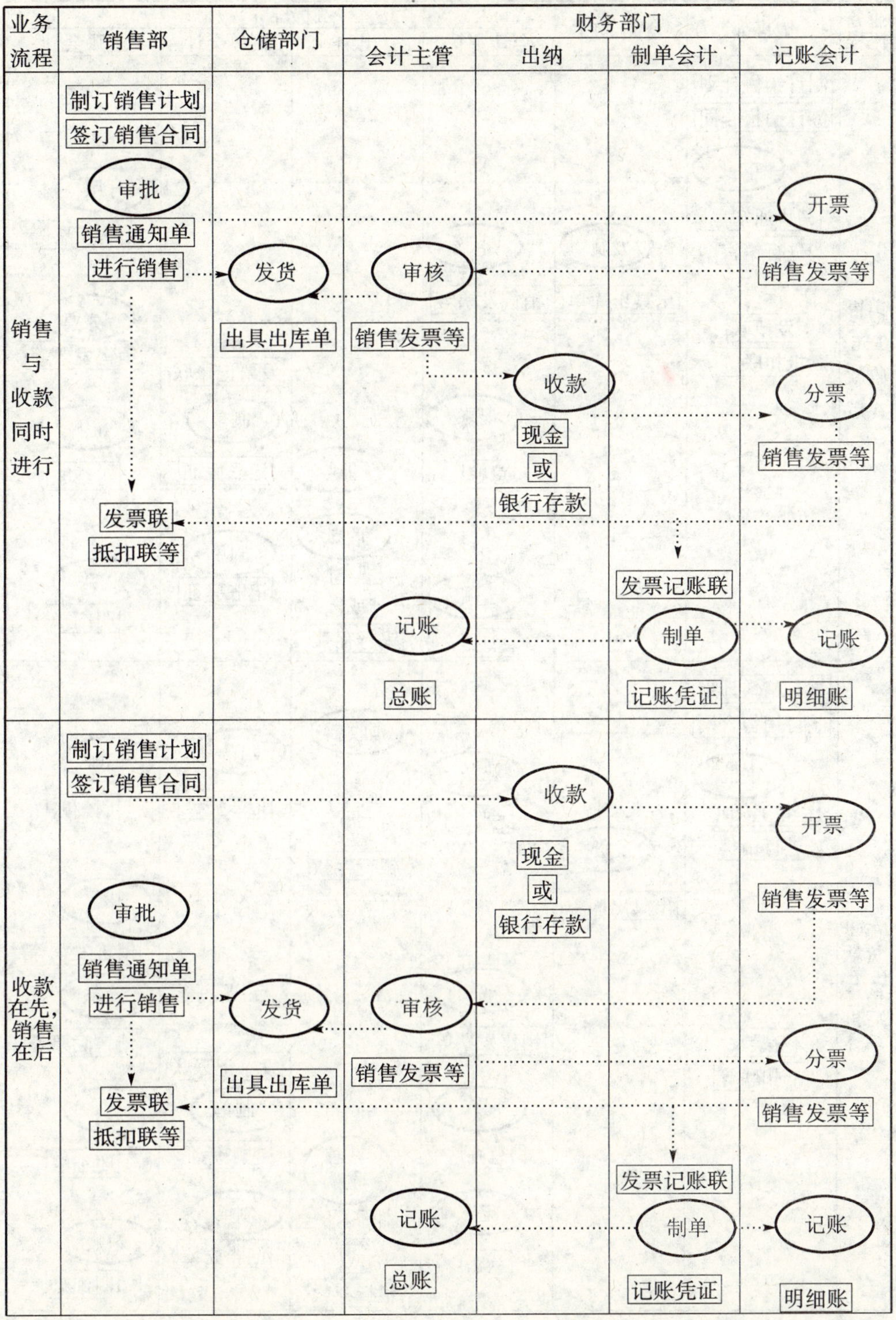

| 业务流程 | 销售部 | 仓储部门 | 财务部门：会计主管 | 财务部门：出纳 | 财务部门：制单会计 | 财务部门：记账会计 |
| --- | --- | --- | --- | --- | --- | --- |
| 销售与收款同时进行 | 制订销售计划<br>签订销售合同 | | | | | |
| | 审批 | | | | | |
| | 销售通知单 | | | | | 开票 |
| | 进行销售 | 发货 | 审核 | | | 销售发票等 |
| | | 出具出库单 | 销售发票等 | | | |
| | | | | 收款 | | 分票 |
| | | | | 现金<br>或<br>银行存款 | | 销售发票等 |
| | 发票联<br>抵扣联等 | | | | | |
| | | | | | 发票记账联 | |
| | | | 记账 | | 制单 | 记账 |
| | | | 总账 | | 记账凭证 | 明细账 |
| 收款在先，销售在后 | 制订销售计划<br>签订销售合同 | | | 收款 | | 开票 |
| | | | | 现金<br>或<br>银行存款 | | |
| | 审批 | | | | | 销售发票等 |
| | 销售通知单<br>进行销售 | 发货 | 审核 | | | |
| | | 出具出库单 | 销售发票等 | | | 分票 |
| | 发票联<br>抵扣联等 | | | | | 销售发票等 |
| | | | | | 发票记账联 | |
| | | | 记账 | | 制单 | 记账 |
| | | | 总账 | | 记账凭证 | 明细账 |

续表 2－4

| 业务流程 | 销售部 | 仓储部门 | 财务部门 | | | |
|---|---|---|---|---|---|---|
| | | | 会计主管 | 出纳 | 制单会计 | 记账会计 |
| 销售在先，收款在后 | 制订销售计划<br>签订销售合同<br>审批<br>销售通知单<br>进行销售<br>发票联<br>抵扣联等 | 发货<br>出具出库单 | 审核<br>销售发票等<br>记账<br>总账<br>记账<br>总账 | 催收<br>收款<br>现金<br>或<br>银行存款 | 发票记账联<br>制单<br>记账凭证<br>制单<br>记账凭证 | 开票<br>销售发票等<br>分票<br>销售发票等<br>记账<br>明细账<br>记账<br>明细账 |
| 预收货款在先，销售后再结算 | 制订销售计划<br>签订销售合同<br>审批<br>销售通知单<br>进行销售<br>发票联<br>抵扣联等 | 发货<br>出具出库单 | 记账<br>总账<br>审核<br>销售发票等<br>记账<br>总账<br>记账<br>总账 | 预收款<br>现金<br>或<br>银行存款<br>结算收款<br>现金<br>或<br>银行存款 | 制单<br>记账凭证<br>发票记账联<br>制单<br>记账凭证<br>制单<br>记账凭证 | 记账<br>明细账<br>开票<br>销售发票等<br>分票<br>销售发票等<br>记账<br>明细账<br>记账<br>明细账 |

续表 2－4

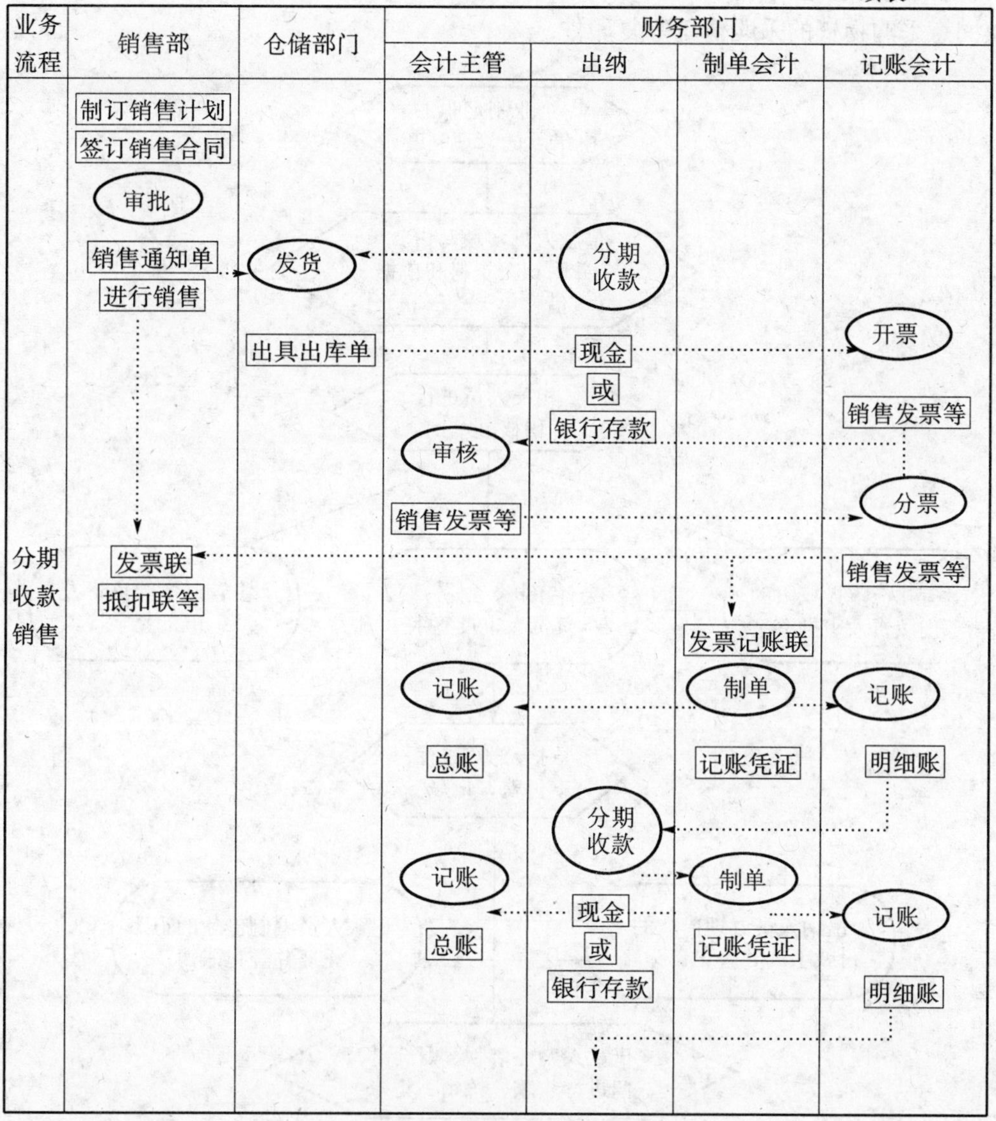

| 业务流程 | 销售部 | 仓储部门 | 财务部门 | | | |
| --- | --- | --- | --- | --- | --- | --- |
| | | | 会计主管 | 出纳 | 制单会计 | 记账会计 |
| | 制订销售计划<br>签订销售合同<br>审批 | | | | | |
| | 销售通知单<br>进行销售 | 发货 | | 分期收款 | | |
| | | 出具出库单 | | 现金<br>或<br>银行存款 | | 开票<br>销售发票等 |
| | | | 审核<br>销售发票等 | | | 分票 |
| 分期收款销售 | 发票联<br>抵扣联等 | | | | | 销售发票等 |
| | | | 记账<br>总账 | | 发票记账联<br>制单<br>记账凭证 | 记账<br>明细账 |
| | | | 记账<br>总账 | 分期收款<br>现金<br>或<br>银行存款 | 制单<br>记账凭证 | 记账<br>明细账 |

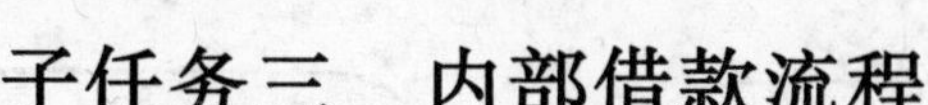

## 子任务三　内部借款流程

企业在正常的生产经营活动中，因各种业务的需要或其他特殊原因，自然会发生企业职工向企业借款的行为。为了加强公司内部职工个人借款的规范管理，中山市宝利塑料制品有限公司按照我国相关的会计法律法规规定，设计内部职工个人借款的财务工作流程，具体包括以下环节（见图 2－14）。

1．填写借款单

企业职工因各种原因需要预借款项，首先应填写借款单，并附上相关附件

（如为出差，应附会议通知等复印件；如为采购，应附上采购部门的书面采购计划及同意采购物资的采购清单等复印件）。

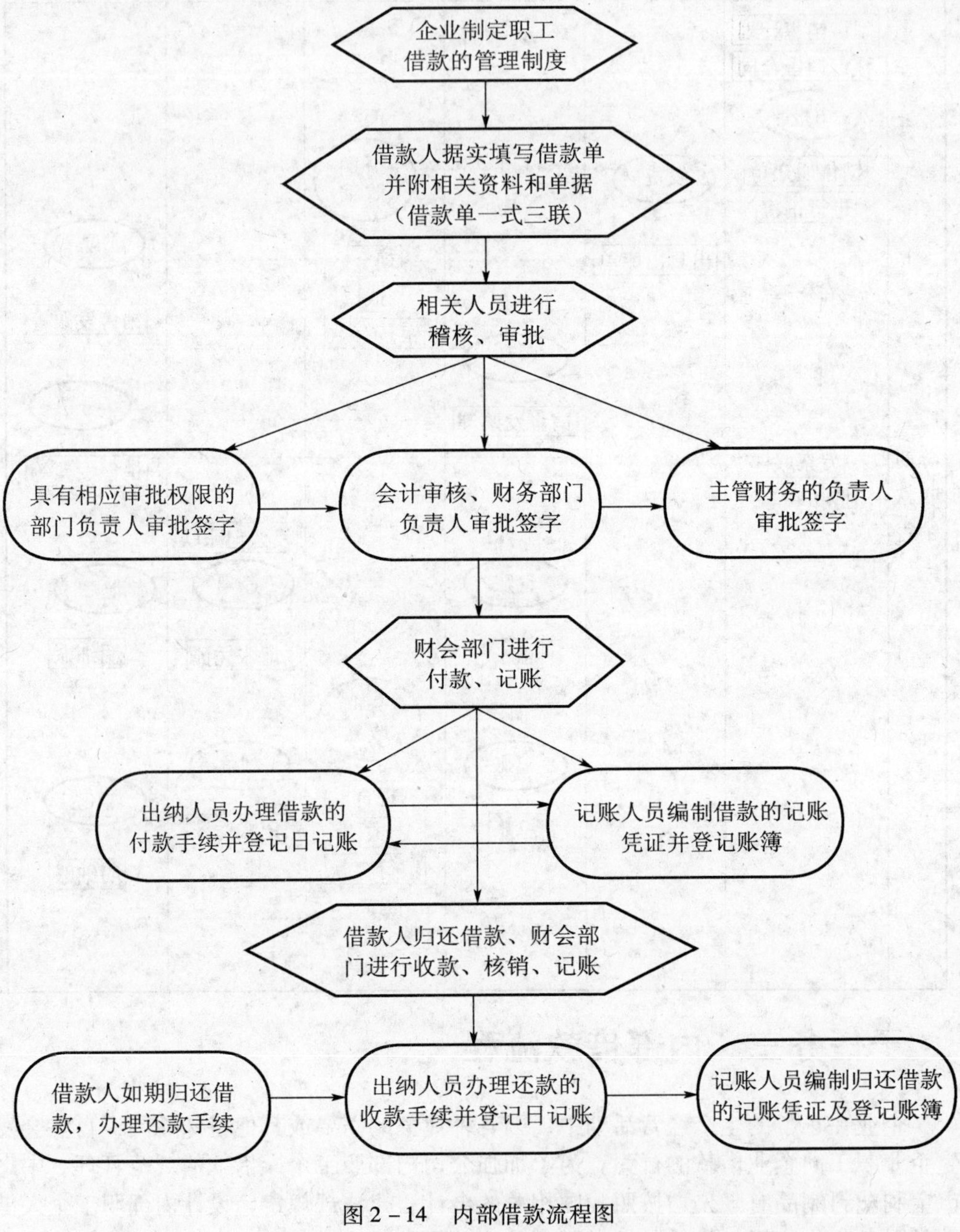

图 2－14　内部借款流程图

填写借款单时，借款人应一次性填写“一式三联的借款单”，借款单的字轨号码、借款日期、借款金额大小写、借款用途及借款人本人签字等内容必须三联一

致，不得涂改。其中：借款人的借款单履行审批程序经批准后，第一联作为财会部门付给借款人所借款项的借款依据和记账依据，借款后作为原始凭证附于记账凭证之后；第二联由财务部门保存，在借款人报账结算时作为借款结算的依据；第三联在职工归还借款后退还职工，作为已收职工还款的依据。需要汇款或转账的，还必须在汇付栏写明收款单位全称、开户银行及账号；借款人委托代理人办理借款事项的，代理人应在“取款人”处签名。

2．经各级负责人审查、审核并签字后同意借款

借款人将填好的借款单交由借款人所属的部门负责人签字，部门负责人需严格审核，确认用途妥当后方可签字批准同意借款。

借款人将部门负责人签字同意借款的借款单交财会部门的会计人员审核后，再由会计部门负责人审核，签字批准同意借款后，交由企业主管财务的负责人签字审批同意借款。

3．到财会部门借取款项

公司财会部门的出纳人员看到签批手续齐全的借款单后，方可付款。如有一项签批手续不全，出纳员有权拒付。金额在 1000 元以上的借款，出纳员应考虑以银行支票支付。

4．借款的管理

财会部门应严格监督借款人按照借款用途使用借款，不得挪作他用，否则，应按情节轻重追究责任；财会部门定期、不定期清理暂借款项，对逾期不偿还者，发送报销催办单通知当事人；仍未改进者，扣除工资和采取其他措施。

5．借款的归还

借款人归还借款或冲账时，会计人员在确定还款或冲账金额后，应在第二联和第三联的有关结算栏内进行登记并签字或盖章，再经借款人确认后将第三联退还借款人。如会计人员将借款人借款单第三联丢失，会计人员应给借款人开具还款收据。

（1）职工借款后，原则上应在完成工作任务后一周内到会计部门办理报账、还款手续；借用支票，须在借款 1 个月内办理报账手续。如遇特殊情况，借款人确在短时间内不能归还借款的，应将原因书面说明，报经企业负责人审批后交财务部门备查。无正当理由，前面的借款未还清的，后面不能再借款。

（2）超过一个季度的借款，由财会部门下发归还借款通知单一式二联，一份交借款人本人，一份交借款人所在的部门，督促还款。

（3）每年的 12 月 20 日前，借款人须结清并归还所有借款，否则，按企业相关规定处理。

## 子任务四　进出口业务流程

### 一、生产企业进口业务的财务工作流程

一般来说，生产企业自营进口业务要经过以下财务工作流程，见图 2－15 所示。

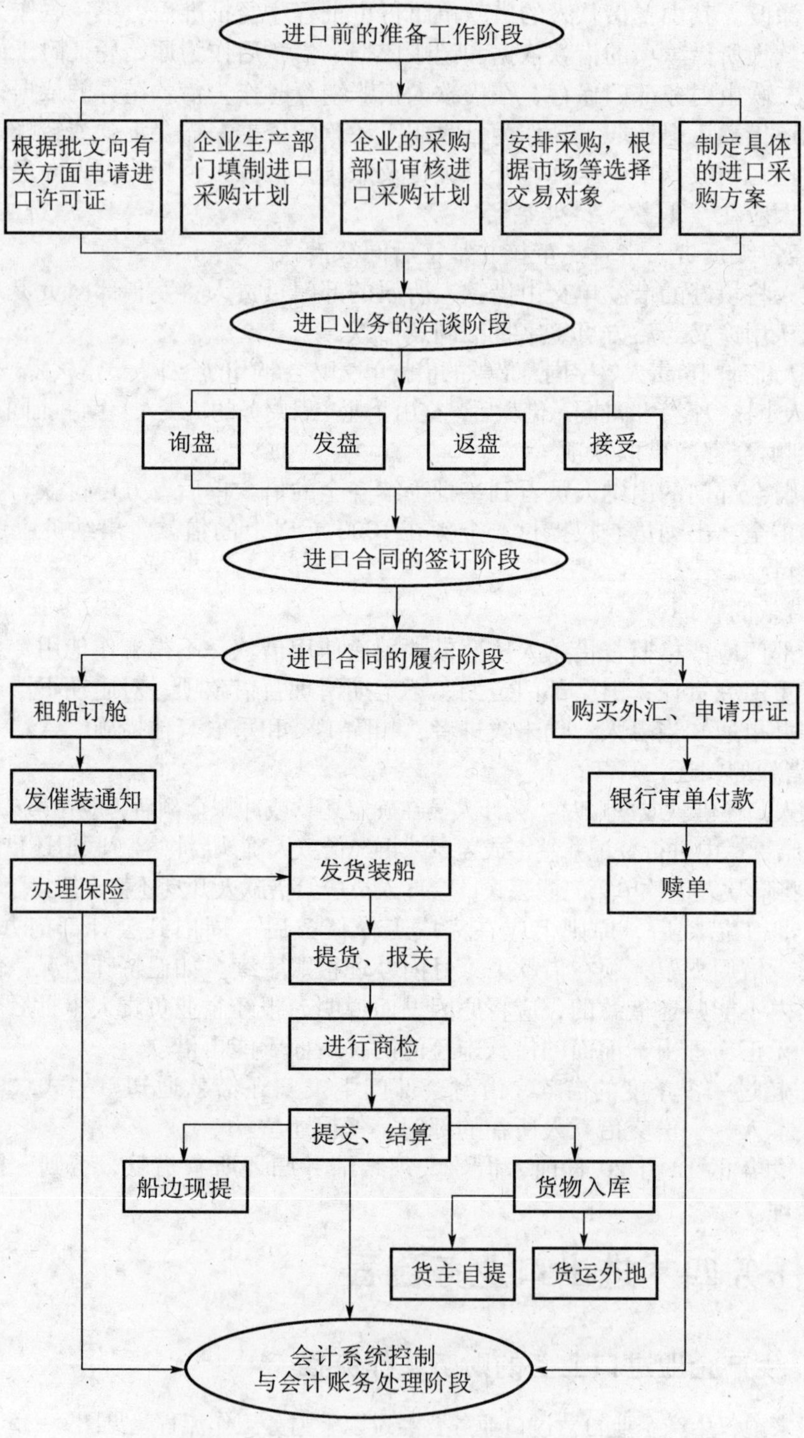

进口前的准备工作阶段

根据批文向有关方面申请进口许可证

企业生产部门填制进口采购计划

企业的采购部门审核进口采购计划

安排采购，根据市场等选择交易对象

制定具体的进口采购方案

进口业务的洽谈阶段

询盘

发盘

返盘

接受

进口合同的签订阶段

进口合同的履行阶段

租船订舱

发催装通知

办理保险

发货装船

提货、报关

进行商检

提交、结算

船边现提

货物入库

货主自提

货运外地

购买外汇、申请开证

银行审单付款

赎单

会计系统控制与会计账务处理阶段

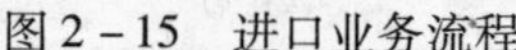

图2－15　进口业务流程

1．进口前的准备工作阶段

生产企业进口前的准备工作（编制进口计划）主要包括：进行国际市场调查研究、审批申领许可证、制订经营方案、筹资、选择市场和客户等。

2．进口业务的洽谈阶段

生产企业根据方针政策、国际规则和自己的经营意图，按照经营方案，运用国际市场通用做法，与国外客户就商品名称、数量、品质、规格或花色品种、包装、价格、交货方式、运输方式、付款方式、商品检验检疫、保险的办理、索赔、不可抗力和发生纠纷的处理方式等问题进行磋商，并通过询盘、发盘、还盘和接受的程序达成协议。

3．进口合同的签订阶段

根据我国法律，对外贸易合同必须采用书面形式，双方当事人履行各自义务和处理争议要以书面合同为依据，所以需要进口的生产企业在与国外的供应商双方就报价等方面达成意向后，双方会签订一式两份并且是由双方盖本公司公章生效的《购货合同》。

4．进口合同的履行阶段

（1）开立信用证。需要进口的生产企业与国外的供应商签订进口合同后，应按规定办理信用证开证手续，这是履行《购货合同》的前提条件。向银行办理开证手续时，必须按进口合同的内容填写开证申请书，银行则按开证申请书的相关内容开立信用证。如要求展延装运期和信用证有效期或变更装运港等，应由进口的生产企业与国外的供应商双方请求，才可向银行办理改证手续。

（2）租船订舱。按相关的条件签订进口合同后，应由进口的生产企业自行安排船舶，如自己没有船舶，则应负责租船订舱或委托办理租船订舱手续，当办妥租船订舱手续后，应及时将船名及船期通知国外的客户或供应商，以便其备货装船，避免出现船等货的情况。

（3）发催装通知。需要进口的生产企业备妥船后，应做好催装工作，随时掌握国外的客户或供应商备货情况和船舶动态，催促国外的客户或供应商做好装船准备工作，对于数量大或重要的进口货物，必要时，可请我国的驻外机构就地协助了解和督促国外的客户或供应商履约，或派员前往出口地点检验监督，以利接运工作的顺利进行。

（4）办理保险。凡由进口的生产企业办理保险的进口货物，当接到国外的客户或供应商的装运通知后，应及时将船名、提单号、开航日期、装运港、目的港以及货物的名称和数量等内容通知中国人民保险公司，办妥投保手续，保险公司应按预允保险合同的规定对货物负自动承保的责任。

（5）审单、付款、赎单（与财务部门相关）。货物装船后，即可凭提单等有关单据向当地银行议付货款，当议付行寄来单据后，经银行审核无误即通知买方付款赎单。如经银行配合审单发现单证不符或单单不符，应分别情况进行处理。

(6) 报关、提货、拨交。买方付款赎单后，一俟货物运抵目的港，即应及时向海关办理申报手续。经海关查验有关单据、证件和货物，并在提单上签章放行后，即可凭以提货。

(7) 货物检验。凡属进口的货物，都应认真检查验收，如发现品质、数量、包装有问题应及时取得有效的检验证明，以便向国外的客户或供应商等有关责任方提出索赔或采取其他救济措施。

(8) 索赔。在履行进口合同过程中，往往会因国外的客户或供应商等未按期交货或货到后发现货物的品质、数量和包装等方面有问题，致使需要进口的生产企业遭受损失，而需向国外的客户或供应商等有关方面提出索赔。

5. 进口业务的会计账务处理程序

第一步：业务部门报送资料。生产企业报审进口业务时，进口业务办理人需向财务部门提供合同审批表、进口合同协议样本、自营进口货物预算表，如需进口的货物属于国家控制性商品，还需提供进口商品许可证正本等有效证明文件。

第二步：财务部门审核资料。生产企业的财务主管人员根据上述资料有权审核以下内容：审核自营进口货物预算表；审核进口业务处理过程中是否符合国家（如海关、税务、外管局等部门）的有关规定和单位的财经纪律及财务会计制度等；审核对收付款方式的选择是否合理、安全，进口业务资金是否有保障等。

第三步：开出、修改信用证。对于需开立信用证的进口业务，办理进口业务的相关人员须提前向财务部门提交已经过进口业务部门负责人审核过的“信用证开立申请书”，并经财务负责人以及企业负责人签审后，再向财务人员提供已经过审核的进口合同或进口协议正本一套、银行开证申请书；如属国家控制性商品还需提供进口商品许可证等证明文件正本。财务人员对开证所需资料审核无误后，尽快提交银行，并按与银行事先约定的保证金比例将款转入银行保证金账户。信用证开出后，财务人员应及时取回信用证副本并交业务人员共同核对。

若开出的信用证需修改时，办理进口业务的业务人员，应及时向财务部门提出书面改证申请并附详细内容，重要内容的修改还需业务部门负责人签字。财务人员审核无误后加盖财务章送交银行通知改证，并及时查收改证回单。财务人员应根据信用证条款或进口合同中规定的议付单据仔细核查单证是否相符，以及各个单据之间是否相符，如若发现单单之间、单证之间有不一致之处，应及时通知付款银行，停止对出口商付款。

第四步：付款及开票。生产企业在对外议付时，办理进口业务的业务人员应提前一周与财务人员联系，以便财务人员合理安排资金；经审核无误可以对外付款的合同，业务人员还需填制“进口业务付款申请表”，并报请业务部门负责人、财务部门负责人、企业负责人（L/C 方式除外）签审后交财务人员办理付款手续，并配合财务人员备齐向银行购汇所需的资料。财务人员填制付款单据，向银行提交“购汇申请书”、“贸易进口付汇核销单”、“报关单”、“进口合同或进口协议”正

本；如属国家控制性商品，需提供进口商品许可证等证明文件。议付后，财务人员应及时取回购汇单据及核销单并通知业务人员购汇成本。未经财务人员审核过的合同，或无法提供银行购汇所需单据的，财务人员有权拒绝付款。

第五步：账务处理

① 设置核算进口业务既反映外币金额，又反映人民币金额的外汇复币式账户。

② 由于生产企业进口业务所发生的货款一般用外币结算，而按我国《会计法》的规定，人民币才是记账本位币，同时，会计核算时进口采购货物确认支出的入账时间与实际付款的时间不一致，在汇率变动的情况下便产生汇兑损益，所以生产企业在会计核算时要反映汇率变动对企业财务成果的影响，核算进口业务的汇兑损益。

③ 确定进口采购货物的入账价格：进口货物的国外进价一律以到岸价（CIF）为基础。

④ 确定进口采购货物的入账时间：以企业收到银行转来的全套进口单证，经审核与信用证及合同内容相符，并通过银行向国外出口商承付或承兑远期汇票时间为准。

## 二、出口业务流程

与生产企业的进口业务一样，生产企业自营出口业务也要经过一定的财务工作流程，见图 2－16 所示。

1. 出口前的准备工作阶段

出口前的准备工作充分与否，直接关系到出口业务的成败，具体包括：熟悉商品和调查研究国内外市场行情，制订经营方案，选择市场和寻找国外客户，开展广告宣传、办理商标注册等前期工作。

2. 出口业务的洽谈阶段

生产企业根据我国方针政策、国际规则和自己的经营意图，按照经营方案，运用国际市场通用做法，与国外客户就商品名称、数量、品质、规格或花色品种、包装、价格、交货方式、运输方式、付款方式、商品检验检疫、保险的办理、索赔、不可抗力和发生纠纷的处理方式等问题进行洽谈和磋商，并通过询盘、发盘、还盘和接受的程序达成协议。

3. 出口合同的签订阶段

生产企业与国外客户就出口业务的各方面达成一致协议后，双方根据我国贸易政策、国际规则和国际市场通用做法与国外客户签订一式两份由双方盖本单位公章生效的《出口合同》。

4. 出口合同的履行阶段

（1）下生产订单。出口企业的业务部门收到国外客户的出口订单后，要按“出口合同审核表”的项目如实填写业务审核表，并尽可能列明各种预计费用。审

出口前的准备工作阶段
根据批文向有关方面申请出口许可证
选择产品出口市场
制定出口产品营销方案
寻找贸易伙伴，建立销售渠道
开展广告宣传
办理商标注册
出口业务的洽谈阶段
询盘
发盘
返盘
接受
出口合同的签订阶段
出口合同的履行阶段
生产备货、包装、刷唛
催证、审证、改证
向商检局报检
租船订舱
办理保险
取得检验证书
发运货物、办理报关
制作有关单据
海关检验放行
取得保险单
货物装船取得提单
向买方发出装船通知
汇集有关单据
将全套货运单据连同信用证向银行办理议付
会计账务处理

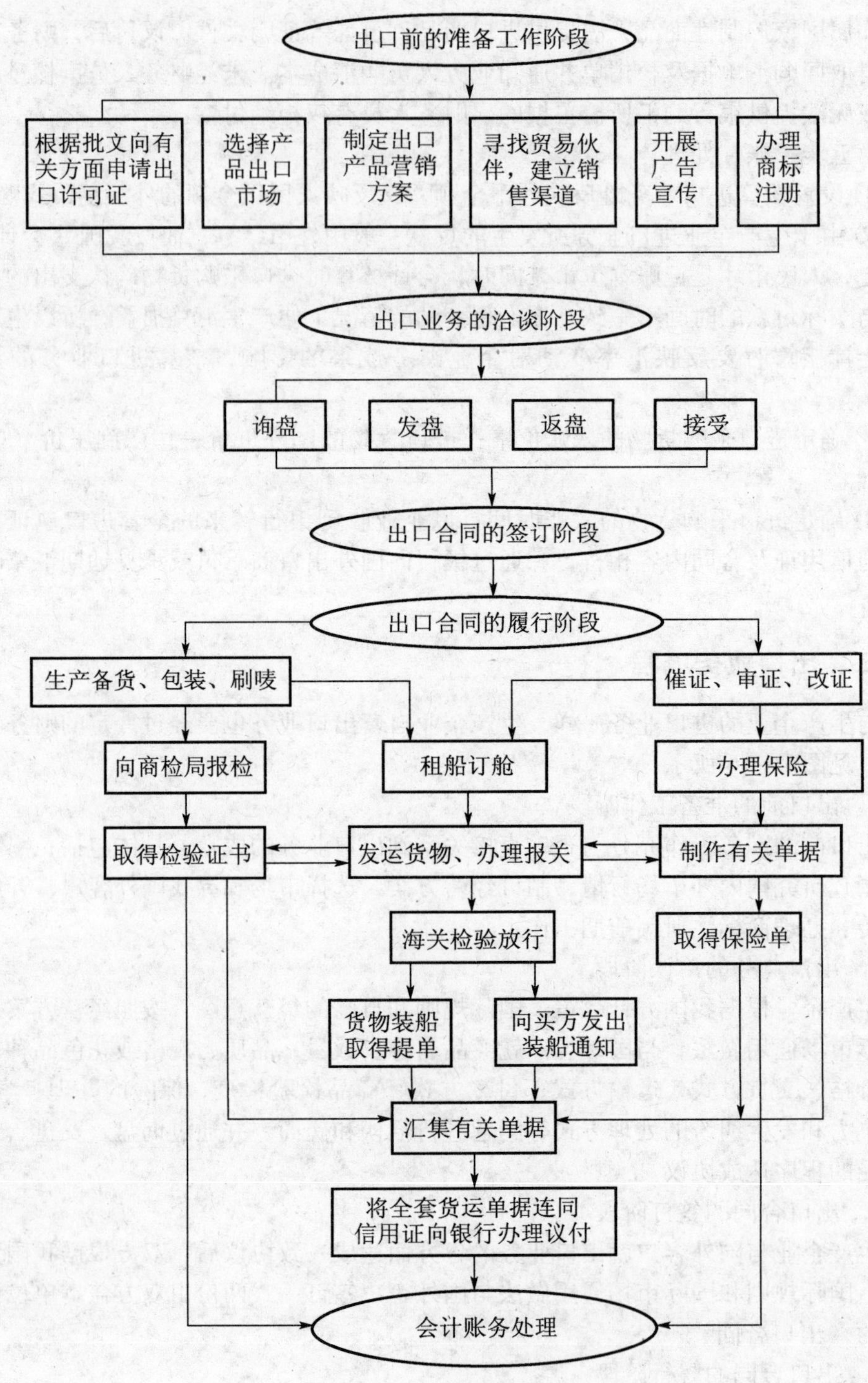

图 2－16　出口业务流程

核表要由业务员签名，部门经理审批，再交相关的管理人员审核后才能执行。如金额较大的，或有预付款和佣金等条款的，还要企业负责人审批。合同审批后，将订单交给企业的生产部门安排生产计划。

（2）落实付款方式，催证、审证和改证。比较常用的国际付款方式有汇付付款方式、托收付款方式和信用证付款方式三种。如果是信用证付款方式结算的客户，若接近合同规定的开证日期仍未收到信用证，企业的业务员应向进口商发催证函，催其早日办理申请开证手续。生产企业收到信用证之后，要根据合同仔细审核信用证条款，检查是否存在错误，交货期能否保障及其他可能的问题，若信用证中有与合同不一致、又无法办到的条款，应向进口商发修改函，要求其向开证行提出改证申请。

（3）下达生产通知并组织生产。生产企业的业务部门在确定交货期，落实付款方式后，应及时下达生产通知并组织出口货物的生产。若客户是前 T/T 付款方式，要确认定金已经到账，生产企业才开始备货生产工作；若客户是后 T/T、D/P 和 D/A 付款方式，需经理确认，在出口签约之后，直接进入备货生产工作；若客户采用信用证付款方式，在确认信用证条款无误后，开始备货生产工作。另外，在生产过程中，生产企业应做好原材料采购、生产进度、产品包装和产品质量等各项跟踪工作，以保证企业能按出口合同的要求保质保量按时出货。

（4）包装或刷唛。生产企业应根据出口合同的要求、出口货物的性质以及国际贸易出口货物的包装标准等选择诸如纸箱、木箱、编织袋等包装形式和一般出口包装标准或特殊出口包装标准对出口货物进行包装。货物出厂时还应认真检查核实货物的包装和唛头（运输标志），使之符合包装标准及信用证的规定。

（5）验货和拖柜。生产企业应在出口货物交货期前一周，通知企业的验货员验货。如果国外客户要自己或指定验货人员来验货的，在交货期的一周前，要预约国外客户查货并将查货日期告知企业的相关部门。如果国外客户指定由第三方验货公司等验货的，要在交货期两周前与验货公司联系，预约验货时间，确保在交货期前安排好时间进行验货。经验货通过后，出口企业应选择安全可靠、价格合理的拖车公司，并委托其提柜装柜。

（6）租船订舱和配载。生产企业在完成大部分货物生产时，企业的业务员自己或通过运输代理公司向船公司办理租船订舱手续。如果是由生产企业支付出口货物的运费，应尽早向运输代理公司或船公司咨询船期、运价、开船口岸等，经比较后，选择价格优惠、信誉好、船期合适的船公司；如果货物不够一个柜，需走散货时，向运输代理公司定散货仓位。船公司配舱成功后，企业的外贸业务员在货运公司协助下安排货物装箱和集港工作。

（7）商检及报验。若出口货物为国家法定检验商品，生产企业在组织生产时要说明商检要求，并准备好出口合同、发票等商检所需资料，报送产品的出口口岸，以便在发货一周之前拿到商检换证凭单（条）。若产地为报关地时，则检验通过后，商检局出具出境货物通关单；若产地与报关地不是同一地方，则产地商检局出具换证凭单或电子换证凭条，再向报关地商检局换取货物通关单，作为报关随附单据。如检验不合格的货物，则一律不准出口。

（8）集中港区和报关。洽妥船舶或舱位后，出口企业应在规定的时间内将符合装船条件的出口货物发送到港区内指定的仓库或货场，以便顺利装船作业。货物集中港区后，由出口企业具有报送资格的工作人员备妥出口货物报关单，连同装货单、发票、装箱单（或磅码单）、商检证、出口结汇核销单、出口货物合同副本及有关单证向海关申报办理出口手续，经海关官员检查单证和货物，确认单货相符和手续齐备后，即在装货单上加盖放行章。经海关查验放行的出口货物，方能开始装船。

（9）交接、装船及支付运费。

① 交接。生产企业的现场工作人员要严格按照港口规章，及时与港方仓库、货场办妥交换手续，做好现场记录，划清船、港、货三方面的责任。

② 装船。海关放行后，出口企业凭海关加盖放行章的装货单与港务部门和理货人员联系，查看现场货物并做好装船准备。在装船前，理货员代表船方，收集经海关放行货物的装货单和收货单，经过整理后，按照记载图和舱单，负责点清货物，逐票分批接货装船。对合同规定需在装船时发出装船通知的，应及时发出，特别是由买方自办保险的。如因出口企业延迟或没有发出装船通知，致使国外客户不能及时或没有投保而造成损失的，出口企业应承担责任。货物装船后，出口方应及时向国外客户发出“装运通知”及相关证明，以便对方准备付款、赎单、办理进口报关和接货手续。

③ 支付运费。船公司为正确核收运费，在出口货物集中港区仓库或库场后申请商检机构对其衡量。如需预付运费的出口货物，船公司或其代理人必须在收取运费后发给托运人运费预付的提单。如属到付运费货物，则在提单上注明运费到付，由船公司卸港代理在收货人提货前向收货人收取运费。

（10）投保。企业的业务员一般在报关成功后，指示外贸单证员按合同或信用证规定向保险公司及时办理投保手续。出口商品的投保一般都是逐笔办理的，在投保时，应将货物名称、保额、运输路线、投保险别等一一列明。保险公司同意承保后，即签发保险单或保险凭证。

（11）收单、制单与审单、收（结）汇。

① 收单，即获得运输文件。出口货物在装船完毕，应由船长或大副根据装货的实际情况签发大副收货单据，并交生产企业，生产企业可以凭此单据向船公司或其代理人换取海运提单。生产企业支付运杂费后通知船公司及时取得提单等运输文件，同时，在开船后两天内，要将提单补料内容传真给船运公司或货运代理，并督促其尽快出提单样板及运费账单。

② 制单与审单。出口货物装船运出之后，即应按照信用证或合同的单据规定，

正确制作或办理相关单据（箱单、发票、提单、出口产地证明、出口结汇等），然后审核单据，使其达到单证一致或单约一致、单单一致。

③ 收（结）汇。在信用证结算方式下，生产企业的外贸业务员指示外贸单证员在信用证规定的交单有效期内，办理议付结汇手续，进行交单收汇；在 D/P 或 D/A 结算方式下，向托收行交单收汇；在前 T/T 结算方式下，向进口商直接寄单；在后 T/T 结算方式下，向进口商寄单后收汇。

5. 出口业务的会计账务处理程序

第一步：业务部门报送资料。生产企业报审出口业务时，出口业务的经办人员需向财务部门提供合同审批表、出口合同协议样本、自营出口商品换汇成本预算单，如出口商品属于国家计划配额内商品，还需提供出口商品许可证正本，招标项目需提供出口中标书等有效证明文件。

第二步：财务部门审核资料。生产企业的财务主管人员根据上述资料审核自营出口商品换汇成本预算单；审核出口业务处理过程中是否符合国家（如海关、税务、外管局等部门）财经纪律和单位财务会计制度等；审核收付款方式的选择是否合理、安全，经营资金是否有保障等。在审核过程中，财务主管人员对出口业务的某些具体情况持有异议时，出口业务的经办人员须详细说明情况，对有严重违反国家财经纪律或企业财务会计制度，以致出口业务不具备操作条件的，财务主管人员可在“合同审批表”中签署否定意见。

第三步：落实付款方式，催证、审证和改证。落实出口业务的付款方式，若国外的买方开出信用证后，企业的出口业务经办人员应立即通知财务人员到银行查收，财务人员要根据合同仔细审核信用证条款，检查是否存在错误，交货期能否保障及其他可能的问题，若信用证中有与合同不一致、又无法办到的条款，应向进口商发修改函，要求其向开证行提出改证申请；若企业资金紧张，需要信用证打包贷款的，财务人员应及时与银行联系，争取贷款早日到位。

第四步：收汇、结汇。在出口货物装船发运后，出口业务的经办人员应在 1～2 个工作日内按照信用证或有关出口合同的要求制妥全套结汇单据，并填制汇票，并配合财务人员做好审单工作，向银行交单收汇、结汇。

第五步：出口收汇核销。报关之前，业务人员需从财务部门领取出口收汇核销单，同时在核销单领用登记簿上签字，注明申领份数、合同号、商品名称、申报金额等，报关后业务人员应立即将核销单退还财务部门。财务人员根据单位数量一致、金额相符的盖有海关验讫章的核销单、报关单、银行结汇水单、外贸发票正本等到外汇管理局办理核销手续。外汇管理局同意核销后，在出口收汇核销单出口退税联盖“已核销章”，并退生产企业。

第六步：出口退税。外汇管理局办理出口收汇核销手续后，如果生产企业出口的货物经税务主管征收部门认定为实行免抵退税管理范围的，生产企业应在规定的时间内准备好外贸发票、在外管局已核销的核销单、出口货物报关单、购进货物的增值税发票并附税收（出口货物专用）缴款书连同出口退税申请表等到主管退税业务的税务机关办理免抵退税手续。上报税务局后，财务人员还应积极配合税务局做好函证调查工作，尽早收回退税款。

第七步：争议与索赔。在出口业务过程中，若出现合同违约、货物遇险等意外事件，企业的业务员需处理争议与索赔工作。

第八步：资料归档。出口业务结束后，生产企业应把与出口业务相关的各项单证、信用证、合同等资料进行归档保管。

第九步：账务处理。

① 设置核算出口业务外汇复币式账户。

② 核算出口业务的汇兑损益。

③ 确定自营出口销售收入入账金额：统一以离岸价（FOB）为标准，即不论发票价格（成交价格）是哪种，都要以离岸价作为确认销售收入的基础。

④ 确定自营出口销售收入的入账时间：以商品装运出口，取得各种正本运输单证并向银行办理完交单的时间为准。

⑤ 核算出口业务的经营成果等。

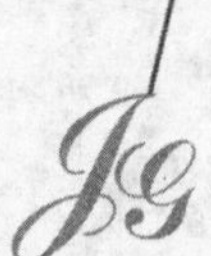

# 项目三 会计工作技能准备

## 能力目标

本内容使学习者在会计手工和会计电算化操作方式下均能达到以下能力目标：

☆ 能正确填制支票等结算单据；

☆ 能正确填制记账凭证；

☆ 能正确建立并登记日记账、明细分类账和总分类账；

☆ 能审核会计凭证；

☆ 能进行产品成本核算；

☆ 能规范地对会计档案进行整理与保管。

## 知识目标

本内容使学习者在手工和电算化操作方式下均能达到以下知识目标：

☆ 掌握不同格式账页的登记方法；

☆ 掌握如何选择合适的结算方式；

☆ 掌握企业会计核算的基本程序；

☆ 掌握账簿设置与登记的要求；

☆ 掌握会计档案整理与保管的要求。

# 任务一　出纳岗位技能准备

## 子任务一　货币资金结算技能

### 一、支票的填制

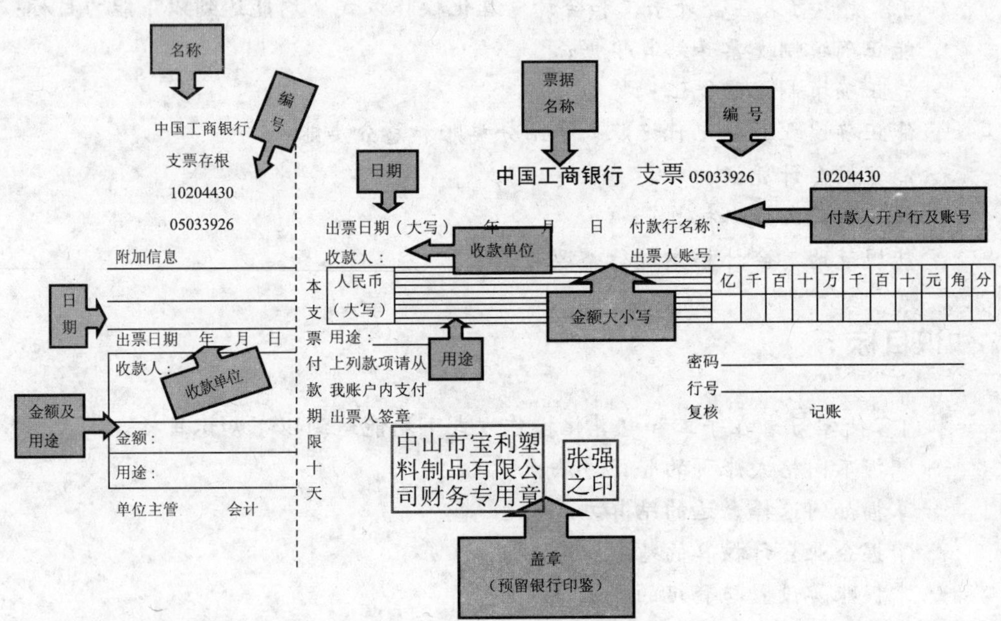

1. 注意事项

（1）每个企业均需到当地人民银行购买支付密码器。

（2）银行预留印鉴：企业在银行开户时，银行会要求企业办预留印鉴备案，以后从账户支付款项时，一定要在支票等资料的相应位置清晰地加盖预留的所有印鉴。银行要求企业预留的印鉴至少有三个：公章、财务专用章、名章（公司授权的个人印章，俗称“小印”，法定代表人名章、财务主管名章、出纳名章等均可，至少一个，可多个）。印泥为红色，印章必须清晰，如印章模糊可在后面的空位置上再加盖一个清晰的，否则只能将本张支票作废，换一张重新填写重新盖章。

（3）签发支票应使用碳素墨水或墨汁填写，将支票上的各要素填写齐全，在支票上加盖其预留的银行印鉴，并填写支票密码。（银行应在支票上盖有行号）

（4）出票日期中的数字必须大写。在填写月、日时，为 1 ～ 9 的，应在其前加“零”；日为 10 ～ 19 的，应前加“壹”。如 1 月 2 日写为“零壹月零贰日”；12

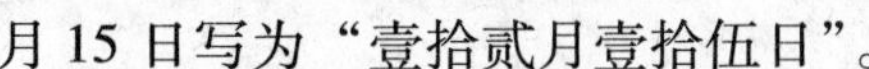

月 15 日写为“壹拾贰月壹拾伍日”。

（5）注意支票的有效期。收款单位收到支票后，必须在有效期内将受理的转账支票连同填制的进账单送存开户银行，过期支票，银行有权拒绝受理。（支票有效期 10 天，自开票日计，包括节假日）

（6）不得签发空头支票和远期支票。签发空头支票者，按规定要处以罚金。

（7）支票按是否可跨省使用可分为两种：一般支票、大同城支票。一般支票限于 50 万元以内的（如果在本市使用没有限额），可跨省使用；大同城支票手续费比较贵，一般用于金额比较大的经济业务，不可跨省使用。支票可提现金、可转账。提现金的支票直接填写，转账支票在支票正面的左上角画两道平行线。但不同银行，相应的规定不一样，且规定变化得较快，所以，实务操作时，要看银行的实际规定。

（8）提取现金的支票，收款人可写为收款单位名称，此时现金支票背面“被背书人”栏内加盖收款单位的公章及预留银行印鉴（视银行的要求），之后收款单位可凭现金支票直接到开户银行提取现金。收款人也可以写个人姓名，此时现金支票背面不盖任何章，收款人在现金支票背面填上身份证号码和发证机关名称，凭身份证和现金支票签字领款。现金支票用途有一定限制，一般只能填写“备用金”、“差旅费”、“工资”、“劳务费”等需要使用现金的经济事项。

（9）用于转账的支票，付款方：收款人一栏应填写收款单位名称，支票正面需盖好本单位的预留银行印鉴，交收款方进行转账划款。收款方：收到支票后，在支票背面盖好本单位预留银行印鉴，填写好银行进账单，将支票与进账单交付银行进行转账划款。非特别情况，对公账户不能转账到对私账户。转账支票用途没有具体限制，可填写如“货款”、“代理费”等。

2．支票填制样例

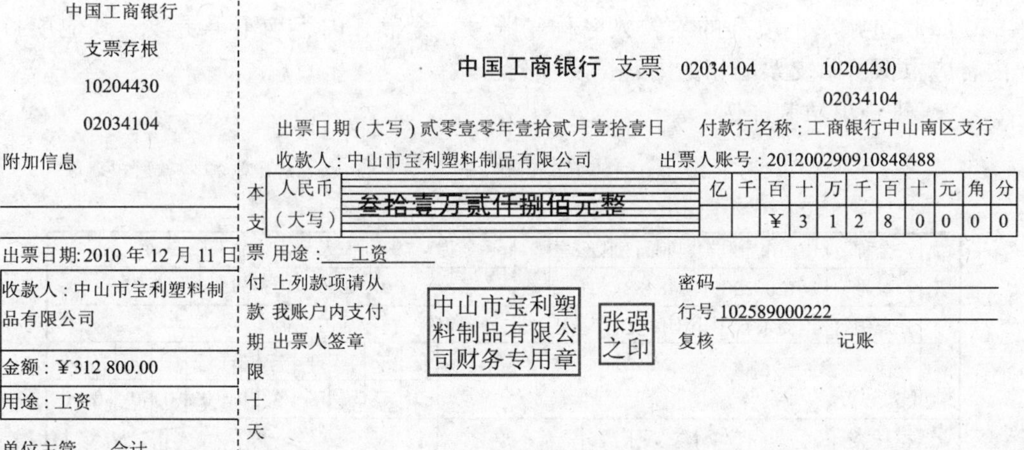

中国工商银行
支票存根
10204430
02034104
附加信息

出票日期:2010 年 12 月 11 日
收款人：中山市宝利塑料制品有限公司
金额：¥312 800.00
用途：工资
单位主管　会计

中国工商银行 支票　02034104　10204430
02034104
出票日期（大写）贰零壹零年壹拾贰月壹拾壹日　付款行名称：工商银行中山南区支行
收款人：中山市宝利塑料制品有限公司　出票人账号：201200290910848488
本支票付款期限十天

| 人民币（大写） | 亿 | 千 | 百 | 十 | 万 | 千 | 百 | 十 | 元 | 角 | 分 |
|---|---|---|---|---|---|---|---|---|---|---|---|
| 叁拾壹万贰仟捌佰元整 | | | ¥ | 3 | 1 | 2 | 8 | 0 | 0 | 0 | 0 |

用途：工资
上列款项请从
我账户内支付
出票人签章　中山市宝利塑料制品有限公司财务专用章　张强之印
密码
行号 102589000222
复核　记账

## 二、进账单的填制

进账单与支票配套使用，企业持支票、银行汇票和银行本票等到银行办理转账时，要同时填制进账单。进账单一式三联，第一联为回单联，是出票人开户银行交给出票人的回单；第二联为贷方凭证，由收款人开户行作贷方凭证；第三联为收账通知，是收款人开户行交给收款人的收账通知。全部联次用复写纸一次性套写完成。

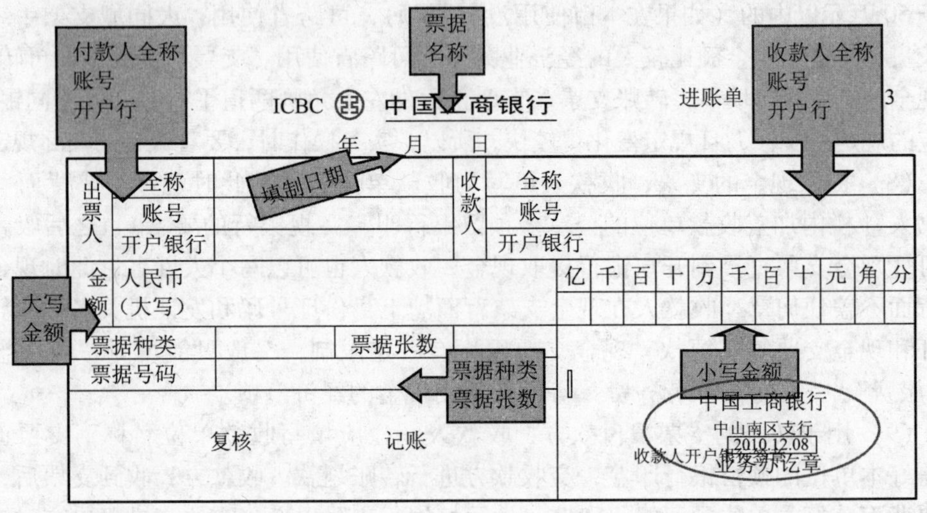


1. 注意事项

（1）付款单位全称及账号，填写交易中的付款方的名称全称及账号。

（2）收款单位全称及账号，填写交易中的收款方的名称全称及账号。

（3）金额大小写：按转账金额准确填制。

（4）进账单上填列的收款人名称、账号、金额、内容均不得更改，其他项目内容应根据所附支票的相关内容据实填列。

2. 进账单填制样例

ICBC 中国工商银行　　进账单　（收款通知）　3

2010 年 12 月 15 日

| 出票人 | 全称 | 中山市宝利塑料制品有限公司 | 收款人 | 全称 | 深圳市天马化妆品有限公司 |
|---|---|---|---|---|---|
| | 账号 | 201200290910848488 | | 账号 | 201200290910545888 |
| | 开户银行 | 工商银行中山南区支行 | | 开户银行 | 农行福田支行 |

| 金额 | 人民币（大写） 叁万元整 | 亿 | 千 | 百 | 十 | 万 | 千 | 百 | 十 | 元 | 角 | 分 |
|---|---|---|---|---|---|---|---|---|---|---|---|---|
| | | | | | ¥ | 3 | 0 | 0 | 0 | 0 | 0 | 0 |

| 票据种类 | | 票据张数 | | 中国工商银行 中山南区支行 2010.12.15 业务办讫章 收款人开户银行签章 |
|---|---|---|---|---|
| 票据号码 | | | | |
| 复核 | | 记账 | | |

## 三、银行汇票申请书的填制

付款人使用银行汇票进行结算，应向出票银行填写“银行汇票申请书”并将足额的款项交存出票银行，出票银行收妥款项后签发银行汇票，用压数机压印出票金额，将银行汇票和解讫通知一并交给申请人。银行汇票申请书一式三联，第一联由申请人留存；第二联由出票银行作为借方凭证；第三联由出票银行作汇出汇款贷方凭证。全部联次用复写纸一次性套写完成。

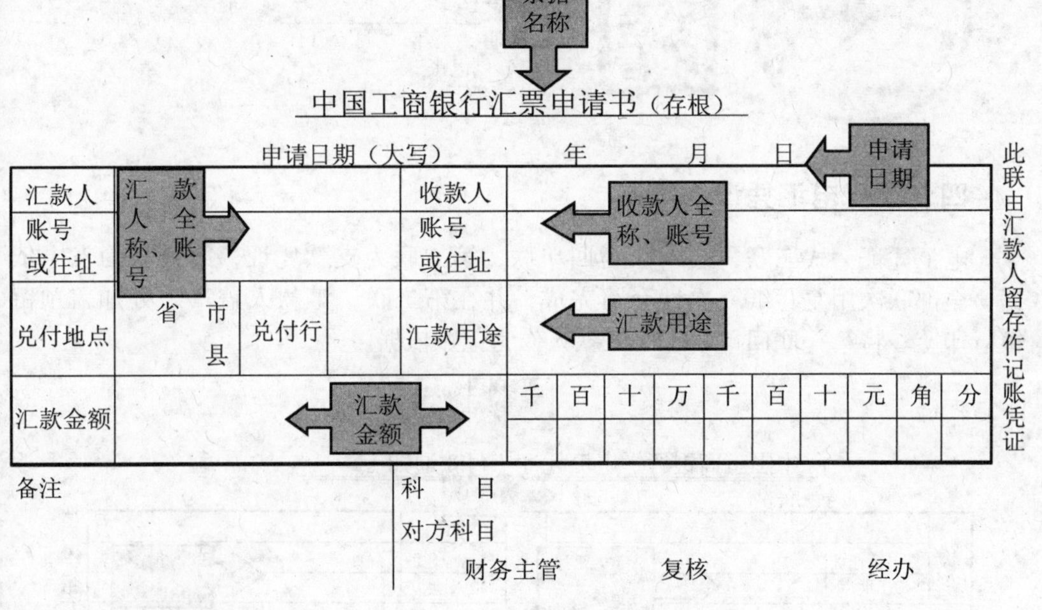


1. 注意事项

(1) 收款人名称：准备开具的银行汇票收款人的名称全称。

(2) 汇票金额：金额大小写填写要正确。

(3) 申请人名称：填写本申请单位名称。

(4) 申请日期：填写申请时的日期。

(5) 盖章：印章为预留银行的财务专用章和法人章，印章必须清晰。

2. 银行汇票申请书填制样例

中国工商银行银行汇票申请书（借方凭证）2

申请日期 2010 年 12 月 11 日　　　　第　号

<table>
<tr><td>收款人</td><td colspan="3">中山市宝利塑料制品有限公司</td><td>汇款人</td><td colspan="10">双好食品厂</td></tr>
<tr><td>账　号<br>或地址</td><td colspan="3">20120029091084848 8</td><td>账　号<br>或地址</td><td colspan="10">128-14330796</td></tr>
<tr><td>兑付地点</td><td colspan="3">广东省中山市</td><td>兑付行</td><td colspan="10">工商银行中山南区支行</td></tr>
<tr><td rowspan="2">汇款金额</td><td rowspan="2">人民币<br>（大写）</td><td rowspan="2" colspan="3">叁仟元整</td><td>千</td><td>百</td><td>十</td><td>万</td><td>千</td><td>百</td><td>十</td><td>元</td><td>角</td><td>分</td></tr>
<tr><td></td><td></td><td></td><td>¥</td><td>3</td><td>0</td><td>0</td><td>0</td><td>0</td><td>0</td></tr>
</table>

此联由汇款人留存作记账传票

上列款项请从我账户内支付

申请人盖章

财务专用章

赵晋平印

科　目 ____________

对方科目 ____________

转账日期：　年　月　日

复核　　记账

## 四、银行电汇凭证的填制

电汇凭证一式三联，第一联为回单联，第二联为支款凭证，第三联为发电依据，全部联次用复写纸一次性套写完成，并在第二联“汇款人盖章”处加盖预留银行印鉴。将第一联回单联退给汇款人作为记账依据。

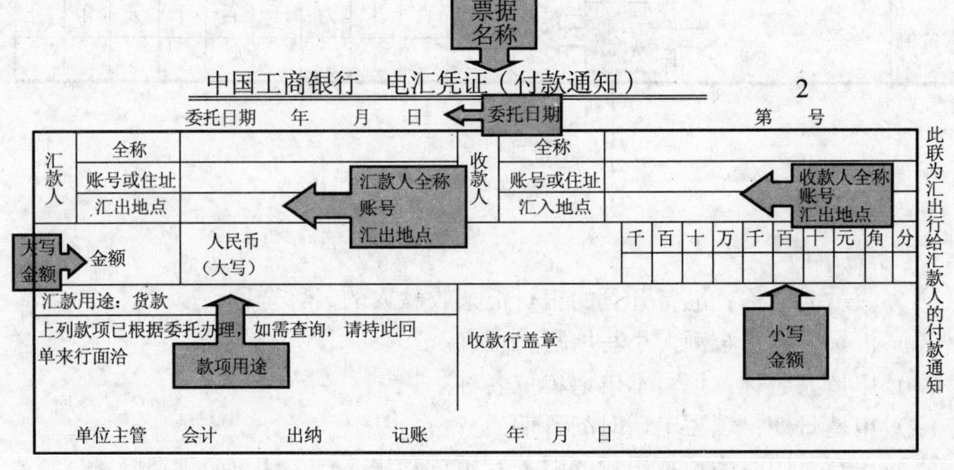

中国工商银行　电汇凭证（付款通知）　2

委托日期　年　月　日　　　　第　号

<table>
<tr><td rowspan="3">汇款人</td><td>全称</td><td></td><td rowspan="3">收款人</td><td>全称</td><td colspan="10"></td></tr>
<tr><td>账号或住址</td><td></td><td>账号或住址</td><td colspan="10"></td></tr>
<tr><td>汇出地点</td><td></td><td>汇入地点</td><td colspan="10"></td></tr>
<tr><td rowspan="2" colspan="2">金额</td><td rowspan="2" colspan="3">人民币<br>（大写）</td><td>千</td><td>百</td><td>十</td><td>万</td><td>千</td><td>百</td><td>十</td><td>元</td><td>角</td><td>分</td></tr>
<tr><td></td><td></td><td></td><td></td><td></td><td></td><td></td><td></td><td></td><td></td></tr>
<tr><td colspan="3">汇款用途：货款</td><td colspan="12" rowspan="2">收款行盖章</td></tr>
<tr><td colspan="3">上列款项已根据委托办理，如需查询，请持此回单来行面洽</td></tr>
<tr><td colspan="15">单位主管　会计　出纳　记账　　年　月　日</td></tr>
</table>

此联为汇出行给汇款人的付款通知



1. 注意事项

（1）日期：一般是小写日期。

（2）付款人全称、账号、开户行：填写本付款单位的名称全称、账号以及相应的开户行名称。

（3）收款人全称、账号、开户行：填写收款方的名称全称、账号以及相应的开户行名称。

（4）电汇金额：金额要分别填写大写和小写。如果书写错误要重新开具。

（5）用途：可据实填写款项的用途，如货款、材料款、运费等。

2．银行电汇凭证填制样例

中国工商银行 电汇凭证（回 单） 1 01804727

□普通 □加急 委托日期 2010年 1 月 1 日

| 汇款人 | 全 称 | 中山市宝利塑料制品有限公司 | 收款人 | 全 称 | 北京京盛贸易商行 |
|---|---|---|---|---|---|
| | 账 号 | 201200290910848488 | | 账 号 | 0200013309200008573 |
| | 汇出地点 | 广东省 中山 市／县 | | 汇入地点 | 北京 省 市／县 |
| 汇出行名称 | | 工商银行中山南区支行 | 汇入行名称 | | 工商银行北京西单支行 |
| 金额 | 人民币（大写） | 叁仟贰佰伍拾元整 | 亿千百十万千百十元角分 | | ¥325000 |
| | | | 支付密码 | | |
| | | | 附加信息及用途： | | |
| 汇出行签章 | | | 复核： 记账： | | |

此联汇出行给汇款人的回单

## 五、委托收款（托收承付）凭证的填制

委托收款结算方式分为邮寄划回和电报划回两种。凭证均一式五联。第一联回单联，由收款人开户行给收款人的回单；第二联收款凭证，由收款人开户行作收入传票；第三联支款凭证，由付款人开户行作付出传票；第四联收款通知（或发电依据），由收款人开户行在款项收妥后给收款人的收款通知（或付款人开户行凭以拍发电报）；第五联付款通知，由付款人开户行给付款人按期付款的通知。

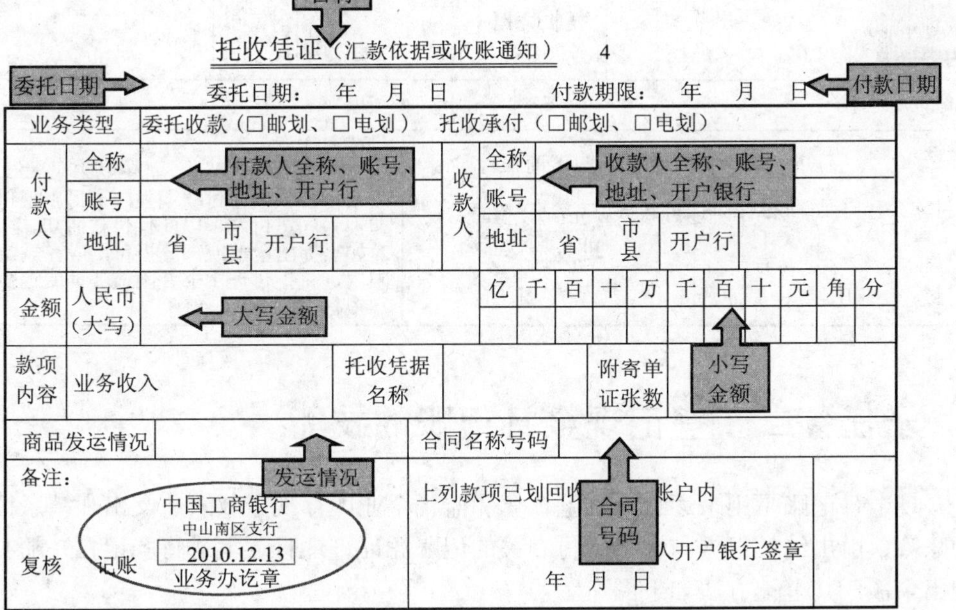

1. 注意事项

(1) 必须注明“委托收款”的字样。

(2) 委托日期：填制委托收款凭证的日期。

(3) 付款人名称、账号、开户行名称：填写委托收款的付款方的名称、账号、开户行的名称。

(4) 收款人名称、账号、开户行名称：填写委托收款的收款方的名称、账号、开户行的名称。

(5) 确定的金额：委托收款的金额，金额需要大小写。

(6) 委托收款附寄单证张数或册数：需将委托收款资料的单证和册数填写清楚。

(7) 收款人签章：办理委托收款的收款人需加盖印章。

2. 委托收款凭证填制样例

**托收凭证**（付款通知） 5

委托日期：2010 年 11 月 23 日　　付款期限：2010 年 12 月 23 日

<table>
<tr><td>业务类型</td><td colspan="7">委托收款（□邮划、□电划）　托收承付（□邮划、□电划）</td></tr>
<tr><td rowspan="3">付款人</td><td>全称</td><td colspan="2">中山市宝利塑料制品有限公司</td><td rowspan="3">收款人</td><td>全称</td><td colspan="2">中山市自来水公司</td></tr>
<tr><td>账号</td><td colspan="2">201200290910848488</td><td>账号</td><td colspan="2">201200348957846513</td></tr>
<tr><td>地址</td><td>省 市县 开户行</td><td>工商银行中山南区支行</td><td>地址</td><td>省 市县 开户行</td><td>工商银行中山石岐支行</td></tr>
<tr><td>金额</td><td>人民币（大写）</td><td colspan="6">肆仟柒佰肆拾陆元整　亿 千 百 十 万 千 百 十 元 角 分：¥ 4 7 4 6 0 0</td></tr>
<tr><td>款项内容</td><td colspan="2">水费</td><td>托收凭据名称</td><td colspan="2">增值税专用发票</td><td>附寄单证张数</td><td>1</td></tr>
<tr><td colspan="3">商品发运情况</td><td colspan="5">合同名称号码</td></tr>
<tr><td colspan="2">备注：<br>付款人开户银行收到日期<br>年 月 日<br>复核 记账</td><td colspan="3">付款人开户银行签章<br>年 月 日<br>（印章：中国工商银行 中山南区支行 2010.12.23 业务办讫章）</td><td colspan="3">付款人注意：<br>1. 根据支付结算办法，上列委托收款（托收承付）款项在付款期限内未提出拒付，即视为同意付款，以此代付款通知。<br>2. 如需提出全部或部分拒付，应在规定期限内，将拒付理由书并附债务证明退交开户银行</td></tr>
</table>

## 子任务二　登记现金日记账的技能

现金日记账是用来逐日、逐笔核算和监督企业库存现金收入、支出和结余情况的账簿，由出纳员根据与现金收付有关的记账凭证，逐日逐笔进行登记，并随时结记出余额。其登记方法如下图所示。

现 金 日 记 账　　第1页

| ×年 月 | 日 | 凭证字号 | 摘　要 | 对应科目 | 借　方 | 贷　方 | 余　额 | √ |
|---|---|---|---|---|---|---|---|---|
| | | | | | 亿千百十万千百十元角分 | 亿千百十万千百十元角分 | 亿千百十万千百十元角分 | |
| | | | 上年结转 | | | | 414000 | |
| 1 | 4 | 记 02 | 支付职工生活补助 | 应付职工薪酬 | | 218600 | 195400 | |
| | 4 | 记 03 | 提现 | 银行存款 | 500000 | | 695400 | |
| | 9 | 记 09 | 购买零星办公用品 | 管理费用 | | 88500 | 606900 | |
| | 21 | 记 08 | 行政李群借差旅费 | 其他应收款 | | 500000 | 106900 | |
| | 29 | 记 24 | 行政李群报差旅费 | 管理费用 | | 50000 | 56900 | |
| | | | | | | | | |
| | | | | | | | | |

## 子任务三　登记银行存款日记账的技能

银行存款日记账是用来逐日、逐笔核算和监督企业银行存款的收入、支出和结余情况的账簿，由出纳员根据与银行存款收付有关的记账凭证逐日逐笔进行登记，并随时结记出余额。其登记方法如下图所示。

第1页

银行存款日记账

开户银行 工商银行

账　　号 20030021087

| ×年 月 | 日 | 凭证字号 | 银行凭证 | 摘　要 | 对应科目 | 借　方 | 贷　方 | 借或贷 | 余　额 | √ |
|---|---|---|---|---|---|---|---|---|---|---|
| | | | | | | 亿千百十万千百十元角分 | 亿千百十万千百十元角分 | | 亿千百十万千百十元角分 | |
| | | | | 上年结转 | | | | 借 | 20120000 | |
| 1 | 3 | 记 01 | | 收三勇建材账款 | 应收账款 | 23400000 | | 借 | 43520000 | |
| | 4 | 记 03 | 支3201 | 提现 | 库存现金 | | 500000 | 借 | 43020000 | |
| | 6 | 记 05 | | 现销产品 | 主营业务收入 | 14040000 | | 借 | 57060000 | |
| | 6 | 记 06 | | 押金 | 其他应付款 | 200000 | | 借 | 57260000 | |
| | 6 | 记 07 | 委收 | 交纳增值税等 | 应交税费 | | 2496000 | 借 | 54760000 | |
| | 8 | 记 08 | 支3202 | 付前欠账款 | 应付账款 | | 11700000 | 借 | 43064000 | |
| | 13 | 记 13 | 支3203 | 付采购运费 | 材料采购 | | 1200000 | 借 | 41864000 | |
| | 18 | 记 14 | 支3204 | 代发工资 | 应付职工薪酬 | | 10800000 | 借 | 31064000 | |
| | 19 | 记 16 | 支3205 | 付销售运费 | 销售费用 | | 120000 | 借 | 31944000 | |
| | 20 | 记 17 | 委收 | 付电费 | 制造费用等 | | 1810000 | 借 | 29134000 | |
| | 22 | 记 19 | 支3206 | 付广告费 | 销售费用 | | 500000 | 借 | 28634000 | |
| | 23 | 记 20 | | 现销材料 | 其他业务收入 | 1404000 | | 借 | 30038000 | |
| | 25 | 记 21 | 委收 | 付违章罚款 | 营业外支出 | | 200000 | 借 | 29838000 | |
| | 28 | 记 22 | 支3207 | 付房租 | 管理费用 | | 950000 | 借 | 28888000 | |
| | 29 | 记 23 | | 付长期借款利息 | 应付利息 | | 6000000 | 借 | 22888000 | |
| | | | | | | | | | | |

注意事项：

(1) 日记账必须采用订本式账簿，目的是为了保证现金日记账的安全与完整。

(2) 登记账簿时，应当将会计凭证日期、编号、业务内容摘要、金额和其他有关资料逐项计入账内，做到数字准确、摘要清楚、字迹工整。

(3) 出纳员随时按照业务发生顺序逐笔登记，每日终了应结出余额。必须每日掌握银行存款和现金的实有数，谨防签发空头支票和影响经营活动的正常用款。

(4) 登记发生错误时，必须按规定方法更正，严禁刮、擦、挖、补，或使用化学药物清除字迹。发现差错必须根据差错的具体情况采用画线更正、红字更正、补充登记等方法更正。

## 子任务四 日记账结账技能

出纳登记的现金日记账、银行存款日记账需在月末、年末进行对账、结账。

为了加强对货币资金的管理，现金、银行存款日记账需按日结计本日发生额和按月结计本月发生额，但不需要结计本年累计发生额。每日终了，先在最后一笔业务记录下画通栏单红线，结计出本日借贷方发生额，填在下一行的借贷方金额栏，在摘要栏内注明“本日合计”字样，并在下面画通栏单红线。

每月终了，在日结的基础上，结计出本月借贷方发生额，填在下一行的借贷方金额栏，在摘要栏内注明“本月合计”字样，并在下面画通栏单红线。年末结账时，在“本月合计”行下面画通栏双红线。

银行存款日记账
BANK JOURNAL

第 99 页

开户银行：工商银行南山支行

账　号：S1012635628

| 2001年 | | 凭证字号 | 摘　要 | 借方 DEBIT | 贷方 CREDIT | 借或贷 | 余额 BALANCE |
|---|---|---|---|---|---|---|---|
| 月 | 日 | YOU ICO | DESCRIPTION | 千百十万千百十元角分 | 千百十万千百十元角分 | | 千百十万千百十元角分 |
| 12 | 28 | | 承上页 | 263548900 | 238495000 | 借 | 1212152800 |
| | 28 | 记12011 | 退 B 产品货款 | | 1755000 | 借 | 1216397800 |
| | 29 | 记12342 | 收回南方公司货款 | 234000000 | | 借 | 1450397800 |
| | 30 | 记12323 | 偿还到期短期借款 | | 500000000 | 借 | 950397800 |
| | 31 | 记12435 | 支付甲材料进货款 | | 51500000 | 借 | 891897800 |
| | | | 本月合计 | 497568900 | 798750000 | 借 | |
| | | | | | | | |
| | | | | | | | |
| | | | | | | | |

注意事项：

出纳员在结账前先进行对账，对账主要包括以下两个方面：

（1）现金日记账的金额与现金实际库存数逐日核对相符；

（2）银行存款日记账的余额应定期与开户银行对账单核对相符。

对期末对账发现的错误要及时更正，对银行存款未达账项需编制银行存款余额调节表，经调整后达到账表相符。

# 任务二　制单会计岗位技能

## 子任务一　收款凭证填制技能

收款凭证是根据现金、银行存款增加的经济业务填制的。

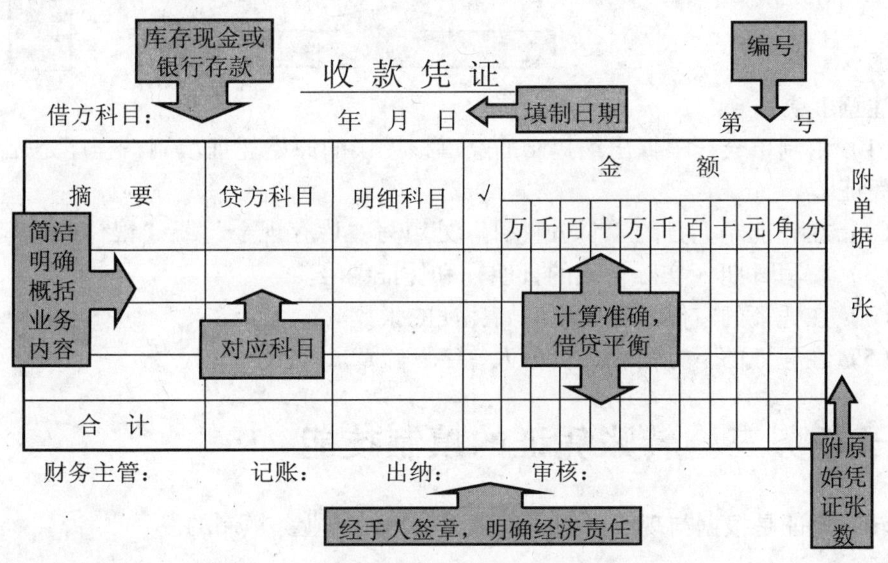


注意事项：

（1）由制单会计根据出纳提交的经审核无误的原始凭证填制，必须是先收款，后填凭证。

（2）在凭证左上方的“借方科目”处填写“库存现金”或“银行存款”。

（3）填写日期（实际收款的日期）和凭证编号。

（4）在凭证的右侧填写所附原始凭证的张数。

（5）在凭证的下方由相关责任人签字、盖章。

## 子任务二　付款凭证填制技能

付款凭证是根据现金、银行存款减少的经济业务填制的。

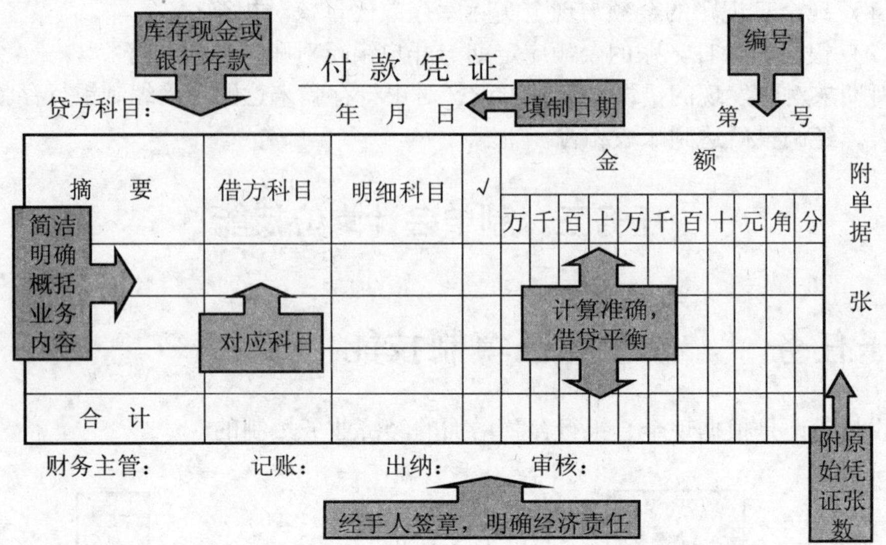


注意事项：

（1）由制单会计根据出纳提交的经审核无误的原始凭证填制，程序是先付款，后填凭证。

（2）在凭证左上方的“贷方科目”处填写“库存现金”或“银行存款”。

（3）填写日期（实际付款的日期）和凭证编号。

（4）在凭证的右侧填写所附原始凭证的张数。

（5）在凭证的下方由相关责任人签字、盖章。

## 子任务三　转账凭证的填制技能

转账凭证是根据与现金、银行存款无关的经济业务填制的。

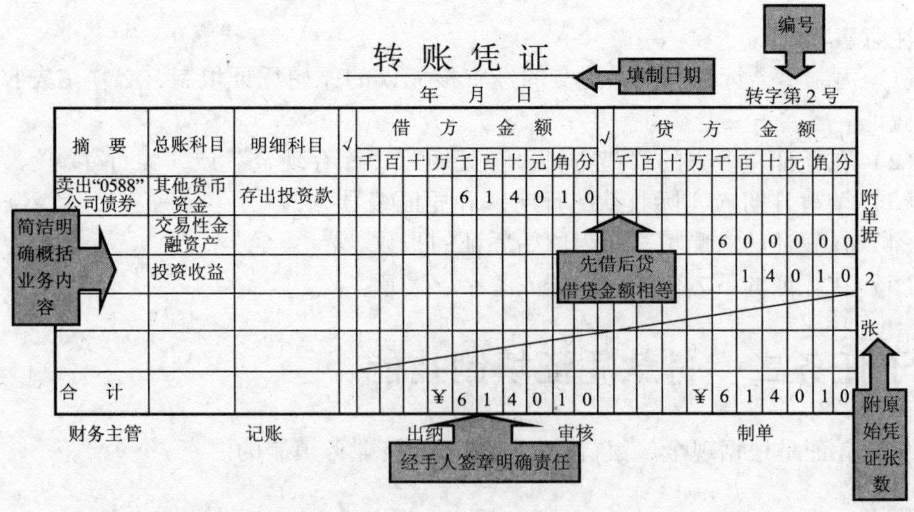

注意事项：

（1）由制单会计根据审核无误的原始凭证填制。

（2）填写日期（一般情况下按收到原始凭证的日期填写；如果某类原始凭证有几份，涉及不同日期，可以按填制转账凭证的日期填写）和凭证编号。

（3）在凭证内填写经济业务的摘要。

（4）在凭证内填写经济业务涉及的全部会计科目，顺序是先借后贷。

（5）在“金额”栏填写金额。

（6）在凭证的右侧填写所附原始凭证的张数。

（7）在凭证的下方由相关责任人签字、盖章。

## 子任务四　通用记账凭证填制

通用记账凭证是用以记录各种经济业务的凭证。采用通用记账凭证的单位，不再根据经济业务的内容分别填制收款凭证、付款凭证和转账凭证。

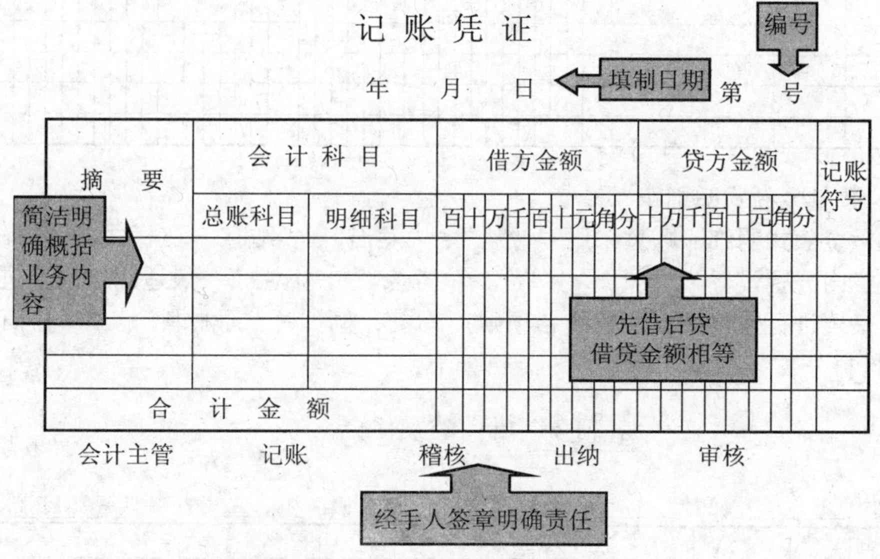


# 任务三　记账会计岗位技能

## 子任务一　建立明细账技能

明细账也称明细分类账，是根据总账科目所属的明细科目设置的，用于分类登记某一类经济业务事项，提供有关明细核算资料。明细账可采用订本式、活页式、三栏式、多栏式、数量金额式。新手往往在建账初期不知道各种明细账到底适合哪些业务。以下逐一说明各种明细账的适用范围。

1. 三栏式明细账

三栏式明细账使用"借方"、"贷方"和"余额"三栏式账页，适用于只需进行金额明细核算，而不需要进行数量核算的账户。例如"其他货币资金"、"应收票据"、"应收账款"、"预付账款"、"其他应收款"、"无形资产"、"应付票据"、"应付账款"、"预收账款"、"应交税费"、"其他应付款"和"利润分配"等账户，其他只核算金额的账户也可采纳。样例如下：

明 细 分 类 账

第 1 页
连续第 页

科目编号 明细科目 深圳佳林公司 总账科目 应收账款

| 2010年 | | 凭证字号 | 摘要 | 借方 | | | | | | | | | | | √ | 贷方 | | | | | | | | | | | √ | 借或贷 | 余额 | | | | | | | | | | |
|---|---|---|---|---|---|---|---|---|---|---|---|---|---|---|---|---|---|---|---|---|---|---|---|---|---|---|---|---|---|---|---|---|---|---|---|---|---|---|---|
| 月 | 日 | | | 亿 | 千 | 百 | 十 | 万 | 千 | 百 | 十 | 元 | 角 | 分 | | 亿 | 千 | 百 | 十 | 万 | 千 | 百 | 十 | 元 | 角 | 分 | | | 亿 | 千 | 百 | 十 | 万 | 千 | 百 | 十 | 元 | 角 | 分 |
| | | | 上年结转 | | | | | | | | | | | | | | | | | | | | | | | | | 借 | | | | 2 | 3 | 4 | 0 | 0 | 0 | 0 | 0 |
| | | | | | | | | | | | | | | | | | | | | | | | | | | | | | | | | | | | | | | | |
| | | | | | | | | | | | | | | | | | | | | | | | | | | | | | | | | | | | | | | | |
| | | | | | | | | | | | | | | | | | | | | | | | | | | | | | | | | | | | | | | | |
| | | | | | | | | | | | | | | | | | | | | | | | | | | | | | | | | | | | | | | | |
| | | | | | | | | | | | | | | | | | | | | | | | | | | | | | | | | | | | | | | | |
| | | | | | | | | | | | | | | | | | | | | | | | | | | | | | | | | | | | | | | | |
| | | | | | | | | | | | | | | | | | | | | | | | | | | | | | | | | | | | | | | | |

2. 数量金额式明细账

数量金额式明细账账页采用"收入"、"发出"、"结存"三栏式的基本结构，在每一栏内分别设置"数量"、"单价"、"金额"三小栏，一般适用于既要进行金额核算又要进行实物数量核算的各项财产物资，例如，"原材料"、"库存商品"、"周转材料"、"半成品"等账户。样例如下：

原材料 进 销 存

总第 页
分第 1 页

部类＿＿＿＿ 产地＿＿＿＿ 单位 公斤 规格＿＿＿＿ 品名 低密度 PE 料

| 2010年 | | 凭证字号 | 摘要 | 收入 | | | | | | | | | | | | 发出 | | | | | | | | | | | | 结存 | | | | | | | | | | | | √ |
|---|---|---|---|---|---|---|---|---|---|---|---|---|---|---|---|---|---|---|---|---|---|---|---|---|---|---|---|---|---|---|---|---|---|---|---|---|---|---|---|---|
| 月 | 日 | | | 数量 | 单价 | 金额 | | | | | | | | | | 数量 | 单价 | 金额 | | | | | | | | | | 数量 | 单价 | 金额 | | | | | | | | | | |
| | | | | | | 千 | 百 | 十 | 万 | 千 | 百 | 十 | 元 | 角 | 分 | | | 千 | 百 | 十 | 万 | 千 | 百 | 十 | 元 | 角 | 分 | | | 千 | 百 | 十 | 万 | 千 | 百 | 十 | 元 | 角 | 分 | |
| | | | 上年结转 | | | | | | | | | | | | | | | | | | | | | | | | | 8500 | 100 | | | 8 | 5 | 0 | 0 | 0 | 0 | 0 | 0 | |
| | | | | | | | | | | | | | | | | | | | | | | | | | | | | | | | | | | | | | | | | |
| | | | | | | | | | | | | | | | | | | | | | | | | | | | | | | | | | | | | | | | | |
| | | | | | | | | | | | | | | | | | | | | | | | | | | | | | | | | | | | | | | | | |
| | | | | | | | | | | | | | | | | | | | | | | | | | | | | | | | | | | | | | | | | |
| | | | | | | | | | | | | | | | | | | | | | | | | | | | | | | | | | | | | | | | | |
| | | | | | | | | | | | | | | | | | | | | | | | | | | | | | | | | | | | | | | | | |

3. 多栏式明细账

① 应交增值税明细账。该账簿是专用账簿，用以登记应交增值税的增减变化情况，因此，无须再进行账户设置。样例如下：

应交税费（应交增值税）明细账

第 1 页
连续第 页

| 2010年 | | 凭证字号 | 摘要 | 借方 | | | 贷方 | | | 借或贷 | 余额 |
|---|---|---|---|---|---|---|---|---|---|---|---|
| 月 | 日 | | | 合计 | 进项税额 | 已交税金 | 合计 | 销项税额 | 进项税额转出 | | |
| | | | | 千百十万千百十元角分 | 千百十万千百十元角分 | 千百十万千百十元角分 | 亿千百十万千百十元角分 | 千百十万千百十元角分 | 千百十万千百十元角分 | | 千百十万千百十元角分 |
| | | | 上年结转 | | | | | | | 贷 | 5868000 |
| | | | | | | | | | | | |
| | | | | | | | | | | | |
| | | | | | | | | | | | |
| | | | | | | | | | | | |
| | | | | | | | | | | | |

② 生产成本明细账。生产成本明细账用以登记各成本核算对象的实际生产成本，按产品品种开设明细分类账户，对每种产品设置直接材料、直接人工及制造费用三个成本构成项目。开设时，在选定的账页左上方填入总账科目、产品名称、规格型号及计量单位等资料，并填写账页编码。样例如下：

总账科目 生产成本
产品名称 棕色瓶
规格型号
计量单位 个

生产成本账

第 1 页
连续第 页

| 2010年 | | 凭证字号 | 摘要 | 借方发生额 | 成本项目 | | |
|---|---|---|---|---|---|---|---|
| 月 | 日 | | | | 直接材料 | 直接人工 | 制造费用 |
| | | | | 亿千百十万千百十元角分 | 百十万千百十元角分 | 百十万千百十元角分 | 百十万千百十元角分 |
| | | | 上年结转 | 840857 | 789798 | 7345 | 43714 |
| | | | | | | | |
| | | | | | | | |
| | | | | | | | |
| | | | | | | | |
| | | | | | | | |
| | | | | | | | |
| | | | | | | | |
| | | | | | | | |

③ 普通多栏式明细分类账。普通多栏式明细账主要用来登记制造费用及各损益类账户，这些账户一般没有期初余额。开设账户时，首先将总分类科目填入账户的“科目名称”栏；然后确定多栏方向并写入栏目上方（一般将该账户登记增加的一方设为多栏方向）。最后将所属明细科目作为账户中栏目名称写入各栏目，注意将第一栏设为“合计”栏。样例如下：

## 管理费用　明　细　账

科目编号 6602　　　　　　　　　　　　　　　　第　1 页
　　　　　　　　　　　　　　　　　　　　　　连续第　页

| 2010年 月 | 日 | 凭证字号 | 摘要 | 借方 合计 | 办公费 | 水电费 | 房屋租赁费 | |
|---|---|---|---|---|---|---|---|---|
| 12 | 09 | 记 009 | 零星办公用品 | 96500 | 96500 | | | |
| | | | | | | | | |
| | | | | | | | | |
| | | | | | | | | |
| | | | | | | | | |
| | | | | | | | | |
| | | | | | | | | |
| | | | | | | | | |
| | | | | | | | | |

## 子任务二　登记明细账技能

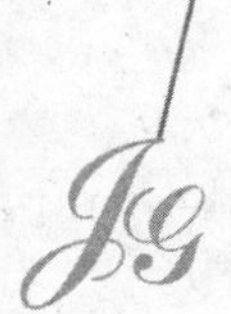

以下分别介绍采用不同格式的明细分类账的登记方法。

1. 登记三栏式明细账

三栏式账页中一般设有“日期”、“凭证字号”、“摘要”、“借方”、“贷方”和“余额”栏，登记时根据记账凭证依次填入各栏目内容，并结记余额。其登记方法如下所示：

第　1 页
连续第　页

### 应收账款——中山市日晟公司明细分类账

| 2010年 月 | 日 | 凭证字号 | 摘　要 | 借　方 | √ | 贷　方 | √ | 借或贷 | 余　额 |
|---|---|---|---|---|---|---|---|---|---|
| | | | 上年结转 | | | | | 借 | 7020000 |
| 1 | 10 | 记 017 | 收前欠账款 | | | 7020000 | | 平 | |
| | | | | | | | | | |
| | | | | | | | | | |
| | | | | | | | | | |
| | | | | | | | | | |
| | | | | | | | | | |
| | | | | | | | | | |

2. 登记数量金额式明细账

数量金额式明细账既进行货币量核算，又进行实物量核算，它的登记一般采用简化的账簿登记流程，根据原材料、库存商品等存货的收入、发出原始凭证直接逐笔填列。其登记方法如下所示：

原材料 进 销 存

总第 页
分第 1 页

部类＿＿＿＿ 产地＿＿＿＿ 单位 公斤 规格＿＿＿＿ 品名 甲材料

| ×年 | | 凭证字号 | 摘要 | 收入 | | | 发出 | | | 结存 | | | √ |
|---|---|---|---|---|---|---|---|---|---|---|---|---|---|
| 月 | 日 | | | 数量 | 单价 | 金额（千百十万千百十元角分） | 数量 | 单价 | 金额（千百十万千百十元角分） | 数量 | 单价 | 金额（千百十万千百十元角分） | |
| | | | 上年结转 | | | | | | | 8500 | 100 | 85000000 | |
| 1 | 5 | 领200301 | 生产领用 | | | | 400 | 100 | 4000000 | 8100 | 100 | 83000000 | |
| | 8 | 领200302 | 生产领用 | | | | 1200 | 100 | 12000000 | 6900 | 100 | 69000000 | |
| | 8 | 领200303 | 生产领用 | | | | 1500 | 100 | 15000000 | 5400 | 100 | 54000000 | |
| | 10 | 入10344 | 购入 | 1000 | 100 | 10000000 | | | | 6400 | 100 | 64000000 | |
| | 13 | 入10345 | 购入 | 4000 | 100 | 40000000 | | | | 10400 | 100 | 104000000 | |
| | 14 | 领200304 | 生产领用 | | | | 1800 | 100 | 10000000 | 8600 | 100 | 86000000 | |
| | 17 | 领200305 | 生产领用 | | | | 100 | 100 | 1000000 | 8500 | 100 | 85000000 | |
| | 21 | 领200306 | 生产领用 | | | | 500 | 100 | 5000000 | 8000 | 100 | 80000000 | |
| | 21 | 领200307 | 生产领用 | | | | 20 | 100 | 200000 | 7900 | 100 | 79000000 | |
| | 23 | 出 40039 | 对外销售 | | | | 300 | 100 | 1000000 | 7800 | 100 | 70000000 | |
| | | | | | | | | | | | | | |
| | | | | | | | | | | | | | |

注意事项：

（1）根据原材料、库存商品收入、发出原始凭证逐笔登记数量金额式明细分类账时，账页中“日期”栏填入据以入账的原始凭证日期，“凭证字号”栏填入据以入账的原始凭证种类及编号。

（2）登记原材料、库存商品收入、发出以及结计结存时要同时在账簿中登记数量、单价及金额三项内容。

（3）一般来讲，原材料、库存商品不应出现负结存，因此，在数量金额式账页中未设结存方向栏，若由于特殊原因，在账面上出现负结存，则在结存栏中用红字登记。

3. 登记多栏式明细分类账

（1）应交增值税明细分类账的登记。

应交增值税的明细分类账一般应根据记账凭证逐笔登记，并按以下步骤登记金额栏。

① 按记账凭证中应交增值税的方向和明细科目记入账簿的相应专栏；
② 结计本行记入借方或贷方各专栏的金额合计数，记入借方或贷方的合计栏；
③ 结计出余额填入余额栏，同时在“借或贷”栏内标明余额的借贷方向。
其登记方法如图所示：

应交税费（应交增值税）明细账

第　1 页
连续第　页

| 2010年 | | 凭证字号 | 摘要 | 借方 | | | 贷方 | | | 借或贷 | 余额 |
|---|---|---|---|---|---|---|---|---|---|---|---|
| 月 | 日 | | | 合计 | 进项税额 | 已交税金 | 合计 | 销项税额 | 进项税额转出 | | |
| | | | 上年结转 | | | | | | | 贷 | 1896000 |
| 1 | 05 | 记004 | 购原材料 | 8296000 | 8296000 | | | | | 借 | 6400000 |
| | 06 | 记005 | 销售产品 | | | | 2040000 | 2040000 | | 借 | 4360000 |
| | 07 | 记007 | 交纳税金 | 1896000 | | 1896000 | | | | 借 | 6256000 |
| | | | | | | | | | | | |
| | | | | | | | | | | | |

（2）生产成本明细账的登记。

生产成本明细分类账一般应根据记账凭证登记。对于发生的应计入生产成本借方的直接成本，以及分配转入的制造费用，登记时首先根据其费用性质记入相应的成本构成项目栏，再计算记入本行各成本项目栏的金额合计数，填入“合计”栏。应特别注意“合计”栏填入的是本行成本构成项目栏合计数，上下行间数据不累加。

月末，计算并结转完工产品成本，应记入生产成本明细账的贷方。由于生产成本未设有贷方金额栏，登记时用红字在各成本构成项目栏中登记应结转出的金额，并计算出结转的生产成本总额，记入合计栏。其登记方法如下所示：

总账科目<u>生产成本</u>
产品名称<u>棕色瓶</u>
规格型号＿＿＿＿
计量单位<u>箱</u>

生　产　成　本　账

第　1 页
连续第　页

| 2010年 | | 凭证字号 | 摘要 | 借方发生额 | 成本项目 | | |
|---|---|---|---|---|---|---|---|
| 月 | 日 | | | | 直接材料 | 直接人工 | 制造费用 |
| | | | 上年结转 | 1120000 | 500000 | 300000 | 320000 |
| | 31 | 记028 | 分配工资费用 | 4000000 | | 4000000 | |
| | 31 | 记029 | 计提社会保险费 | 640000 | | 640000 | |
| | 31 | 记033 | 领用材料 | 15000000 | 15000000 | | |
| | 31 | 记034 | 分配制造费用 | 3100000 | | | 3100000 |
| | 31 | 记035 | 结转完工产品成本 | 23860000 | 15500000 | 4940000 | 3420000 |
| | | | | | | | |
| | | | | | | | |
| | | | | | | | |

注：31 日，记 035 号凭证金额用红字登记。

（3）普通多栏账的登记。

普通多栏账一般根据记账凭证逐笔登记。在登记时，如果登记方向与设置方向相反时，用红字记入；起始栏应设为“合计”栏，用以登记本行各栏合计数。其登记方法如下图所示：

管理费用　　明 细 账

第　1 页
连续第　页

账号：6602

| 2010年 | | 凭证字号 | 摘要 | 借方 | | | | |
|---|---|---|---|---|---|---|---|---|
| 月 | 日 | | | 合计 | 办公费 | 水电费 | 房屋租赁费 | |
| | | | | 百十万千百十元角分 | 百十万千百十元角分 | 百十万千百十元角分 | 百十万千百十元角分 | 百十万千百 |
| 12 | 09 | 记 009 | 零星办公用品 | 88500 | 88500 | | | |
| | 20 | 记 017 | 付电费 | 140000 | | 140000 | | |
| | 28 | 记 022 | 付房租 | 950000 | | | 950000 | |
| | | | …… | | | | | |
| | | | …… | | | | | |
| | | | …… | | | | | |
| | 31 | 记 038 | 结转费用 | 5748500 | 88500 | 140000 | 1950000 | |
| | | | | | | | | |
| | | | | | | | | |

注：31 日，记 035 号凭证金额用红字登记。

## 子任务三　明细账的结账技能

1．损益类账户的结账技能

损益类账户一般无余额，期末结账主要对其发生额进行结计。结账时，首先在本月最后一笔业务记录下画一条通栏单红线，若采用的是三栏式账页，则结计出借贷方发生额，若采用的是多栏式账页，则结计出各栏目实际发生额，记入下一行相应金额栏内，在摘要栏内注明“本月合计”字样，并在下面画一条通栏单红线。然后，结计出自年初起至本月末止的累计发生额，记入下一行相应金额栏内，在摘要栏内注明“本月累计”字样，若是月结，在下面画通栏单红线；若为年结，则在下面画通栏双红线。

注意事项：

画通栏红线的目的，是为了突出有关数字，表示本期会计记录已结束，并将本期与下期的记录明显分开，因此必须画通栏红线，不能只在金额栏下画线。

2．多栏式明细账的结账技能

多栏式明细账中损益类账户按损益类账户结账方法进行。其他账户只需结计本

期发生额，不需结计本年累计发生额。

多栏式明细账的结账应按以下两种情况分别进行：

期末无余额或账页中设有余额栏的多栏明细分类账，首先在本月最后一笔业务记录下画一条通栏单红线，然后结计出本期各栏目的实际发生额，记入下一行相应栏目内，在摘要栏内注明“本月合计”字样，并在下面画通栏单红线。年末结账时，在“本月合计”行下要画通栏双红线。

期末有余额且账页中未设有余额栏的多栏式明细分类账，首先在本月最后一笔业务记录下画一条通栏单红线，然后结计出本期各栏目的实际发生额，记入下一行相应栏目内，在摘要栏内注明“本月合计”字样，并在下面画通栏单红线。然后结计出期末余额，记入下一行各栏目内，在摘要栏内注明“期末余额”字样。若是年结，应在“期末余额”行下面画通栏双红线。

注意事项：

月结时“期末余额”行下不用画线。

## 子任务四　成本核算技能

1. 计算并结转材料采购成本技能

如果企业材料采购业务较少，材料入库时可在日常处理中逐笔计算并结转材料采购成本。如果企业材料采购业务较多，材料入库时在日常处理中只根据收料单登记原材料的明细分类账，以反映原材料的增减变化情况，而不编制结转材料采购成本的记账凭证。定期根据收料单汇总编制“材料收入汇总表”，并据以编制结转材料采购成本的记账凭证，再根据审核无误的记账凭证登记材料采购明细分类账。

2. 计算并结转发出材料成本技能

当企业材料发出业务较少时可根据领料单逐笔编制结转发出材料成本的记账凭证，并据以登记相关明细账和总分类账。当企业材料的收发业务比较频繁，为了简化材料的日常核算工作，日常发料只根据领料单登记原材料的明细分类账，暂不编制结转发出材料成本的记账凭证，定期根据领料单汇总编制“发料凭证汇总表”，并据以编制结转发出材料成本的记账凭证，再根据审核无误的记账凭证登记相关成本费用的明细分类账。

3. 计算并结转本期完工产品生产成本

（1）分配结转本期辅助生产成本的技能。

根据辅助生产成本账户中归集的本月发生的辅助生产费用金额，采用直接分配法、交互分配法等方法，将辅助生产费用正确地计入基本生产成本和期间费用。

（2）分配结转本期制造费用的技能。

根据制造费用账户中归集的本月发生的制造费用金额，按生产工时、机器工时、生产工人工资等标准在不同的产品间进行分配。


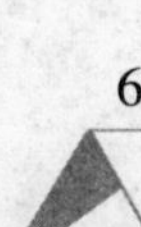

（3）分配结转本月完工产品成本的技能。

根据生产成本明细账及完工产品入库单，计算出本月完工产品成本，编制结转完工产品成本的记账凭证并据以登记入账。

（4）计算并结转本期销售产品成本的技能。

根据本期销售产品的出库单以及库存商品明细分类账，计算本期销售产品的实际生产成本，并将其结转入“主营业务成本”账户。

## 任务四　主管会计岗位技能

主管会计作为一个单位内负责财务工作的中层管理人员，在单位会计工作中担当着重要角色。在单位负责人的领导下，主管会计人员负有组织、管理本单位所有会计工作的责任，其工作水平的高低直接关系到整个单位会计工作的水平和质量。主管会计岗位需具备如下的业务技能。

### 子任务一　审核技能

1．审核原始凭证

（1）审核原始凭证的内容和填制手续是否符合规定。

主要核实凭证所记录的经济业务是否与实际情况相符：凭证必须具备的基本内容是否填写齐全，文字和数字是否填写正确、清楚，有关人员是否签字盖章。审核中若发现不符合实际情况、手续不完备或数字计算不正确的原始凭证，应退回有关经办部门或人员，要求他们予以补办手续。

（2）审核原始凭证反映的经济业务内容是否合理、合法。

主要审查发生的经济业务是否符合国家的政策、法令和制度，有无违反财经纪律等违法乱纪的行为。

（3）技术性审核。

根据原始凭证的填写要求，审核原始凭证的摘要和数字及其他项目是否填写正确，数量、单价、金额、合计是否填写正确，大、小写金额是否相符。若有差错，应退回经办人员予以更正。

2．审核记账凭证

（1）审核记账凭证是否附有原始凭证，记账凭证的内容与所附原始凭证的内容是否相符，金额是否一致。

（2）审核凭证中会计科目的使用是否正确，二级或明细科目是否齐全，账户对应关系是否清晰，金额计算是否准确无误。

（3）审核记账凭证中有关项目是否填列齐全，有关人员是否签名盖章。

在审核中若发现记账凭证填制有错误，应查明原因，予以重填或者按照规定方法及时更正。只有经审核无误的记账凭证，才能据以记账。

3．账簿审核

（1）审核登记账簿的经济业务或财务收支是否符合有关法律、法规、规章制度的规定。

（2）审核账簿记录是否与记账凭证的内容相符，手续是否齐全，是否符合有关法律、法规、规章、制度规定的要求。

（3）审核记账凭证的计算是否准确，审核明细账与总账是否相符。

（4）审核各项财产物资的增减变动和结存情况，并与账面记录进行核对，审核账实是否相符，并查明账实不符的原因。

（5）审核记账人员职责分工是否明确。

（6）复核、验证有关账簿所记载的收、付、存的数额及其小计、合计数的正确性。

（7）审查账簿的入账登记、过账、改账、结账等业务操作的规范性和合规性，检查其账户对应关系的清晰性。

（8）审核账簿记录是否清晰，字迹是否工整，有无涂改、挖补等不规范的做法。

4．报表审核

审核报表是保证会计报表质量的一项重要措施。企业会计报表编制完成后，必须由单位主管会计进行复核。

会计报表复核的内容主要包括：

（1）报表所列金额与账簿记录是否一致；

（2）报表的项目是否填列齐全；

（3）报表的各项数字计算是否正确；

（4）内容是否完整，相关报表之间的有关数字的勾稽关系是否正确并衔接一致；

（5）会计报表的附注是否符合有关要求。

## 子任务二　建立总分类账技能

总账是根据一级会计科目（亦称总账科目）开设的账簿，用来分类登记企业的全部经济业务，提供资产、负债、所有者权益、费用、收入和利润等总括的核算资料。总分类账采用订本式账簿、三栏式账页格式。

（1）启用账簿，填写账簿启用表及经管账簿人员一览表，粘贴印花税票。

（2）根据企业涉及的业务和涉及的会计科目设置总账。原则上讲，只要是企业涉及的会计科目就要有相应的总账账簿（账页）与之对应。会计人员应估计每一种业务的业务量大小，将每一种业务用口取纸分开，并在口取纸上写明每一种业务的会计科目名称，以便在登记时能够及时找到应登记的账页，在将总账分页使用时，假如总账账页从第一页到第十页登记现金业务，我们就要在目录中写清楚“库存现金……1～10”，并且在总账账页的第一页贴上口取纸，口取纸上写清楚“库存现金”；

第十一页到二十页为银行存款业务，我们就要在目录中写清楚“银行存款……11 ～ 12”并且在总账账页的第十一页贴上写有“银行存款”的口取纸，依此类推，总账就建好了。

（3）为方便登记总账，在总账账页分页使用时，最好按资产、负债、所有者权益、收入、费用的顺序来分页，在口取纸选择上也可将资产、负债、所有者权益、收入、费用按不同颜色区分开，以便于登记。

## 子任务三　登记总账技能

总分类账可以根据记账凭证逐日逐笔登记，也可以将一定时期的记账凭证汇总编制成“汇总记账凭证”或“科目汇总表”（或“记账凭证汇总表”），再据以登记总账。采用哪种方法登记总账，取决于企业所采用的会计核算组织形式。但不论采用哪种方法登记总账，每月都应将本月发生的经济业务全部登记入账，并于月份终了结算出每个账户的本期借贷方发生额及其余额，与所属明细账余额的合计数核对相符后，作为编制会计报表的主要依据。

总分类账账页中各栏目的登记方法如下。（以科目汇总表账务处理程序为例）

记账凭证汇总表

日期：2010 年 12 月 01 日至 2010 年 12 月 10 日　编号 01

凭证起讫号数自 001 号起至 100 号止

| 会计科目 | 借方金额 | | | | | | | | | | | √ | 贷方金额 | | | | | | | | | | | √ |
|---|---|---|---|---|---|---|---|---|---|---|---|---|---|---|---|---|---|---|---|---|---|---|---|---|
| | 亿 | 千 | 百 | 十 | 万 | 千 | 百 | 十 | 元 | 角 | 分 | | 亿 | 千 | 百 | 十 | 万 | 千 | 百 | 十 | 元 | 角 | 分 | |
| 银行存款 | | | | 3 | 7 | 6 | 4 | 0 | 0 | 0 | 0 | | | | | 1 | 4 | 6 | 9 | 6 | 0 | 0 | 0 | √ |
| 预收账款 | | | | | | | | | | | | | | | | 2 | 3 | 4 | 0 | 0 | 0 | 0 | 0 | √ |
| 应付职工薪酬 | | | | | | 2 | 1 | 8 | 6 | 0 | 0 | | | | | | | | | | | | | √ |
| 库存现金 | | | | | | 5 | 0 | 0 | 0 | 0 | 0 | | | | | | | 3 | 0 | 7 | 1 | 0 | 0 | √ |
| 材料采购 | | | | 5 | 8 | 8 | 0 | 0 | 0 | 0 | 0 | | | | | | | | | | | | | √ |
| 应交税费 | | | | 1 | 2 | 4 | 9 | 2 | 0 | 0 | 0 | | | | | | 2 | 0 | 4 | 0 | 0 | 0 | 0 | √ |
| 应付票据 | | | | | | | | | | | | | | | | 5 | 7 | 0 | 9 | 6 | 0 | 0 | 0 | √ |
| 主营业务收入 | | | | | | | | | | | | | | | | 1 | 2 | 0 | 0 | 0 | 0 | 0 | 0 | √ |
| 其他应付款 | | | | | | | | | | | | | | | | | | 2 | 0 | 0 | 0 | 0 | 0 | √ |
| 应付账款 | | | | 1 | 1 | 7 | 0 | 0 | 0 | 0 | 0 | | | | | 1 | 1 | 7 | 0 | 0 | 0 | 0 | 0 | √ |
| 管理费用 | | | | | | | 8 | 8 | 5 | 0 | 0 | | | | | | | | | | | | | √ |
| | | | | | | | | | | | | | | | | | | | | | | | | |
| | | | | | | | | | | | | | | | | | | | | | | | | |
| | | | | | | | | | | | | | | | | | | | | | | | | |
| | | | | | | | | | | | | | | | | | | | | | | | | |
| 合计 | | ¥ | 1 | 2 | 1 | 4 | 3 | 9 | 1 | 0 | 0 | | | ¥ | 1 | 2 | 1 | 4 | 3 | 9 | 1 | 0 | 0 | |

核准：　复核：孙勇　记账：王晓雯　制单：周慧琳

第 2 页

## 总分类账

会计科目及编号 1022 银行存款

| 2010年 | | 凭证字号 | 摘要 | 借方 | | | | | | | | | | | √ | 贷方 | | | | | | | | | | | √ | 借或贷 | 余额 | | | | | | | | | | |
|---|---|---|---|---|---|---|---|---|---|---|---|---|---|---|---|---|---|---|---|---|---|---|---|---|---|---|---|---|---|---|---|---|---|---|---|---|---|---|---|
| 月 | 日 | | | 亿 | 千 | 百 | 十 | 万 | 千 | 百 | 十 | 元 | 角 | 分 | | 亿 | 千 | 百 | 十 | 万 | 千 | 百 | 十 | 元 | 角 | 分 | | | 亿 | 千 | 百 | 十 | 万 | 千 | 百 | 十 | 元 | 角 | 分 |
| | | | 上年结转 | | | | | | | | | | | | | | | | | | | | | | | | | 借 | | | | 2 | 0 | 1 | 2 | 0 | 0 | 0 | 0 |
| 1 | 10 | 科汇 01 | 1—10日汇总 | | | | 3 | 7 | 6 | 4 | 0 | 0 | 0 | 0 | | | | | 1 | 4 | 6 | 9 | 6 | 0 | 0 | 0 | | 借 | | | | 4 | 3 | 0 | 6 | 4 | 0 | 0 | 0 |
| | 20 | 科汇 02 | 11—20日汇总 | | | | | | | | | | | | | | | | 1 | 3 | 9 | 3 | 0 | 0 | 0 | 0 | | 借 | | | | 2 | 9 | 1 | 3 | 4 | 0 | 0 | 0 |
| | 30 | 科汇 03 | 21—31日汇总 | | | | | 1 | 4 | 0 | 4 | 0 | 0 | 0 | | | | | | | 7 | 6 | 5 | 0 | 0 | 0 | | 借 | | | | 2 | 2 | 8 | 8 | 8 | 0 | 0 | 0 |
| | | | | | | | | | | | | | | | | | | | | | | | | | | | | | | | | | | | | | | | |
| | | | | | | | | | | | | | | | | | | | | | | | | | | | | | | | | | | | | | | | |
| | | | | | | | | | | | | | | | | | | | | | | | | | | | | | | | | | | | | | | | |
| | | | | | | | | | | | | | | | | | | | | | | | | | | | | | | | | | | | | | | | |
| | | | | | | | | | | | | | | | | | | | | | | | | | | | | | | | | | | | | | | | |
| | | | | | | | | | | | | | | | | | | | | | | | | | | | | | | | | | | | | | | | |

# 子任务四　整理会计档案技能

对会计档案进行整理是会计档案管理的重要内容，是保存、利用会计档案的前提，会计机构和会计人员必须认真对待，努力做好。

1. 会计凭证的整理

首先，要把所有应归档的会计凭证收集齐全，并根据记账凭证分类。记账凭证一般分为现金收、付款凭证，银行收、付款凭证，转账凭证，共三类五种。根据不同的种类，按时间或按顺序号逐张排放好。其次，整理记账凭证的附件，剔除不属于会计档案范围和没有必要归档的一些资料，补充遗漏的必不可少的核算资料。再次，清除订书针、曲别针等金属物。最后，将记账凭证按适当厚度分成若干本。将会计凭证整理好后，应按照有关规定的要求，认真做好会计凭证的装订工作。

2. 会计凭证的归档

首先，要认真填好会计凭证的封面。封面各记事栏是事后查账和查证有关事项的最基础的索引和凭证。其次，填好卷脊上的项目。卷脊上一般应写上“×年×月凭证”和案卷号。再次，将装订好的凭证入盒，由专人负责保管。

3. 会计账簿的整理

年度终了，各种账簿（包括仓库的材料、产成品或商品的明细分类账）在结

转下年、建立新账后，一般都要把旧账送交总账会计集中统一整理。首先，将活页账按页码顺序排好，加封面后装订成本。然后，将各种账簿按照会计科目顺序排列，据以逐本登记会计档案（会计账簿）封面。会计账簿封面的有关内容要写全。

4．会计报表的整理

会计报表一般在年度终了后，由专人（一般是主管报表的人员或财会机构负责人）统一收集、整理、装订，并立卷归档。平时，月（季）度报表，由主管人员负责保存。年终，将全年会计报表，按时间顺序整理装订成册，登记会计档案（会计报表）目录，逐项写明报表名称、页数、归档日期等。经会计机构负责人审核、盖章后，由主管报表人员负责装盒归档。

5．其他会计资料的整理

其他财会资料，包括年（季）度成本、利润计划、月度财务收支计划、经济活动分析报告、工资计算表及一些重要的经济合同，也应随同正式会计档案进行收集整理。把收集起来的这些资料，逐件进行鉴别，将需移交档案部门保管存放的，按要求另行组卷装订，而后移交档案部门。

# 项目四　实战企业业务准备

## 能力目标

本内容使学习者在会计手工和会计电算化操作方式下均能达到以下能力目标：

☆ 能对存货进行实际成本核算；

☆ 能运用品种法对产品成本进行核算；

☆ 能对固定资产采用平均年限法（综合）计提折旧；

☆ 能进行各种税费核算。

## 知识目标

本内容使学习者在手工和电算化操作方式下均能达到以下知识目标：

☆ 能熟悉本企业的基本信息；

☆ 能熟悉本企业客户往来信息；

☆ 能熟悉本企业主要产品及价格目录；

☆ 能熟悉本企业生产组织与工艺流程；

☆ 能熟悉本企业主要会计制度及核算方法。

## 任务一　走进中山市宝利塑料制品有限公司

### 一、公司基本概况

中山市宝利塑料制品有限公司，是生产、销售盛装化妆品塑料瓶的中外合资企业，注册资本为人民币 280 万元，主要生产经销可爱牌 300 毫升棕色塑料瓶和 500 毫升白色塑料瓶两种产品。该公司设有一个基本生产车间，并设有两个辅助生产车间：维修车间和模具车间。维修车间负责全厂机器设备的保养与维修，模具车间负责模具的制造、保养和维修。现有员工 150 人。

### 二、公司基本信息

1．中华人民共和国外商投资企业批准证书

NO 0075075

中华人民共和国外商投资企业

批 准 证 书

CERTIFICATE OF APPROVAL

FOR ESTABLISHMENT OF ENTERPRLSES WITH FORFIGN INVESIMENT IS THE PEOPLES REPE BLIC OF CHINA

| 批 准 号 | 商外资粤中合资证字 [2003]0008 号 |
|---|---|
| 进出口企业代码 | 4400747085000 |
| 批 准 日 期 | |
| 发 证 日 期 | |
| 发 证 序 号 | 4400025000 |

| 企业名称 | 中文 | 中山市宝利塑料制品有限公司 | | |
|---|---|---|---|---|
| | 英文 | | | |
| 企业地址 | 中山市南区大宝路 56 号 | | | |
| 企业类型 | 中外合资企业 | | 经营年限 | 拾叁年 |
| 投资总额 | 人民币 280 万元 | | | |
| 注册资本 | 人民币 280 万元 | | | |
| 经营范围 | 生产、销售盛装化妆品塑料瓶 | | | |

| 投资者名称（中、英文） | 注册地 | 出资额 |
|---|---|---|
| 甲方：中山大宝集团有限公司 | 中国 | 出资人民币 140 万元 |
| 乙方：友谊国际有限公司 | 美国 | 出资人民币 140 万元 |

图 4－1 外商投资企业批准证书

2. 企业法人营业执照

# 企业法人营业执照

（副 本）

注册号 442000400033333
（副本号 :1-1）

名　　称 中山市宝利塑料制品有限公司
住　　所 中山市南区大宝路 56 号
法定代表人 张强
注 册 资 本 人民币 280 万元
实 收 资 本 人民币 280 万元
公 司 类 型 有限责任公司
经 营 范 围 生产、销售盛装化妆品塑料瓶

编号：NO1258999

须 知

1.《企业法人营业执照》是企业法人资格和合法经营的凭证。
2.《企业法人营业执照》分为正本和副本，正本和副本具有同等法律效力。
3.《企业法人营业执照》正本应当置于住所的醒目位置。
4.《企业法人营业执照》不得伪造、涂改、出租、出借、转让。
5. 登记事项发生变化，应当向公司登记机关申请变更登记，换领《企业法人营业执照》。
6. 每年三月一日至六月三十日，应当参加年度检验。
7.《企业法人营业执照》被吊销后，不得开展与清算无关的经营活动。
8. 办理注销登记，应当交回《企业法人营业执照》正本和副本。
9.《企业法人营业执照》遗失或者毁坏的，应当在公司登记机关指定的报刊上声明作废，申请补领。

年度检验情况

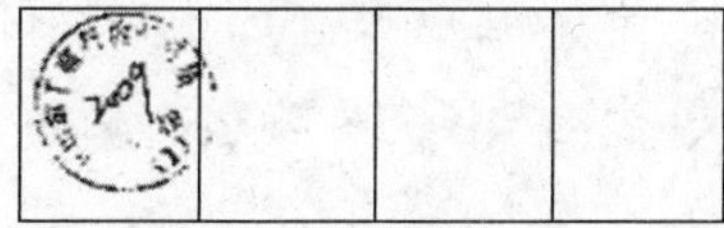

股东（发起人）中山大宝集团有限公司
　　　　　　　友谊国际有限公司
营 业 期 限 自二〇〇三年三月七日至二〇一六年三月五日
成 立 日 期 二〇〇三年三月七日

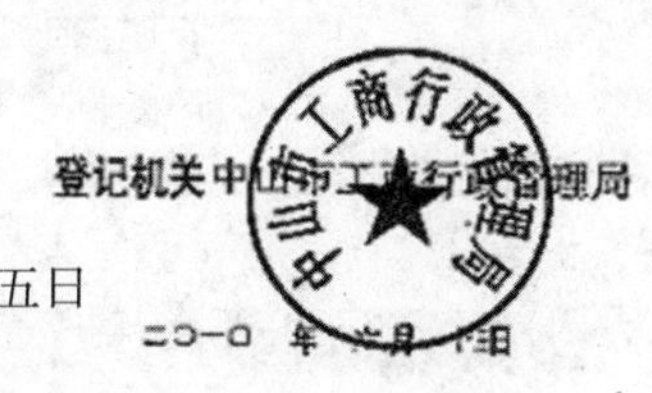

登记机关 中山市工商行政管理局

二〇一〇 年 六月 十日

图 4－2 企业法人营业执照

3. 组织机构代码证

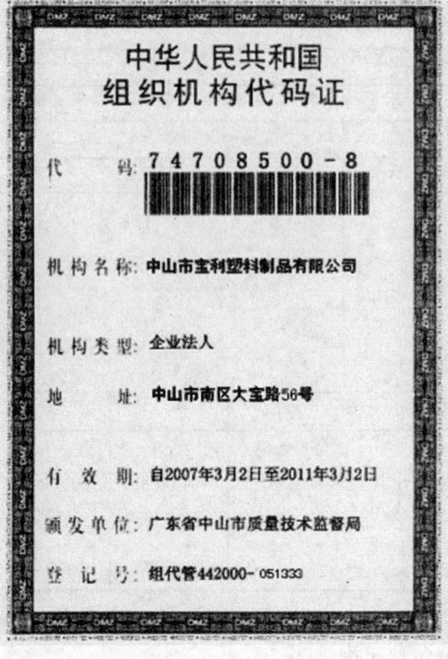

中华人民共和国
组织机构代码证

代　　码：74708500－8

机构名称：中山市宝利塑料制品有限公司

机构类型：企业法人

地　　址：中山市南区大宝路56号

有 效 期：自2007年3月2日至2011年3月2日

颁发单位：广东省中山市质量技术监督局

登 记 号：组代管442000－051333

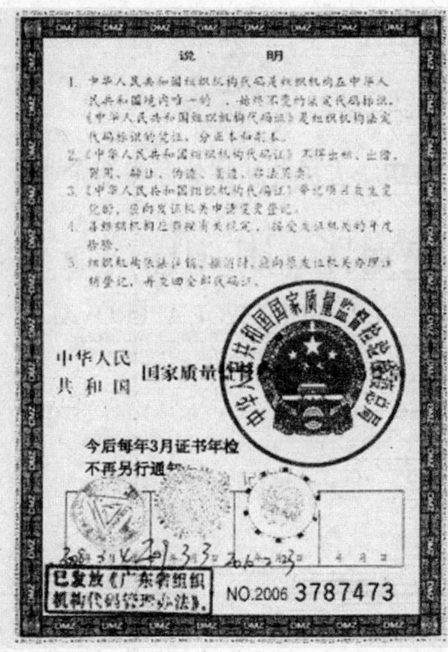

说　　明

1. 中华人民共和国组织机构代码是组织机构在中华人民共和国境内唯一的、始终不变的法定代码标识。《中华人民共和国组织机构代码证》是组织机构法定代码标识的凭证，分正本和副本。
2. 《中华人民共和国组织机构代码证》不得出租、出借、冒用、转让、伪造、变造、非法买卖。
3. 《中华人民共和国组织机构代码证》登记项目发生变化时，应向发证机关申请变更登记。
4. 各组织机构应当按有关规定，接受发证机关的年度检验。
5. 组织机构依法注销、撤销时，应向原发证机关办理注销登记，并交回全部代码证。

中华人民共和国　国家质量监督检验检疫总局

今后每年3月证书年检
不再另行通知

已复放《广东省组织机构代码管理办法》

NO.2006 3787473

图 4－3　组织机构代码证

4. 开户许可证

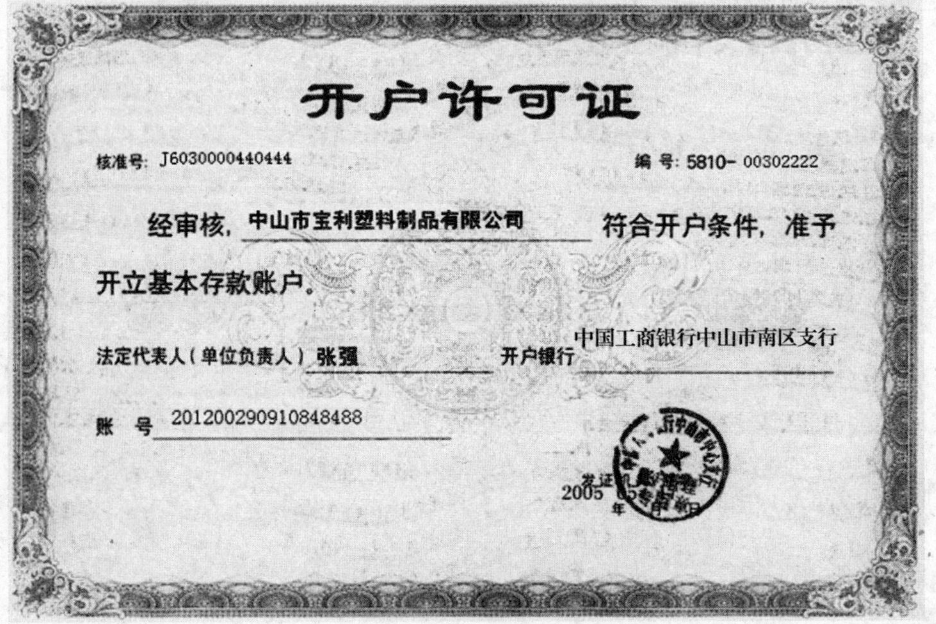

开户许可证

核准号：J6030000440444　　　　编　号：5810－00302222

经审核，中山市宝利塑料制品有限公司　符合开户条件，准予开立基本存款账户。

法定代表人（单位负责人）张强　　开户银行　中国工商银行中山市南区支行

账　号　201200290910848488

发证 2005 年

图 4－4　开户许可证

5. 税务登记证（地税）

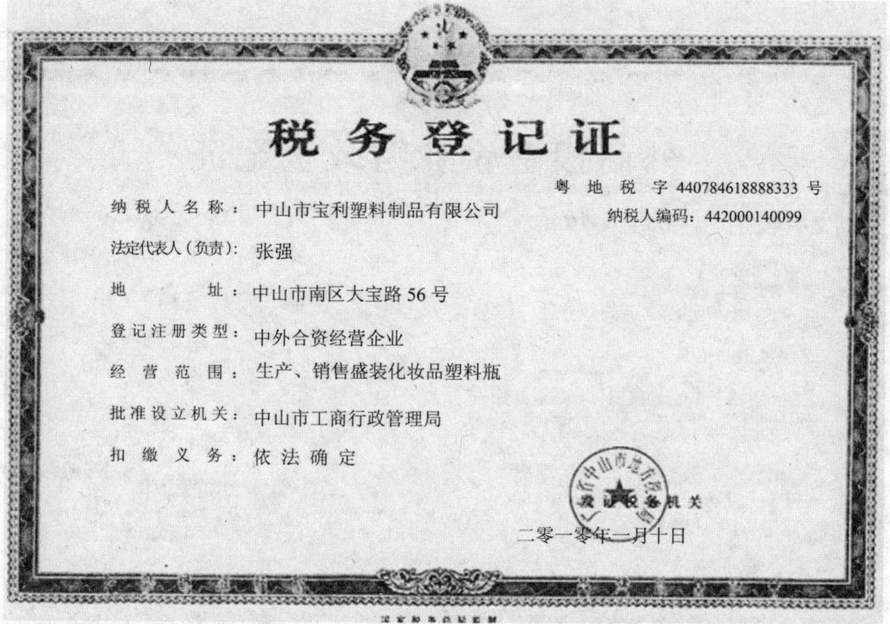

税务登记证

粤地税字 440784618888333 号
纳税人编码：442000140099

纳税人名称：中山市宝利塑料制品有限公司
法定代表人（负责）：张强
地　　址：中山市南区大宝路 56 号
登记注册类型：中外合资经营企业
经营范围：生产、销售盛装化妆品塑料瓶
批准设立机关：中山市工商行政管理局
扣缴义务：依法确定

发证税务机关
二零一零年一月十日

图 4－5　税务登记证（地税）

6. 税务登记证（国税）

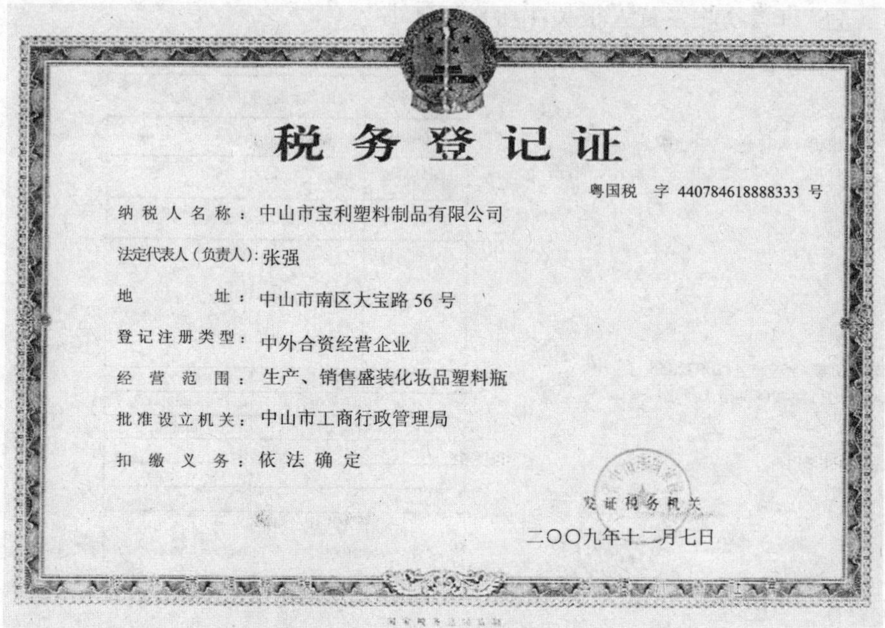

税务登记证

粤国税字 440784618888333 号

纳税人名称：中山市宝利塑料制品有限公司
法定代表人（负责人）：张强
地　　址：中山市南区大宝路 56 号
登记注册类型：中外合资经营企业
经营范围：生产、销售盛装化妆品塑料瓶
批准设立机关：中山市工商行政管理局
扣缴义务：依法确定

发证税务机关
二〇〇九年十二月七日

图 4－6　税务登记证（国税）

7. 外商投资企业财政登记证

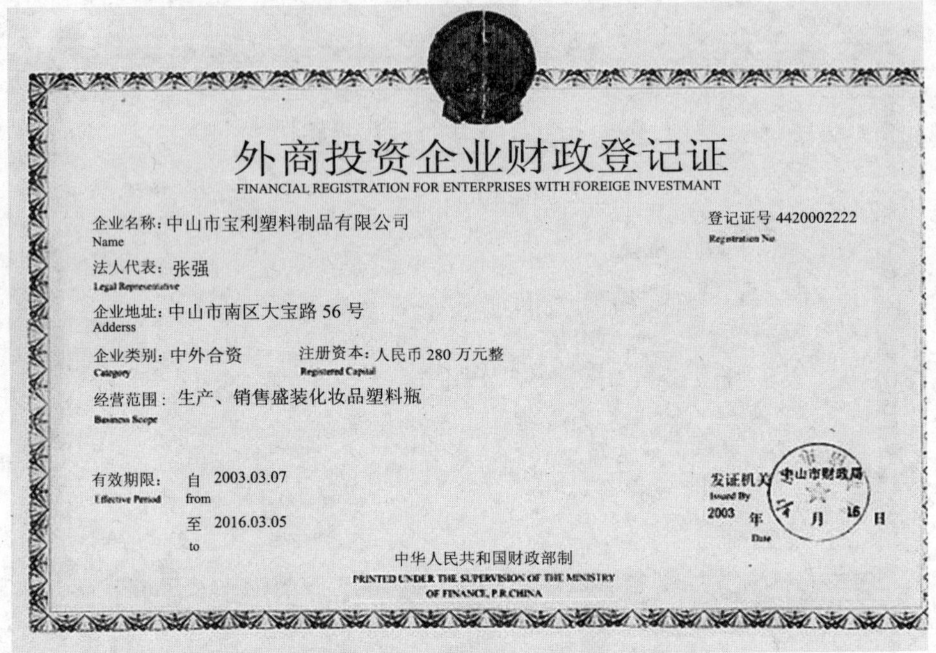

外商投资企业财政登记证
FINANCIAL REGISTRATION FOR ENTERPRISES WITH FOREIGE INVESTMANT

企业名称：中山市宝利塑料制品有限公司
Name

登记证号 4420002222
Registration No

法人代表：张强
Legal Representative

企业地址：中山市南区大宝路 56 号
Adderss

企业类别：中外合资
Category

注册资本：人民币 280 万元整
Registered Capital

经营范围：生产、销售盛装化妆品塑料瓶
Business Scope

有效期限：自 2003.03.07 至 2016.03.05
Effective Period from to

发证机关 中山市财政局
Issued By

2003 年 3 月 16 日
Date

中华人民共和国财政部制
PRINTED UNDER THE SUPERVISION OF THE MINISTRY OF FINANCE, P.R.CHINA

图 4－7　外商投资企业财政登记证

8. 进出口货物收发货人报关注册登记证书

中 华 人 民 共 和 国 海 关
进出口货物收发货人报关注册登记证书

海关注册登记编号 4420932555
注册登记日期 2003 年 3 月 24 日

中华人民共和国

| 企业名称 | 中山市宝利塑料制品有限公司 |
|---|---|
| 企业地址 | 中山市南区大宝路 56 号 |
| 法定代表人（负责人） | 张强 |
| 注册资本 | 人民币 280 万元整 |
| 经营范围 | 生产、销售盛装化妆品塑料瓶 |
| 主要投资者名称 | 出资费及比例 |
| 中山大宝集团有限公司 | 140(50%) |
| 友谊国际有限公司 | 140(50%) |
| | |
| | |
| 备注：本证书有效期至 2011 年 3 月 24 日，相关单位应当在有效期届满前三十日至海关办理换证手续，逾期自行失效。 | |

图 4－8　进出口货物收发货人报送注册登记证书

9．出口企业退税登记证

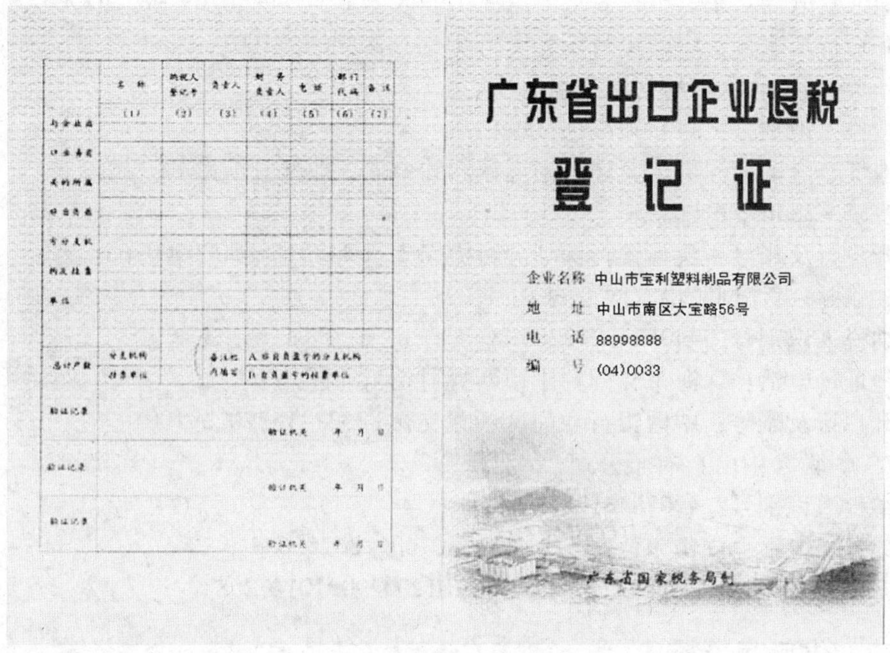
广东省出口企业退税
登　记　证

企业名称　中山市宝利塑料制品有限公司
地　　址　中山市南区大宝路56号
电　　话　88998888
编　　号　(04)0033

广东省国家税务局制

图4－9　出口企业退税登记证

## 任务二　中山市宝利塑料制品有限公司客户往来信息

### 一、客户资料

1．深圳市天马化妆品有限公司
纳税人识别号：440300170845111
地址、电话：深圳市福田区深南路68号　　0755－27530033
开户行及账号：农行福田支行201200290910545888

2．中山市名媛实业有限公司
纳税人识别号：440784618593333
地址、电话：中山市孙文路20号　　0760－88765431
开户行及账号：工商银行东路支行　　201200290910986666

3．中山市日晟日用化工有限公司
纳税人识别号：440784616666123
地址、电话：中山市石岐区朝阳路333号　　0760－88365555
开户行及账号：工商银行石岐区支行201200290910792992

4．东莞市晶亮化妆品有限公司

纳税人识别号：441900X64111999

地址、电话：东莞市长安上沙第三工业区第 10 号　　0769 – 85542566

开户行及账号：中国银行东莞支行 818418228408011001

5．深圳市欣欣贸易有限公司

纳税人识别号：440300777163999

地址、电话：深圳市龙岗区横岗镇六约金塘工业区开明路 88 号　0755 – 28509999

开户行及账号：建设银行深圳分行横岗支行 44201558500050076

6．珠海市伟创股份有限公司

纳税人识别号：44042172922888X

地址、电话：珠海市斗门井岸镇新青科技工业园路 12 号　　0756 – 51890099

开户行及账号：中国银行斗门区新青支行 833314152202091001

7．华联（中山）有限公司

纳税人识别号：440784617412906

地址、电话：中山市西区 125 号　　0760 – 86756633

开户行及账号：工商银行西区支行 201200290910147258

## 二、供应商资料

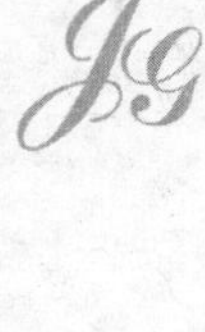

1．云浮市新兴塑料有限公司

纳税人识别号：440852607964521

地址、电话：云浮市胜利路 295 号　　0766 – 85859256

开户行及账号：工商银行云浮市分行 201200279524632000

2．广州天宏塑料制品贸易有限公司

纳税人识别号：440107733355577

地址、电话：广州市荔湾区花地大道 3 号　　020 – 81666555

开户行及账号：深圳发展银行广州分行东山支行 110066677760062277

3．中山市小榄镇正泰塑料制品厂

纳税人识别号：442000L14555222

地址、电话：中山市小榄镇沙口德来路横街 36 号　　0760 – 22188666

开户行及账号：交通银行中山分行小榄支行 484601000011177799

4．嘉兴市高高化工有限公司

纳税人识别号：330401146466655

地址、电话：浙江省嘉兴市南湖经济园区 3 号　　0573 – 82625702

开户行及账号：中信银行嘉兴秀洲支行 733361112821100828

5．江门市丽百塑胶制品有限公司

纳税人识别号：440701666333677

地址、电话：江门市高新区工业园 20 号 0750－38828820

开户行及账号：工商银行江门分行港口支行 20120021299222l898

6．佛山市新新塑料制品有限公司

纳税人识别号：440683726488776

地址、电话：佛山市金本工业大道南 3 号 0757－87511001

开户行及账号：金本信用社 211201100225556688

7．中山市好景塑料制品有限公司

纳税人识别号：44200071933388X

地址、电话：中山市小榄镇东生大道 19 号 0760－21033339

开户行及账号：交通银行小榄菊城办 484601500010004321

8．东莞市多宝包装材料有限公司

纳税人识别号：441900666888999

地址、电话：东莞市企石下截村第二工业区 0769－86744777

开户行及账号：东莞市农村信用合作联社企石信用社 260010180010010222

# 任务三 中山市宝利塑料制品有限公司生产销售信息

## 一、中山市宝利塑料制品有限公司主要产品及价格目录

表 4－1 主要产品及价格目录

| 产品经销系列及价格目录 | | | |
|---|---|---|---|
| 产品编号 | 品牌 | 型号 | 销售价格（元/个） |
| 1110701 | 可爱 | 300 毫升棕色瓶 | 0.50 |
| 1110702 | 可爱 | 500 毫升白色瓶 | 0.80 |

## 二、中山市宝利塑料制品有限公司生产用主要材料目录

表 4－2 主要材料目录

| 原材料编号 | 品名 | 型号 | 参考价格 |
|---|---|---|---|
| 010301 | 韩国 PC 料 | | 23.68 元/千克 |
| 011201 | 低密度 PE 料 | | 15.50 元/千克 |
| 011202 | 高密度 PE 料 | | 11.62 元/千克 |
| 011203 | ABS 抽粒料 | | 19.50 元/千克 |
| 010501 | 棕色色粉 | | 53 元/千克 |

## 三、中山市宝利塑料制品有限公司的生产组织及工艺流程

1．生产组织

中山市宝利塑料制品有限公司设有两个基本生产车间——注塑车间和吹瓶车间，生产可爱牌300毫升棕色塑料瓶和500毫升白色塑料瓶两种产品；并设有两个辅助生产车间——维修车间和模具车间。维修车间负责全厂机器设备的保养与维修，模具车间负责模具的制造、保养和维修。

2．生产工艺流程

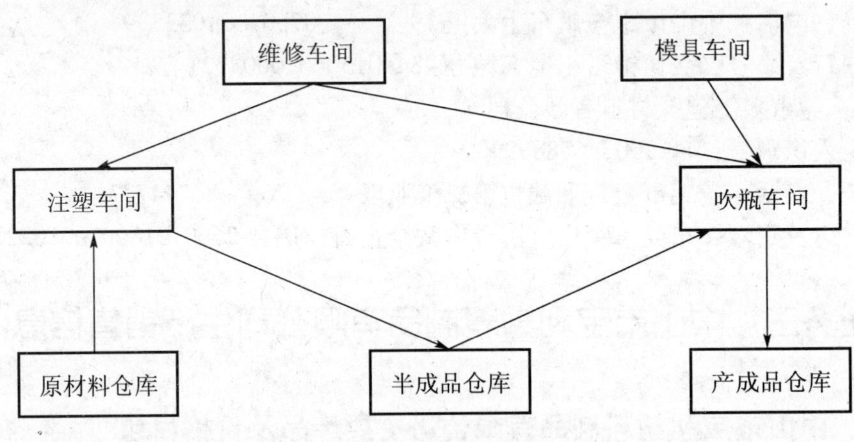


图4－10　生产工艺基本流程

（1）从原材料仓库领取原材料。在注塑车间将原材料放入烘料塔中加热，去掉水分。根据需要，将棕色色粉进行配色后放入注塑机加工成瓶坯，加工完成的瓶坯送半成品仓库保管；

（2）吹瓶车间从半成品仓库领取瓶坯，将瓶坯放入加温炉加温后放入吹瓶机中的模具上通过高压气体吹成瓶子，检验后装箱送到产成品仓库；

（3）维修车间负责注塑车间和吹瓶车间机器设备的保养与维修，模具车间负责吹瓶车间模具的制造、保养和维修。

# 任务四　中山市宝利塑料制品有限公司会计制度设计

1．库存现金

库存现金限额为人民币5 000元。

2．存货收发核算

（1）原材料收发采用实际成本核算。

① 根据原材料验收入库凭证，逐笔编制记账凭证，进行材料的购入核算。

② 月末根据平时原材料发出凭证汇总编制“发出材料汇总表”，再据此编制记账凭证，集中进行材料发出的核算。(月末一次加权平均法)。

（2）周转材料的收发采用实际成本核算，并采用五五摊销法进行摊销。

（3）库存商品收发采用实际成本核算。

① 月末根据平时“完工产品入库单”的记录，汇总编制“库存商品入库汇总表”，并根据产品成本核算要求计算结转完工产品成本。

② 月末根据平时商品销售出库的记录，汇总编制“主营业务成本计算表”，采用加权平均法计算并结转产品销售成本。

（4）存货明细账（材料、低值易耗品、库存商品）平时应根据存货的收发凭证，逐笔进行原材料、周转材料、库存商品的收发存数量核算。

注意：计算各项发出存货的实际成本时，应先计算出期末加权平均单价（小数四舍五入，保留小数点后四位有效数字），各项发出存货的实际成本为存货发出的数量×加权平均单价。

3. 成本费用核算

（1）产品成本核算采用品种法，按产品品种设置成本明细账，成本项目共设“直接材料”、“直接人工”、“制造费用”三项专栏。

（2）辅助生产费用按受益对象和受益程度进行分配。

（3）期末按生产工人工资的比例分配制造费用。

（4）期末半成品成本在完工半成品与未完工半成品之间的分配采用约当产量法。

（5）期末产成品成本在完工产品与未完工产品之间的分配采用约当产量法。

（6）其他有关费用。

① 职工福利费：在应付职工工资总额14%范围内据实列支。

② 工会经费：按应付职工工资总额的2%计提。

③ 职工教育经费：按应付职工工资总额的1.5%计提。

④ 养老保险：企业负担的部分按规定的计提基数（本公司共150名职工，假设2010年中山市月社保缴费平均工资为1 383.00元，则企业的计提基数为207 450.00元）的12%计提，个人按应发工资的8%计提。

⑤ 医疗保险：企业负担的部分按规定的计提基数（本公司的计提基数为207 450.00元）的4.5%计提，个人按应发工资的2%计提。

⑥ 住房公积金：企业负担的部分按应发工资的5%计提；个人负担的部分按应发工资的5%代扣代缴。

4. 固定资产核算

固定资产分为房屋及建筑物、机器设备、运输设备、其他设备四类，均采用平均年限法（综合）计算折旧。

5. 坏账损失核算

设置“坏账准备”账户，采用应收账款余额百分比法，计提比例为2%。

6. 借款利息

按月支付（银行自动划款）。

7. 税负核算

（1）增值税率17%（一般纳税人），运费的7%记入增值税进项税额中。

（2）城市维护建设税率7%，以实际缴纳的增值税、营业税、消费税的税额为计税依据。

（3）教育费附加税率3%，以实际缴纳的增值税、营业税、消费税的税额为计税依据。

（4）堤围防护费税率0.1%，以取得的主营业务收入和其他业务收入为计税依据。

（5）印花税税率0.03%，计税依据：主营业务收入+其他业务收入+采购材料。

（6）出口退税率按13%计算。

（7）企业所得税税率25%，以全年（假设12月份的数据为全年数据）应纳税所得额为计税依据。

8. 账务处理程序

账务处理程序采用科目汇总表账务处理程序。

9. 利润分配核算（假设12月份的利润为全年利润）

（1）按税后利润的10%提取法定盈余公积。

（2）按税后利润的10%提取任意盈余公积。

（3）向投资人分配利润（按年末可供分配利润的50%向投资者分配利润）。

# 项目五 实战演练

## 能力目标

本内容使学习者在会计手工和会计电算化操作方式下均能达到以下能力目标：

☆ 能运用原始凭证的填制要求和会计核算书写规范准确规范地填制原始凭证；

☆ 能运用原始凭证的相关知识审核已填制或取得的原始凭证；

☆ 能运用不同类型和格式的原始凭证判断出相应的经济业务并运用借贷记账法编制会计分录；

☆ 能正确规范地填制记账凭证；

☆ 能正确规范地登记库存现金日记账和银行存款日记账；

☆ 能正确规范地登记总分类账和明细分类账；

☆ 能对已登记的账簿进行对账和结账；

☆ 能编制试算平衡表，查找错账并进行更正；

☆ 能采取正确的方法进行各类财产清查并能处理财产清查的结果

☆ 能正确编制银行存款余额调节表；

☆ 能编制资产负债表、利润表、现金流量表；

☆ 能进行各种税费的纳税申报。

## 知识目标

本内容使学习者在手工和电算化操作方式下均能达到如下知识目标：

☆ 掌握原始凭证的基本内容；

☆ 掌握会计核算书写规范和原始凭证的填制要求；

☆ 掌握记账凭证的填制方法；

☆ 掌握总分类账和明细分类账的设置、平行登记和总分类账与明细分类账的关系；

☆ 掌握对账的内容和结账的方法；

☆ 掌握试算平衡的意义和试算平衡表的编制方法；

☆ 掌握错账查找方法和错账更正方法；

☆ 掌握资产负债表、利润表、现金流量表编制的理论依据、作用和编制方法。



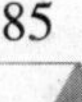

# 任务一　知晓中山市宝利塑料制品有限公司期初余额

三栏式总账及明细账 11 月期末余额

单位：元

| 代码 | 总账账户名称 | 明细账账户名称 | 11 月末余额 | |
|---|---|---|---|---|
| | | | 借方 | 贷方 |
| 1001 | 库存现金 | | 5 000.00 | |
| 1002 | 银行存款 | | 622 123.61 | |
| 1015 | 其他货币资金 | | | |
| 101501 | | 存出保证金 | 429 040.00 | |
| 1101 | 交易性金融资产 | 珠江股份（成本） | 1 019 500.00 | |
| 1121 | 应收票据 | | | |
| | | 01 东莞市晶亮化妆品有限公司 | 11 700.00 | |
| 1122 | 应收账款 | | | |
| 112201 | | 01 华联（中山）有限公司 | 35 100.00 | |
| 112202 | | 02 中山市日晟公司 | 70 200.00 | |
| 112203 | | 03 深圳佳林公司 | 7 550.00 | |
| 112204 | | 04 东莞天一公司 | 10 000.00 | |
| 1231 | 坏账准备 | 坏账准备 | | 2 457.00 |
| 1221 | 其他应收款 | | | |
| 122101 | | 01 王波 | 4 000.00 | |
| 1123 | 预付账款 | | | |
| 112301 | | 01 中山市正泰公司 | 50 000.00 | |
| 1403 | 原材料 | | 87 868.00 | |
| 1411 | 周转材料 | | 16 000.00 | |
| 141101 | 半成品 | | 199 000.00 | |
| 1405 | 库存商品 | | 99 000.00 | |
| 140501 | 生产成本 | | 157 371.66 | |
| 1501 | 持有至到期投资 | | | |
| 150101 | | 01 国库券 | 360 000.00 | |

续上表

| 代码 | 总账账户名称 | 明细账账户名称 | 11 月末余额 | |
|---|---|---|---|---|
| | | | 借方 | 贷方 |
| 1601 | 固定资产 | | 5 681 791.00 | |
| 1602 | 累计折旧 | | | 2 336 641.00 |
| 2001 | 短期借款 | | | |
| 200101 | | 01 工行中山路支行 | | 420 000.00 |
| 2201 | 应付票据 | | | |
| 220101 | | 01 广州天宏塑料制品有限公司 | | 58 500.00 |
| 2202 | 应付账款 | | | |
| 220201 | | 01 佛山市新新塑料制品有限公司 | | 46 800.00 |
| 2211 | 应付职工薪酬 | | | |
| 221101 | | 工资 | | 312 800.00 |
| 221102 | | 工会经费 | | 6 256.00 |
| 221103 | | 职工教育经费 | | 4 692.00 |
| 221104 | | 养老保险费 | | 24 894.00 |
| 221105 | | 医疗保险费 | | 9 335.27 |
| 221106 | | 住房公积金 | | 15 640.00 |
| 2221 | 应交税费 | | | |
| 222101 | | 未交增值税 | | 61 000.00 |
| 222102 | | 应交城建税 | | 4 270.00 |
| 222103 | | 应交印花税 | | 486.00 |
| 222104 | | 应交所得税 | | 30 000.00 |
| 222105 | | 个人所得税 | | 6 954.00 |
| 222106 | | 应交教育费附加 | | 1 830.00 |
| 222107 | | 应交堤围防护费 | | 1 200.00 |
| 2231 | 应付利息 | | | 4 515.00 |
| 2241 | 其他应付款 | | | |
| 224101 | | 养老保险费 | | 25 024.00 |
| 224102 | | 医疗保险费 | | 6 256.00 |
| 224103 | | 住房公积金 | | 15 640.00 |

续上表

| 代码 | 总账账户名称 | 明细账账户名称 | 11月末余额 | |
|---|---|---|---|---|
| | | | 借方 | 贷方 |
| 4001 | 实收资本 | | | |
| 400101 | | 中山大宝集团有限公司 | | 1 400 000.00 |
| 400102 | | 友谊国际有限公司 | | 1 400 000.00 |
| 4103 | 本年利润 | | | 1 652 445.00 |
| 4101 | 盈余公积 | | | |
| 410101 | | 法定盈余公积 | | 175 070.60 |
| 410102 | | 任意盈余公积 | | 157 538.40 |
| 4104 | 利润分配 | | | |
| 410415 | | 未分配利润 | | 685 000.00 |
| 合计 | | | 8 865 244.27 | 8 865 244.27 |

数量金额式明细账11月末余额：

**原材料账户期末余额**

2010年11月30日

| 名称 | 计量单位 | 数量 | 单价（元/千克） | 金额（元） |
|---|---|---|---|---|
| 韩国PC料 | 千克 | 1 300 | 23.68 | 30 784.00 |
| 低密度PE料 | 千克 | 1 100 | 15.50 | 17 050.00 |
| 高密度PE料 | 千克 | 700 | 11.62 | 8 134.00 |
| ABS抽粒料 | 千克 | 1 500 | 19.50 | 29 250.00 |
| 棕色色粉 | 千克 | 50 | 53.00 | 2 650.00 |
| 合计 | | | | 87 868.00 |

**周转材料账户期末余额**

2010年11月30日

| 名称 | | 计量单位 | 数量 | 单价（元/个） | 金额（元） |
|---|---|---|---|---|---|
| 包装物 | 纸箱 | 个 | 10 000 | 1.50 | 15 000.00 |
| 低值易耗品 | 工具 | 个 | 50 | 20.00 | 1 000.00 |
| | | | | | |
| | | | | | |
| | | | | | |
| 合计 | | | | | 16 000.00 |

**库存商品账户期末余额**

2010 年 11 月 30 日

| 名称 | 计量单位 | 数量 | 单价（元/箱） | 金额（元） |
| --- | --- | --- | --- | --- |
| 棕色瓶 | 箱 | 800 | 30.00 | 24 000.00 |
| 白色瓶 | 箱 | 1 500 | 50.00 | 75 000.00 |
| | | | | |
| 合计 | | | | 99 000.00 |

**半成品账户期末余额**

2010 年 11 月 30 日

| 名称 | 计量单位 | 数量 | 单价（元/箱） | 金额（元） |
| --- | --- | --- | --- | --- |
| 棕色瓶坯 | 箱 | 850 | 90.00 | 76 500.00 |
| 白色瓶坯 | 箱 | 700 | 175.00 | 122 500.00 |
| | | | | |
| 合计 | | | | 199 000.00 |

多栏式明细账 11 月末余额：

**注塑车间基本生产成本明细账期末余额表**

2010 年 11 月 30 日

| 在产品名称 | 成本项目（元） | | | 合计（元） |
| --- | --- | --- | --- | --- |
| | 直接材料 | 直接人工 | 制造费用 | |
| 棕色瓶坯 | 40 072.97 | 20 912.88 | 910.60 | 61 896.45 |
| 白色瓶坯 | 55 048.89 | 4 414.52 | 1 789.43 | 61 252.84 |
| | | | | |
| 合计 | 95 121.86 | 25 327.40 | 2 700.03 | 123 149.29 |

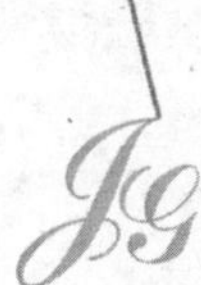

**吹瓶车间基本生产成本明细账期末余额表**

2010 年 11 月 30 日

| 在产品名称 | 成本项目（元） | | | 合计（元） |
| --- | --- | --- | --- | --- |
| | 直接材料 | 直接人工 | 制造费用 | |
| 棕色瓶 | 7 897.98 | 73.45 | 437.14 | 8 408.57 |
| 白色瓶 | 22 421.79 | 1 555.95 | 1 836.06 | 25 813.80 |
| | | | | |
| 合计 | 30 319.77 | 1 629.40 | 2 273.20 | 34 222.37 |

**固定资产明细账期末余额表**

2010 年 11 月 30 日

| 编号 | 所属类别 | 所在部门 | 固定资产名称 | 数量 | 预计使用年限（年） | 开始使用日期 | 原值（元） | 预计残值率 |
|---|---|---|---|---|---|---|---|---|
| 1601 | 合计 | | | | | | 5 681 791. 00 | |
| 160101 | 房屋建筑物 | | | | | | 1 541 140. 00 | |
| 16010101 | 房屋建筑物 | 总经办 | 办公楼 | | 20 | 略 | 1 200 000. 00 | 10% |
| 16010102 | 房屋建筑物 | 注塑车间 | 厂房 | 1 | 20 | 略 | 133 330. 00 | 10% |
| | | 吹瓶车间 | 厂房 | 1 | 20 | 略 | 87 870. 00 | 10% |
| 16010103 | 房屋建筑物 | 维修车间 | 厂房 | 1 | 20 | 略 | 53 400. 00 | 10% |
| 16010104 | 房屋建筑物 | 模具车间 | 厂房 | 1 | 20 | 略 | 66 540. 00 | 10% |
| 160102 | 机器设备 | | | | | | 3 783 934. 00 | |
| 16010201 | 机器设备 | 注塑车间 | 注塑机 | 6 | 10 | 略 | 1 000 000. 00 | 10% |
| 16010202 | 机器设备 | 注塑车间 | 机械手 | 4 | 10 | 略 | 213 300. 00 | 10% |
| 16010203 | 机器设备 | 注塑车间 | 干燥机 | 10 | 10 | 略 | 277 814. 00 | 10% |
| 16010204 | 机器设备 | 注塑车间 | 模温机 | 10 | 10 | 略 | 66 087. 00 | 10% |
| 16010205 | 机器设备 | 注塑车间 | 冷水机 | 10 | 10 | 略 | 120 000. 00 | 10% |
| 16010206 | 机器设备 | 吹瓶车间 | 吹瓶机 | 10 | 10 | 略 | 1 466 733. 00 | 10% |
| 16010207 | 机器设备 | 吹瓶车间 | 加温炉 | 5 | 10 | 略 | 400 000. 00 | 10% |
| 16010208 | 机器设备 | 吹瓶车间 | 空压机 | 1 套 | 10 | 略 | 240 000. 00 | 10% |
| 160103 | 运输设备 | | | | | 略 | | 10% |
| 16010301 | 运输设备 | 销售部 | 货车 | 1 | 10 | 略 | 169 367. 00 | 10% |
| 16010302 | 运输设备 | 总经办 | 轿车 | 1 | 10 | 略 | 140 000. 00 | 10% |
| 16010401 | 其他设备 | 总经办 | 空调 | 1 | 6 | 略 | 5 650. 00 | 10% |
| 16010402 | 其他设备 | 财务部 | 空调 | 1 | 6 | 略 | 5 650. 00 | 10% |
| 16010403 | 其他设备 | 人事部 | 空调 | 1 | 6 | 略 | 5 650. 00 | 10% |
| 16010404 | 其他设备 | 总经办 | 打印机 | 1 | 3 | 略 | 6 400. 00 | 10% |
| 16010405 | 其他设备 | 总经办 | 复印机 | 1 | 3 | 略 | 7 200. 00 | 10% |
| 16010406 | 其他设备 | 总经办 | 传真机 | 1 | 3 | 略 | 6 000. 00 | 10% |
| 16010407 | 其他设备 | 销售部 | 传真机 | 1 | 3 | 略 | 6 000. 00 | 10% |
| 16010408 | 其他设备 | 总经办 | 消防设备 | 1 | 3 | 略 | 4 800. 00 | 10% |

# 任务二 演练中山市宝利塑料制品有限公司经济业务

1－1

## 销售发票通知单

2010 年 12 月 1 日 No：100

<table>
<tr><td rowspan="2">购货单位</td><td>名　称</td><td colspan="3">深圳市天马化妆品有限公司</td><td colspan="8">纳税人登记号</td><td colspan="8">440300170845111</td></tr>
<tr><td>地址、电话</td><td colspan="3">深圳市福田区深南路 68 号<br>0755－27530033</td><td colspan="8">开户银行及账号</td><td colspan="8">农行福田支行<br>20120029091054588</td></tr>
<tr><td colspan="2" rowspan="2">货物或应税劳务名称</td><td rowspan="2">计量单位</td><td rowspan="2">数量</td><td rowspan="2">单价</td><td colspan="8">金额</td><td>税率</td><td colspan="7">税额</td></tr>
<tr><td>十</td><td>万</td><td>千</td><td>百</td><td>十</td><td>元</td><td>角</td><td>分</td><td>%</td><td>万</td><td>千</td><td>百</td><td>十</td><td>元</td><td>角</td><td>分</td></tr>
<tr><td colspan="2">棕色瓶</td><td>箱</td><td>500</td><td>50</td><td></td><td>2</td><td>5</td><td>0</td><td>0</td><td>0</td><td>0</td><td>0</td><td>17%</td><td></td><td>4</td><td>2</td><td>5</td><td>0</td><td>0</td><td>0</td></tr>
<tr><td colspan="2">白色瓶</td><td>箱</td><td>1300</td><td>80</td><td>1</td><td>0</td><td>4</td><td>0</td><td>0</td><td>0</td><td>0</td><td>0</td><td>17%</td><td>1</td><td>7</td><td>6</td><td>8</td><td>0</td><td>0</td><td>0</td></tr>
<tr><td colspan="2"></td><td></td><td></td><td></td><td></td><td></td><td></td><td></td><td></td><td></td><td></td><td></td><td></td><td></td><td></td><td></td><td></td><td></td><td></td><td></td></tr>
<tr><td colspan="2">合计</td><td></td><td></td><td></td><td>1</td><td>2</td><td>9</td><td>0</td><td>0</td><td>0</td><td>0</td><td>0</td><td>17%</td><td>2</td><td>1</td><td>9</td><td>3</td><td>0</td><td>0</td><td>0</td></tr>
<tr><td colspan="2">价税合计(大写)</td><td colspan="19">壹拾伍万零玖佰叁拾零元零角零分　¥：150 930. 00</td></tr>
<tr><td colspan="2">合同号</td><td colspan="3"></td><td colspan="4">销货人员</td><td colspan="5"></td><td colspan="2">会计</td><td colspan="5"></td></tr>
<tr><td colspan="2">销售产品发货单号</td><td colspan="3"></td><td colspan="4">销售主管</td><td colspan="5"></td><td colspan="2">制单</td><td colspan="5"></td></tr>
<tr><td colspan="2">备注</td><td colspan="19"></td></tr>
</table>

1－2

## 广东省增值税专用发票

（印章：税票监制章 广东省）

NO. 000100001

此联不作报销、扣税凭证使用　开票日期　　年　　月　　日

<table>
<tr><td>购货单位</td><td colspan="5">名称：<br>纳税人识别号：<br>地址、电话：<br>开户银行及账号：</td><td>密码区</td><td colspan="2"></td></tr>
<tr><td colspan="2">货物或应税劳务名称<br><br>合计</td><td>规格型号</td><td>单位</td><td>数量</td><td>单价</td><td>金额</td><td>税率</td><td>税额</td></tr>
<tr><td colspan="2">价税合计（大写）</td><td colspan="7">（小写）</td></tr>
<tr><td>销货单位</td><td colspan="5">名称：<br>纳税人识别号：<br>地址、电话：<br>开户银行及账号：</td><td>备注</td><td colspan="2">（印章：中山市宝利塑料制品有限公司 440784618888333 发票专用章）</td></tr>
</table>

第四联：记账联　销货方记账凭证

收款人：　　复核：　　开票人：　　销货单位（章）：

1－3

## 出　　库　　单

购货单位：　　　　　　　　　　　年　　月　　日　　　　　　　　　　　编号：0001069

| 产品编号 | 产品名称规格 | 单位 | 数量 | 单位成本 | 总成本 | 备注 |
|---|---|---|---|---|---|---|
| | | | | | | |
| | | | | | | |
| | | | | | | |
| 合　计 | | | | | | |

主管：　　　保管员：　　　提货人：　　　制单：　　　会计：

2－1

## 中山市宝利塑料制品有限公司　领料单

No. 65348681

领料部门：注塑车间　　　　　　2010年12月1日　　　　　　发料仓库：原材料仓库

| 材料类别 | 名称 | 规格 | 计量单位 | 数量 | | 单价 | 金额 | 用途 |
|---|---|---|---|---|---|---|---|---|
| | | | | 请领 | 实领 | | | |
| 主要原料 | 韩国PC料 | | 千克 | 480 | 480 | | | 棕色瓶坯 |
| 主要原料 | 低密度PE料 | | 千克 | 275 | 275 | | | 棕色瓶坯 |
| 主要原料 | 高密度PE料 | | 千克 | 258 | 258 | | | 棕色瓶坯 |
| 主要原料 | ABS抽粒料 | | 千克 | 546 | 546 | | | 棕色瓶坯 |
| 主要原料 | 棕色色粉 | | 千克 | 45 | 45 | | | 棕色瓶坯 |
| | | | | | | | | |
| | | | | | | | | |
| 合计： | | | | | | | | |

仓库主管：朱君　　　发料人：刘燕　　　领料部门主管：崔伟　　　领料人：胡娟娟

2－2

## 中山市宝利塑料制品有限公司 领料单

No. 65348682

领料部门：注塑车间　　2010 年 12 月 1 日　　发料仓库：原材料仓库

| 材料类别 | 名称 | 规格 | 计量单位 | 数量 | | 单价 | 金额 | 用途 |
|---|---|---|---|---|---|---|---|---|
| | | | | 请领 | 实领 | | | |
| 主要原料 | 韩国 PC 料 | | 千克 | 800 | 800 | | | 白色瓶坯 |
| 主要原料 | 低密度 PE 料 | | 千克 | 457 | 457 | | | 白色瓶坯 |
| 主要原料 | 高密度 PE 料 | | 千克 | 430 | 430 | | | 白色瓶坯 |
| 主要原料 | ABS 抽粒料 | | 千克 | 910 | 910 | | | 白色瓶坯 |
| | | | | | | | | |
| | | | | | | | | |
| | | | | | | | | |
| 合计： | | | | | | | | |

仓库主管：朱君　　发料人：刘燕　　领料部门主管：崔伟　　领料人：胡娟娟

3－1

## 中山市宝利塑料制品有限公司 领料单

No. 65348683

领料部门：吹瓶车间　　2010 年 12 月 1 日　　发料仓库：半成品仓库

| 材料类别 | 名称 | 规格 | 计量单位 | 数量 | | 单价 | 金额 | 用途 |
|---|---|---|---|---|---|---|---|---|
| | | | | 请领 | 实领 | | | |
| 主要原料 | 棕色瓶坯 | | 箱 | 800 | 800 | | | 棕色瓶 |
| 主要原料 | 白色瓶坯 | | 箱 | 600 | 600 | | | 白色瓶 |
| | | | | | | | | |
| | | | | | | | | |
| | | | | | | | | |
| | | | | | | | | |
| | | | | | | | | |
| 合计： | | | | | | | | |

仓库主管：张胜利　　发料人：王杰　　领料部门主管：陶然　　领料人：孙健

4－1

000782　　**成交过户交割凭单**　　买

2010 年 12 月 2 日

| | |
|---|---|
| 股东编号：A16357683 | 成交证券：美达股份 |
| 电脑编号：83516 | 成交数量：5 000 |
| 公司代号：567 | 成交价格：5.78 |
| 申请编号：548 | 成交金额：28 900.00 |
| 申报时间：10：25：20 | 标准佣金：87.00 |
| 成交时间：10：31：36 | 过户费用： |
| 上次余额：0（股） | 印花税： |
| 本次成交：5 000（股） | 应付金额：28 987.00 |
| 本次余额：5 000（股） | 最终金额： |
| 附加费用： | 实付金额：￥28 987.00 |

南方证券公司 财务专用章

经办单位：南方证券公司　　　　客户签名：中山市宝利塑料制品有限公司

5－1

**广东省增值税专用发票**　　No. 09120201

发票联

开票日期：2010 年 12 月 2 日

| 购货单位 | 名　　称 | 中山市宝利塑料制品有限公司 | 密码区 | | | | |
|---|---|---|---|---|---|---|---|
| | 纳税人识别号 | 440784618888333 | | | | | |
| | 地址、电话 | 中山市南区大宝路 56 号 0760－88998888 | | | | | |
| | 开户行及账号 | 工商银行中山南区支行 201200290910848488 | | | | | |

| 货物或应税劳务名称 | 规格型号 | 单位 | 数量 | 单价 | 金额 | 税率 | 税额 |
|---|---|---|---|---|---|---|---|
| 低密度 PE 料 | | 千克 | 2000 | 15.50 | 31000 | 17% | 5270 |
| 高密度 PE 料 | | 千克 | 2000 | 11.62 | 23240 | 17% | 3950.8 |
| 合计 | | | | | ￥54 240.00 | | ￥9 220.80 |
| 价税合计（大写） | 陆万叁仟肆佰陆拾零元捌角零分 | | | | （小写）￥63 460.80 | | |

| 销货单位 | 名　　称 | 云浮市新兴塑料有限公司 | 备注 | |
|---|---|---|---|---|
| | 纳税人识别号 | 440852607964521 | | 云浮市新兴塑料有限公司 440852607964521 发票专用章 |
| | 地址、电话 | 云浮市胜利路 295 号　0766－85859256 | | |
| | 开户行及账号 | 工商银行云浮市分行 20120027954632000 | | |

第二联：发票联　购货方记账凭证

收款人×××　　　复核　　　开票人×××　　　销货单位（单）

5－2

# 托收凭证 （付款通知） 5

委托日期：2010 年 11 月 2 日　　付款期限：2010 年 12 月 2 日

<table>
<tr><td>业务类型</td><td colspan="10">委托收款（□邮划、□电划）　托收承付（□邮划、□电划）</td></tr>
<tr><td rowspan="3">付款人</td><td>全称</td><td colspan="3">中山市宝利塑料制品有限公司</td><td rowspan="3">收款人</td><td>全称</td><td colspan="3">云浮市新兴塑料有限公司</td></tr>
<tr><td>账号</td><td colspan="3">201200290910848488</td><td>账号</td><td colspan="3">201200279524632000</td></tr>
<tr><td>地址</td><td>省　市县</td><td>开户行</td><td>工商银行中山南区支行</td><td>地址</td><td>省　市县</td><td>开户行</td><td>工商银行云浮市分行</td></tr>
<tr><td>金额</td><td>人民币（大写）</td><td colspan="3">陆万肆仟捌佰陆拾零元捌角零分</td><td colspan="5">亿 千 百 十 万 千 百 十 元 角 分<br>¥ 6 4 8 6 0 8 0</td></tr>
<tr><td>款项内容</td><td colspan="2">货款</td><td>托收凭据名称</td><td>增值税专用发票</td><td colspan="2">附寄单证张数</td><td colspan="3">3</td></tr>
<tr><td colspan="2">商品发运情况</td><td colspan="2">已发运</td><td colspan="2">合同名称号码</td><td colspan="4"></td></tr>
<tr><td colspan="3">备注：<br><br>付款人开户银行收到日期<br><br>年　月　日<br>复核　记账</td><td colspan="3">付款人开户银行签章<br>中国工商银行<br>中山南区支行<br>2010.12.07<br>业务办讫章</td><td colspan="4">付款人注意：<br>1. 根据支付结算办法，上列委托收款（托收承付）款项在付款期限内未提出拒付，即视为同意付款，以此代付款通知。<br>2. 如需提出全部或部分拒付，应在规定期限内，将拒付理由书并附债务证明退交开户银行。</td></tr>
</table>

5－3

# 公路、内河货物运输业统一发票

发票联

财政票据监制章 广东省 财政部监制

发票代码 244001010011
发票号码 01138109

开票日期：2010－12－2

<table>
<tr><td colspan="2">机打代码<br>机打号码<br>机器编号</td><td colspan="2"></td><td>税控码</td><td colspan="3"></td></tr>
<tr><td colspan="2">收货人及<br>纳税人识别号</td><td colspan="2">中山市宝利塑料制品有限公司<br>440784618888333</td><td>承运人及<br>纳税人识别号</td><td colspan="3">云浮市权志物流公司<br>441368903465741</td></tr>
<tr><td colspan="2">发货人及<br>纳税人识别号</td><td colspan="2">中山市宝利塑料制品有限公司<br>440784618888333</td><td>主管税务机关<br>及代码</td><td colspan="3">云浮市地方税务局<br>244132467</td></tr>
<tr><td>运输项目及金额</td><td colspan="3">货物名称　重量　计费里程　金额<br>低密度 PE 料　1500　180　600<br>高密度 PE 料　2000　180　800</td><td>其他项目及金额</td><td colspan="2"></td><td>备注</td></tr>
<tr><td colspan="3">运费小计</td><td>¥1400.00</td><td colspan="2">其他费用小计</td><td colspan="2">¥0.00</td></tr>
<tr><td colspan="8">合计（大写）壹仟肆佰元整　　（小写）¥1400．00</td></tr>
</table>

承运人盖章　（云浮市权志物流公司 4413689034657 发票专用）　　开票人：杨娟

第二联　发票联　付款方记账凭证（手写无效）

5－4

# 材料采购运杂费分配表

年　月　日

| 发货单位 | | | | |
|---|---|---|---|---|
| 材料名称 | 分配标准（千克） | 分配率 | 分配金额 | 进项税额 |
| | | | | |
| | | | | |
| 合计 | | | | |

财务主管：　　　　复核：　　　　制表：

6－1

## 中山市宝利塑料制品有限公司　领料单

No. 65348684

领料部门：维修车间　　2010年12月3日　　发料仓库：原材料仓库

| 材料类别 | 名称 | 规格 | 计量单位 | 数量 | | 单价 | 金额 | 用途 |
|---|---|---|---|---|---|---|---|---|
| | | | | 请领 | 实领 | | | |
| | 工具 | | 件 | 30 | 30 | | | 维修用 |
| | | | | | | | | |
| | | | | | | | | |
| | | | | | | | | |
| | | | | | | | | |
| | | | | | | | | |
| | | | | | | | | |
| 合计： | | | | | | | | |

仓库主管：张胜利　　发料人：王杰　　领料部门主管：林智贤　　领料人：李洪波

7－1

## 中国工商银行　信汇凭证（收账通知）

委托日期：2010年12月4日　　第2号

<table>
<tr><td rowspan="3">汇款人</td><td>全称</td><td>深圳市天马化妆品有限公司</td><td rowspan="3">收款人</td><td>全称</td><td colspan="2">中山市宝利塑料制品有限公司</td></tr>
<tr><td>账号或住址</td><td>201200290910545888</td><td>账号或住址</td><td colspan="2">201200290910848488</td></tr>
<tr><td>汇出地点</td><td>农行福田支行</td><td>汇入地点</td><td colspan="2">工商银行中山南区支行</td></tr>
<tr><td colspan="2">金额</td><td colspan="4">人民币（大写）　壹拾伍万零玖佰叁拾元整</td><td>千百十万千百十元角分<br>¥ 1 5 0 9 3 0 0 0</td></tr>
<tr><td colspan="3">汇款用途：货款<br>上列款项已根据委托办理，如需查询，请持此回单来行面洽。<br>单位主管　会计　出纳　记账</td><td colspan="4">收款行盖章<br>中国工商银行 中山南区支行 2010.12.04 业务办讫章<br>年　月　日</td></tr>
</table>

此联为汇出行给汇款人的收账通知

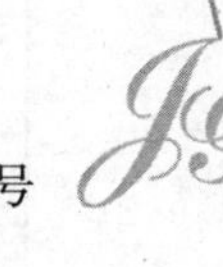

8－1

# 借　支　单

2010－11－28

| 工作部门 | 采购部 | 职务 | 采购员 | 姓名 | 王波 | 盖章 | |
|---|---|---|---|---|---|---|---|
| 借支金额 | 肆仟元整 | | ¥4 000.00 | | | | |
| 借款原因 | 采购原材料 | | 附证件 | | | | |
| 还款日期 | 回公司一周内 | | | | | | |
| 批核 | 同意　　董事长：张强 | | | | 本联供报销时销账 | | |

现金付讫

会计：　　　　出纳：　　　　制单：

8－2

# 差旅费报销单

2010－12－4

单位：采购部

| 姓名 | 王波 | | 出差事由 | 联系业务 | | | | | |
|---|---|---|---|---|---|---|---|---|---|
| 起止日期 | 地点 | 交通工具 | 交通费 | 在途补贴 | 住宿费 | 餐费 | 其他 | 合计 | 单据 |
| 11.28－12.3 | 深圳 | 汽车 | 360.00 | 240.00 | 1 500.00 | 400.00 | 2 000.00 | 4 500.00 | 28 |
| | | | | | | | | | |
| | | | | | | | | | |
| | | | | | | | | | |
| 合计 | | | 360.00 | 240.00 | 1 500.00 | 400.00 | 2 000.00 | 4 500.00 | 28 |
| 合计核销金额 | 肆仟伍佰元整 | | ¥4 500.00 | | | | | | |

审批人：张强　　复核：　　制单：王波

8－3

# 收　据

2010年12月4日

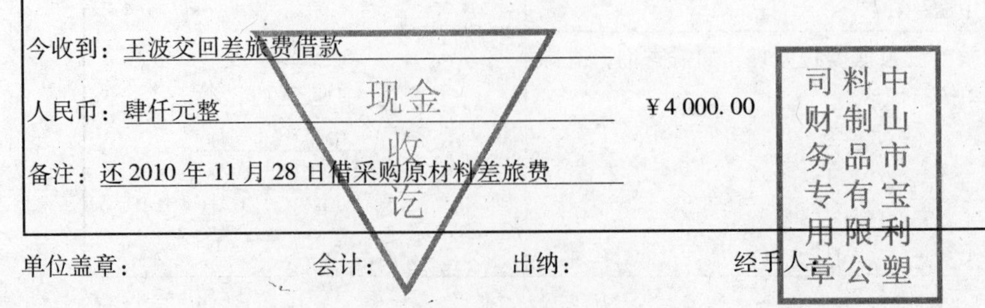

今收到：王波交回差旅费借款

人民币：肆仟元整　　¥4 000.00

备注：还2010年11月28日借采购原材料差旅费

现金收讫

中山市宝利塑料制品有限公司财务专用章

第二联：客户联

单位盖章：　　会计：　　出纳：　　经手人：

9－1

## 职工困难补助申请表

单位：中山市宝利塑料制品有限公司

<table>
<tr><td>姓　名</td><td>欧阳青</td><td>性别</td><td>男</td><td>职　务</td><td>工人</td><td>年龄</td><td>42</td></tr>
<tr><td colspan="3">家庭所有成员月工资<br>（各种津贴、补贴和奖金之和）</td><td colspan="2">3 500.00</td><td colspan="2">家庭人口</td><td>4 人</td></tr>
<tr><td colspan="8">家 庭 人 口（供养）及收入情况</td></tr>
<tr><td>姓　名</td><td>关系</td><td colspan="2">工　作　单　位</td><td>职　务</td><td colspan="2">住　　址</td><td>收　入</td></tr>
<tr><td>范丽娟</td><td>夫妻</td><td colspan="2">无</td><td>无</td><td colspan="2">中山市石岐区</td><td>1 300.00</td></tr>
<tr><td>欧阳庆祝</td><td>父亲</td><td colspan="2">无</td><td>无</td><td colspan="2">中山市石岐区</td><td>500.00</td></tr>
<tr><td>欧阳刚</td><td>父子</td><td colspan="2">上学</td><td>无</td><td colspan="2">中山市石岐区</td><td>无</td></tr>
<tr><td>申请补助理由</td><td colspan="7">尊敬的厂领导：<br>本人欧阳青，是中山市宝利塑料制品有限公司的一名普通工人。本人已在公司工作 8 年了，工作任劳任怨，工资在车间的同事里也算中等偏上，但我爱人由于要照顾家庭，只能拿全市最低工资。另外，我父亲有病，常年卧床，每月的医药费是一笔不小的开支；儿子今年 6 月考上了大专，开学时的学费都是向亲戚朋友借的，现在每月给他基本生活费很困难。由于家庭困难，我们一家四口不得不住在四十多平方米的小屋里。<br>综上所述，我认为我符合申请补助的条件，特申请每月困难补助 500 元，如无不妥，请予批准。<br>申请人：欧阳青　　　2010 年 12 月 01 日</td></tr>
<tr><td>单位工会意见</td><td colspan="3">情况属实，同意给予困难补助 500 元整。<br><br><br>公　章<br>负责人：刘春　　2010 年 12 月 5 日</td><td>单位意见</td><td colspan="3">同意<br>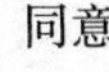<br><br><br>公　章<br>负责人：张强　　2010 年 12 月 5 日</td></tr>
</table>

10－1

## 中山市宝利塑料制品有限公司　领料单

No. 65348685

领料部门：吹瓶车间　　2010 年 12 月 5 日　　发料仓库：原材料仓库

| 材料类别 | 名称 | 规格 | 计量单位 | 数量 | | 单价 | 金额 | 用途 |
|---|---|---|---|---|---|---|---|---|
| | | | | 请领 | 实领 | | | |
| | 纸箱 | | 个 | 2 000 | 2 000 | | | 棕色瓶用 |
| | 纸箱 | | 个 | 3 000 | 3 000 | | | 白色瓶用 |
| | | | | | | | | |
| | | | | | | | | |
| | | | | | | | | |
| | | | | | | | | |
| | | | | | | | | |
| 合计： | | | | | | | | |

仓库主管：张胜利　　发料人：王杰　　领料部门主管：陶然　　领料人：孙健

11－1

## 产　品　入　库　单

2010 年 12 月 6 日

| 产品名称 | 计量单位 | 实收数量 | 单位成本 | 实际成本 |
|---|---|---|---|---|
| 棕色瓶 | 箱 | 3 200 | | |
| 白色瓶 | 箱 | 3 180 | | |
| | | | | |
| 合计 | | | | |

记账：　　主管：　　保管：

12－1

中国工商银行
支票存根
10204430
02034103
附加信息

出票日期 2010 年 12 月 7 日
收款人：中山市宝利塑料制品有限公司
金额：¥1 000.00
用途：备用金
单位主管 会计

中国工商银行 支票 02034103 10204430 02034103

出票日期（大写）贰零壹零年壹拾贰月零柒日 付款行名称：工商银行中山南区支行
收款人：中山市宝利塑料制品有限公司 出票人账号：201200290910848488

本支票付款期限十天

| 人民币（大写） | 壹仟元整 | 亿 | 千 | 百 | 十 | 万 | 千 | 百 | 十 | 元 | 角 | 分 |
|---|---|---|---|---|---|---|---|---|---|---|---|---|
| | | | | | | ¥ | 1 | 0 | 0 | 0 | 0 | 0 |

用途：备用金
上列款项请从
我账户内支付
出票人签章

密码
行号 102589000222
复核 记账

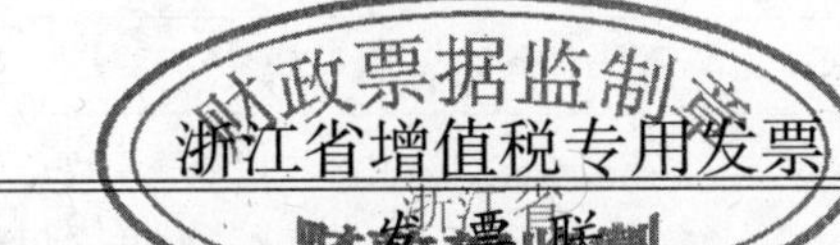


13－1

浙江省增值税专用发票

发票联

№ 10110101

开票日期：2010 年 12 月 7 日

| 购货单位 | 名称 | 中山市宝利塑料制品有限公司 | 密码区 | | | | |
|---|---|---|---|---|---|---|---|
| | 纳税人识别号 | 440784618888333 | | | | | |
| | 地址、电话 | 中山市南区大宝路 56 号 0760－8899888 | | | | | |
| | 开户行及账号 | 工商银行中山南区支行 201200290910848488 | | | | | |
| 货物或应税劳务名称 | 规格型号 | 单位 | 数量 | 单价 | 金额 | 税率 | 税额 |
| 棕色色粉 | | 千克 | 150 | 53.00 | 7 950.00 | 17% | 1 351.50 |
| 合计 | | | | | ¥7 950.00 | | ¥1 351.50 |
| 价税合计（大写） | 玖仟叁佰零壹元伍角零分 | | | | （小写） | ¥9 301.50 | |
| 销货单位 | 名称 | 嘉兴市高高化工有限公司 | 备注 | 嘉兴市高高化工有限公司 330401146466655 发票专用章 | | | |
| | 纳税人识别号 | 330401146466655 | | | | | |
| | 地址、电话 | 浙江省嘉兴市南湖经济园区 3 号 0573－82625702 | | | | | |
| | 开户行及账号 | 中信银行嘉兴秀洲支行 733361112821100828 | | | | | |
| 收款人 | ××× | 复核 | | 开票人 | ××× | 销货单位（章） | |

第二联：发票联 购货方记账凭证

13－2

## 托收凭证 （付款通知） 5

委托日期：2010年11月07日 付款期限：2010年12月07日

<table>
<tr><td>业务类型</td><td colspan="16">委托收款（□邮划、□电划） 托收承付（□邮划、□电划）</td></tr>
<tr><td rowspan="3">付款人</td><td>全称</td><td colspan="4">中山市宝利塑料制品有限公司</td><td rowspan="3">收款人</td><td>全称</td><td colspan="9">嘉兴市高高化工有限公司</td></tr>
<tr><td>账号</td><td colspan="4">201200290910848488</td><td>账号</td><td colspan="9">733361112821100828</td></tr>
<tr><td>地址</td><td>省</td><td>市<br>县</td><td>开户行</td><td>工商银行中山南区支行</td><td>地址</td><td>省</td><td>市<br>县</td><td>开户行</td><td colspan="6">中信银行嘉兴秀洲支行</td></tr>
<tr><td rowspan="2">金额</td><td rowspan="2">人民币<br>（大写）</td><td colspan="4" rowspan="2">玖仟叁佰捌拾壹元伍角零分</td><td>亿</td><td>千</td><td>百</td><td>十</td><td>万</td><td>千</td><td>百</td><td>十</td><td>元</td><td>角</td><td>分</td></tr>
<tr><td></td><td></td><td></td><td></td><td>¥</td><td>9</td><td>3</td><td>8</td><td>1</td><td>5</td><td>0</td></tr>
<tr><td>款项内容</td><td colspan="3">货款</td><td>托收凭据名称</td><td>增值税专用发票</td><td colspan="2">附寄单证张数</td><td colspan="9">5</td></tr>
<tr><td>商品发运情况</td><td colspan="4">已发运</td><td colspan="3">合同名称号码</td><td colspan="9"></td></tr>
<tr><td colspan="3">备注：<br><br>付款人开户银行收到日期<br><br>年 月 日<br>复核 记账</td><td colspan="4">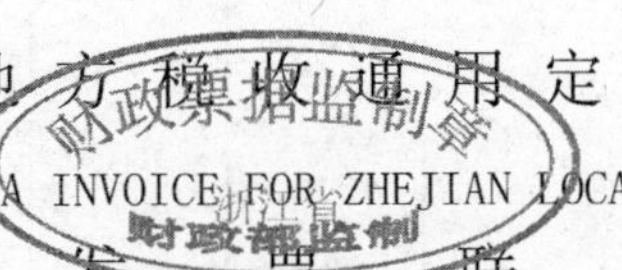<br>付款人开户银行签章</td><td colspan="10">付款人注意：<br>1. 根据支付结算办法，上列委托收款（托收承付）款项在付款期限内未提出拒付，即视为同意付款，以此代付款通知。<br>2. 如需提出全部或部分拒付，应在规定期限内，将拒付理由书并附债务证明退交开户银行。</td></tr>
</table>

13－3

PAYER
经营项目：
ITEM

## 浙江省地方税收通用定额发票

GENERAL QUOTA INVOICE FOR ZHEJIAN LOCAL TAXATION

发 票 联

开票日期： 年 月 日 收款方(盖章)

发票代码 468001000999

DATE ISSUDE
CODE

发票号码 46985410

NO.

50

付款方名称

13－4

浙江省地方税收通用定额发票

GENERAL QUOTA INVOICE FOR ZHEJIAN LOCAL TAXATION

发 票 联

发票代码 468001000999

CODE

05004950

10

发票号码

NO.

付款方名称

PAYER

经营项目：

ITEM

开票日期： 年 月 日

DATE ISSUDE

收款方（盖章）

13－5

浙江省地方税收通用定额发票

GENERAL QUOTA INVOICE FOR ZHEJIAN LOCAL TAXATION

发 票 联

发票代码 468001000999

CODE

05004951

10

发票号码

NO.

付款方名称

PAYER

经营项目：

ITEM

开票日期： 年 月 日

DATE ISSUDE

收款方（盖章）

13－6

浙 江 省 地 方 税 收 通 用 定 额 发 票

GENERAL QUOTA INVOICE FOR ZHEJIAN LOCAL TAXATION

发 票 联

发票代码 468001000999
CODE

10

05004952
发票号码
NO.

付款方名称
PAYER

经营项目：
ITEM

开票日期： 年 月 日
DATE ISSUDE

收款方（盖章）

13－7

## 材料入库验收单

2010 年 12 月 7 日

| 品名 | 规格 | 单位 | 数量 | | 实际价格 | | | | 计划价格 | |
|---|---|---|---|---|---|---|---|---|---|---|
| | | | 来料数 | 实际数 | 单价 | 总价 | 运杂费 | 合计 | | |
| 棕色色粉 | | 千克 | 150 | 150 | | | | | | |
| | | | | | | | | | | |
| | | | | | | | | | | |
| | | | | | | | | | | |
| 合计 | | | | | | | | | | |

第三联：会计记账联

供销主管：李景山 验收保管：刘燕 采购：吕青华 制单：

14－1

# 银行承兑汇票 2

出票日期
（大写） 贰零壹零年零玖月零捌日 00032

<table>
<tr><td rowspan="3">付款人</td><td>出票人全称</td><td colspan="2">东莞市晶亮化妆品有限公司</td><td rowspan="3">收款人</td><td>全称</td><td colspan="2">中山市宝利塑料制品有限公司</td></tr>
<tr><td>出票人账号</td><td colspan="2">81841822840801100l</td><td>账号</td><td colspan="2">20120029091084848８</td></tr>
<tr><td>付款行全称</td><td colspan="2">中国银行东莞支行</td><td>开户银行</td><td colspan="2">工商银行中山南区支行</td></tr>
<tr><td colspan="2">出票金额</td><td>人民币（大写）</td><td colspan="3">壹万壹仟柒佰元整</td><td colspan="2">亿 千 百 十 万 千 百 十 元 角 分<br>¥ 1 1 7 0 0 0 0</td></tr>
<tr><td colspan="2">汇票到期日（大写）</td><td colspan="2">贰零壹零年壹拾贰月零捌日</td><td rowspan="2">付款行</td><td>行号</td><td colspan="2">4689549</td></tr>
<tr><td colspan="2">承兑协议编号</td><td colspan="2">2010010</td><td>地址</td><td colspan="2">东莞市沿江三路100号</td></tr>
<tr><td colspan="4">本汇票请你行承兑，到期后无条件付款。<br>东莞市晶亮化妆品有限公司财务专用章<br>出票人签章</td><td colspan="3">本汇票已经承兑，到期日由本行付款。<br>承兑行签章<br>承兑日期2010年12月08日<br>备注：</td><td>中国工商银行 中山南区支行 2010.12.25 业务办讫章<br>复核 记账</td></tr>
</table>

此联是收款人开户行随委托收款凭证寄付款行作借方凭证附件

14－2

ICBC 中国工商银行 进账单（收款通知）3

年 月 日

<table>
<tr><td rowspan="3">出票人</td><td>全称</td><td colspan="3"></td><td rowspan="3">收款人</td><td>全称</td><td></td></tr>
<tr><td>账号</td><td colspan="3"></td><td>账号</td><td></td></tr>
<tr><td>开户银行</td><td colspan="3"></td><td>开户银行</td><td></td></tr>
<tr><td>金额</td><td colspan="6">人民币（大写）</td><td>亿 千 百 十 万 千 百 十 元 角 分</td></tr>
<tr><td colspan="2">票据种类</td><td></td><td>票据张数</td><td colspan="3"></td><td rowspan="3">中国工商银行 中山南区支行 2010.12.08 业务办讫章<br>收款人开户银行签章</td></tr>
<tr><td colspan="2">票据号码</td><td colspan="5"></td></tr>
<tr><td colspan="7">复核 记账</td></tr>
</table>

15－1

## 材料入库验收单

2010 年 12 月 9 日

| 品名 | 规格 | 单位 | 数量 | | 实际价格 | | | | 计划价格 | |
|---|---|---|---|---|---|---|---|---|---|---|
| | | | 来料数 | 实际数 | 单价 | 总价 | 运杂费 | 合计 | | |
| 低密度 PE 料 | | 千克 | 2 000 | 2 000 | | | | | | |
| 高密度 PE 料 | | 千克 | 2 000 | 2 000 | | | | | | |
| | | | | | | | | | | |
| | | | | | | | | | | |
| 合计 | | | | | | | | | | |

第三联：会计记账联

供销主管：李景山　　验收保管：刘燕　　采购：吕青华　　制单：

16－1

付款期 壹个月

## 中国工商银行 银行汇票（卡片）

00003287

签发日期（大写）贰零壹零年壹拾贰月零玖日
兑换地点：广东省中山市　　兑换行：工商银行　　行号：

收款人：中山市宝利塑料制品有限公司　　账号或地址：20120029091084848 8

汇款金额　人民币（大写）叁拾贰万零伍佰捌拾元整

| 人民币 实际结算金额（大写） | 千 | 百 | 十 | 万 | 千 | 百 | 十 | 元 | 角 | 分 |
|---|---|---|---|---|---|---|---|---|---|---|
| | | | | | | | | | | |

汇款人：珠海市伟创股份有限公司　　账号或地址：833314152202091001

签发行：中国银行斗门区新青支行　　行号：6532346　　汇款用途：货款

会计主管：　　复核：　　记账：　　经办：

16－2

## 销售发票通知单

2010年12月9日　　No：101

| 购货单位 | | | | | | | | | | | | | | | | | | | | | |
|---|---|---|---|---|---|---|---|---|---|---|---|---|---|---|---|---|---|---|---|---|---|
| 名称 | 珠海市伟创股份有限公司 | | | 纳税人登记号 | | | | | | | | 44042172922888X | | | | | | | | | |
| 地址、电话 | 珠海市斗门井岸镇新青科技工业园路12号0756－51890099 | | | 开户银行及账号 | | | | | | | | 中国银行斗门区新青支行 833314152202091001 | | | | | | | | | |
| 货物或应税劳务名称 | 计量单位 | 数量 | 单价 | 金额 | | | | | | | | 税率 | 税额 | | | | | | | | |
| | | | | 十 | 万 | 千 | 百 | 十 | 元 | 角 | 分 | % | 万 | 千 | 百 | 十 | 元 | 角 | 分 | | |
| 棕色瓶 | 箱 | 1 000 | 50 | | 5 | 0 | 0 | 0 | 0 | 0 | 0 | 17% | | 8 | 5 | 0 | 0 | 0 | 0 | | |
| 白色瓶 | 箱 | 2 800 | 80 | 2 | 2 | 4 | 0 | 0 | 0 | 0 | 0 | 17% | 3 | 8 | 0 | 8 | 0 | 0 | 0 | | |
| | | | | | | | | | | | | | | | | | | | | | |
| 合计 | | | | 2 | 7 | 4 | 0 | 0 | 0 | 0 | 0 | | 4 | 6 | 5 | 8 | 0 | 0 | 0 | | |
| 价税合计（大写） | 叁拾贰万零伍佰捌拾零元零角零分　￥320 580.00 | | | | | | | | | | | | | | | | | | | | |
| 合同号 | | 销货人员 | | 会计 | | | | | | | | | | | | | | | | | |
| 销售产品发货单号 | | 销售主管 | | 制单 | | | | | | | | | | | | | | | | | |
| 备注 | | | | | | | | | | | | | | | | | | | | | |

16－3

## 广东省增值税专用发票

NO. 0001002

此联不作报销、扣税凭证使用　　开票日期　年　月　日

（印章：财政票据监制章 广东省 财政部监制）

| 购货单位 | 名称：<br>纳税人识别号：<br>地址、电话：<br>开户银行及账号： | | | | 密码区 | | |
|---|---|---|---|---|---|---|---|
| 货物或应税劳务名称 | 规格型号 | 单位 | 数量 | 单价 | 金额 | 税率 | 税额 |
| 合计 | | | | | | | |
| 价税合计（大写） | | | （小写） | | | | |
| 销货单位 | 名称：<br>纳税人识别号：<br>地址、电话：<br>开户银行及账号： | | | | 备注 | | |

第四联：记账联　销货方记账凭证

（印章：中山市宝利塑料制品有限公司 440784618888333 发票专用章）

收款人：　　复核：　　开票人：　　销货单位（章）：

16－4

## 出库单

购货单位：　　　　年　　月　　日　　　　编号：

| 产品编号 | 产品名称规格 | 单位 | 数量 | 单位成本 | 总成本 | 备注 |
|---|---|---|---|---|---|---|
| | | | | | | |
| | | | | | | |
| | | | | | | |
| 合计 | | | | | | |

主管：　　保管员：　　提货人：　　制单：　　会计：

17－1

## ICBC 中国工商银行　进账单（收账通知）2

2010 年 12 月 10 日

| | | | | | |
|---|---|---|---|---|---|
| 出票人 | 全称 | 中山市日晟日用化工有限公司 | 收款人 | 全称 | 中山市宝利塑料制品有限公司 |
| | 账号 | 201200290910792992 | | 账号 | 201200290910848488 |
| | 开户银行 | 工商银行石岐区支行 | | 开户银行 | 工商银行中山南区支行 |
| 金额 | 人民币（大写） | 柒万零贰佰元整 | | 亿千百十万千百十元角分 | ¥7020000 |
| 票据种类 | | 票据张数 | | 中国工商银行 中山南区支行 2010.12.08 业务办讫章 | |
| 票据号码 | | | | | |
| | 复核　记账 | | | 收款人开户银行签章 | |

18－1

# 半成品入库单

2010年12月10日

| 产品名称 | 计量单位 | 实收数量 | 单位成本 | 实际成本 |
|---|---|---|---|---|
| 棕色瓶坯 | 箱 | 930 | | |
| 白色瓶坯 | 箱 | 640 | | |
| | | | | |
| 合计 | | | | |

记账：　　　主管：　　　保管：

19－1

# 中国工商银行他代本客户回单（借）

凭证号：0

2010年12月10日　　　币种：人民币　　　单位：元

| 付款人 | 全称 | 中山市宝利塑料制品有限公司 | 收款人 | 全称 | |
|---|---|---|---|---|---|
| | 账号 | 201200290910848488 | | 账号 | |
| | 开户银行 | 工商银行中山南区支行 | | 记账行 | 分行业务处理中心 |
| 金额 | 人民币陆万壹仟元整 | | | | ¥61 000.00 |
| 备注：增值税<br>网外账号<br>交易代码：9001 | | | | | 中国工商银行中山南区支行<br>2010.12.10<br>核算专用章 |

代理网点记账员号11　　　银行盖章

19－2

中国工商银行电子缴税付款凭证

转账日期：2010年12月10日　　　凭证字号：2010121022833588

纳税人全称及纳税人识别号：中山市宝利塑料制品有限公司440784618888333

付款人全称：中山市宝利塑料制品有限公司　征收机关名称：广东省中山市西区国家税务分局

付款人账号：201200290910848488　　　收款国库（银行）名称：国家金库中山市西区支库（代理）

付款人开户银行：工商银行中山南区支行

小写（合计）金额：¥61 000.00　　　缴款书交易流水号：12345678

大写（合计）金额：人民币陆万壹仟元整　税票号码：446022019822493237

税（费）种名称　　　所属日期　　　实缴金额

增值税　　　20101101—20101130　　　¥61 000.00

中国工商银行中山南区支行　2010.12.10　转讫

打印日期：2010.12.10.10.15.37　　　第01页（共01页）

第二联 作付款回单（无银行收讫章无效）　复核　　　记账

19－3

## 中国工商银行他代本客户回单（借）

凭证号：0

2010 年 12 月 10 日　　币种：人民币　　单位：元

| 付款人 | 全称 | 中山市宝利塑料制品有限公司 | 收款人 | 全称 | |
|---|---|---|---|---|---|
| | 账号 | 201200290910848488 | | 账号 | |
| | 开户银行 | 工商银行中山南区支行 | | 记账行 | 分行业务处理中心 |
| 金额 | 人民币叁万元整 | | | | ¥30 000.00 |
| 备注：企业所得税<br>网外账号<br>交易代码：9003 | | | | 中国工商银行中山南区支行<br>2010.12.10<br>核算专用章 | |

代理网点记账员号 11　　银行盖章

19－4

### 中国工商银行电子缴税付款凭证

转账日期：2010 年 12 月 10 日　　凭证字号：2010121022812345

纳税人全称及纳税人识别号：中山市宝利塑料制品有限公司 440784618888333

付款人全称：中山市宝利塑料制品有限公司　　征收机关名称：广东省中山市西区国家税务局

付款人账号：201200290910848488　　收款国库（银行）名称：国家金库中山市西区支库（代理）

付款人开户银行：工商银行中山南区支行

小写（合计）金额：¥30 000.00　　缴款书交易流水号：13445689

大写（合计）金额：人民币叁万元整　　税票号码：446022019822129613

| 税（费）种名称 | 所属日期 | 实缴金额 |
|---|---|---|
| 业业所得税 | 20101101—20101130 | ¥30 000.00 |

中国工商银行中山南区支行
2010.12.10
转讫

打印日期：2010. 12. 10. 10. 15. 37　　第 01 页（共 01 页）

第二联 作付款回单（无银行收讫章无效）　　复核　　记账

19－5

## 中国工商银行他代本客户回单（借）

凭证号：0

2010 年 12 月 10 日　　币种：人民币　　单位：元

| | | | | | |
|---|---|---|---|---|---|
| 付款人 | 全称 | 中山市宝利塑料制品有限公司 | 收款人 | 全称 | |
| | 账号 | 201200290910848488 | | 账号 | |
| | 开户银行 | 工商银行中山南区支行 | | 记账行 | 分行业务处理中心 |
| 金额 | 人民币柒仟柒佰捌拾陆元整 | | | | ¥7 786.00 |
| 备注：城市维护建设税、教育费附加、印花税、堤围费<br>网外账号<br>交易代码：9002 | | | | 中国工商银行中山南区支行<br>2010.12.10<br>核算专用章 | |

代理网点记账员号 11　　　　银行盖章

---

19－6

## 电子缴税凭证

填发日期：2010 年 12 月 10 日　　电子交易流水号：320101151518305

| | | | |
|---|---|---|---|
| 纳税人代码：440784618888333<br>纳税人全称：中山市宝利塑料制品有限公司<br>缴款账号：201200290910848488 | | 征收机关：中山市地方税务局（本级）<br>开户银行：工商银行中山分行<br>国　库：中山市中心支库 | |
| 税种（品目名称） | 预算科目、预算级次 | 税款所属时期 | 实缴金额 |
| 城市维护建设税 | | 20101101－20101130 | 4 270.00 |
| 教育费附加 | | 20101101－20101130 | 1 830.00 |
| 印花税 | | 20101101－20101130 | 486.00 |
| 堤围费 | | 20101101－20101130 | 1 200.00 |
| 金额合计 | （大写）柒仟柒佰捌拾陆元整 | 中国工商银行中山南区支行<br>2010.12.10<br>核算专用章 | |
| 备注 | | | |

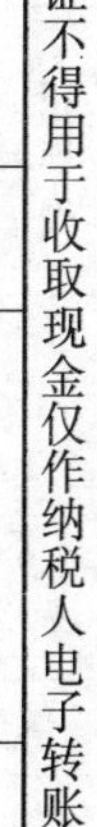
此凭证不得用于收取现金仅作纳税人电子转账缴税凭证

主办：　　　　复核：

20－1

中山市宝利塑料制品有限公司　领料单

No. 65348686

领料部门：吹瓶车间　　2010 年 12 月 10 日　　发料仓库：半成品仓库

| 材料类别 | 名称 | 规格 | 计量单位 | 数量 | | 单价 | 金额 | 用途 |
|---|---|---|---|---|---|---|---|---|
| | | | | 请领 | 实领 | | | |
| 主要原料 | 棕色瓶坯 | | 箱 | 860 | 860 | | | 棕色瓶 |
| 主要原料 | 白色瓶坯 | | 箱 | 700 | 700 | | | 白色瓶 |
| | | | | | | | | |
| | | | | | | | | |
| | | | | | | | | |
| | | | | | | | | |
| | | | | | | | | |
| 合计： | | | | | | | | |

仓库主管：　　发料人：　　领料部门主管：　　领料人：

21－1

银行承兑汇票　　2

出票日期（大写）：贰零壹零年壹拾贰月壹拾壹日

| 付款人 | 出票人全称 | 中山市宝利塑料制品有限公司 | 收款人 | 全称 | 江门市丽百塑胶制品有限公司 |
|---|---|---|---|---|---|
| | 出票人账号 | 201200290910848488 | | 账号 | 201200212992221898 |
| | 付款行全称 | 工商银行中山南区支行 | | 开户银行 | 工商银行江门分行港口支行 |
| 出票金额 | | 人民币（大写）贰拾万零柒仟柒佰柒拾贰元柒角伍分 | | 亿千百十万千百十元角分 | ¥20777275 |
| 汇票到期日（大写） | | 贰零壹壹年零叁月壹拾壹日 | 付款行 | 行号 | 1254754 |
| 承兑协议编号 | | 2010011 | | 地址 | 中山市南区 78 号 |
| 本汇票请你行承兑，到期后无条件付款。<br>出票人签章 | | 本汇票已经承兑，到期日由本行付款。<br>承兑行签章<br>承兑日期 2010 年 12 月 11 日<br>备注： | | 复核 | 记账 |

中国工商银行　2010.12.11　业务办讫章

此联是收款人开户行随委托收款凭证寄付款行作借方凭证附件

21－2

## 广东省增值税专用发票

№ 60110104

发 票 联

开票日期：2010 年 12 月 11 日

财政票据监制章

<table>
<tr><td rowspan="4">购货单位</td><td>名　　称</td><td colspan="6">中山市宝利塑料制品有限公司</td><td rowspan="4">密码区</td><td colspan="2" rowspan="4"></td></tr>
<tr><td>纳税人识别号</td><td colspan="6">440784618888333</td></tr>
<tr><td>地 址、电 话</td><td colspan="6">中山市南区大宝路 56 号<br>0760－88998888</td></tr>
<tr><td>开户行及账号</td><td colspan="6">工商银行中山南区支行<br>20120029091084848８</td></tr>
<tr><td colspan="2">货物或应税劳务名称</td><td>规格型号</td><td>单位</td><td>数量</td><td>单价</td><td colspan="3">金额</td><td>税率</td><td>税额</td></tr>
<tr><td colspan="2">韩国 PC 料</td><td></td><td>千克</td><td>4 000</td><td>22.95</td><td colspan="3">91 800.00</td><td>17%</td><td>15 606.00</td></tr>
<tr><td colspan="2">ABS 抽粒料</td><td></td><td>千克</td><td>4 500</td><td>18.95</td><td colspan="3">85 275.00</td><td>17%</td><td>14 496.75</td></tr>
<tr><td colspan="2">合计</td><td></td><td></td><td></td><td></td><td colspan="3">¥177 075.00</td><td></td><td>¥30 102.75</td></tr>
<tr><td colspan="2">价税合计（大写）</td><td colspan="10">贰拾万零柒仟壹佰柒拾柒元柒角伍分　　（小写）¥207 177.75</td></tr>
<tr><td rowspan="4">销货单位</td><td>名　　称</td><td colspan="6">江门市丽百塑胶制品有限公司</td><td rowspan="4">备注</td><td colspan="2" rowspan="4">江门市丽百塑胶制品有限公司<br>440701666333677<br>发票专用章</td></tr>
<tr><td>纳税人识别号</td><td colspan="6">440701666333677</td></tr>
<tr><td>地 址、电 话</td><td colspan="6">江门市高新区工业园 20 号<br>0750－3882882</td></tr>
<tr><td>开户行及账号</td><td colspan="6">工商银行江门分行<br>2012002129922218988</td></tr>
</table>

收款人：××× 　　复核： 　　开票人：××× 　　销货单位（章）：

第二联：发票联　购货方记账凭证

21－3

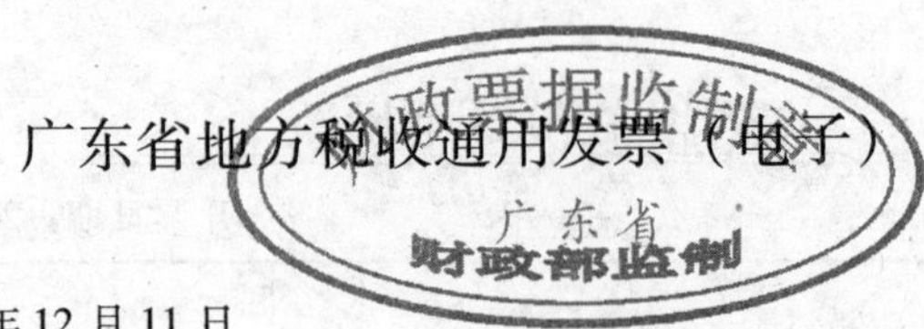


# 广东省地方税收通用发票（电子）

电子发票 手写无效

发票代码 231000870352

发票号码 00049995

开票日期：2010 年 12 月 11 日

| 防伪码 | | | | |
|---|---|---|---|---|
| 付款方 | 中山市宝利塑料制品有限公司 | 身份证号/组织机构代码/纳税人识别号 | 440784618888333 | |
| 收款方 | 江门市通达物流公司 | 身份证号/组织机构代码/纳税人识别号 | | |
| 项目 | | | 金额（元） | 备注 |
| 运费 | | | 595.00 | |
| 合计金额（大写）：伍佰玖拾伍元整 | | | ¥595.00 | |
| 查询网址： | | 主管税务机关 | 江门市地方税务局 | |

发票联 付款方付款凭证

（印章：江门市通达物流公司 440784654378748 发票专用章）

开票人：　　　　开票单位盖章：

21－4

## 材料采购运杂费分配表

年　月　日

| 发货单位 | | | | |
|---|---|---|---|---|
| 材料名称 | 分配标准（千克） | 分配率 | 分配金额 | 进项税额 |
| | | | | |
| | | | | |
| 合计 | | | | |

财务主管：　　　　复核：　　　　制表：

21－5

## 材料入库验收单

2010 年 12 月 11 日

| 品名 | 规格 | 单位 | 数量 | | 实际价格 | | | | 计划价格 | |
|---|---|---|---|---|---|---|---|---|---|---|
| | | | 来料数 | 实际数 | 单价 | 总价 | 运杂费 | 合计 | | |
| 韩国 PC 料 | | 千克 | 4 000 | 4 000 | | | | | | |
| ABS 抽粒料 | | 千克 | 4 500 | 4 500 | | | | | | |
| | | | | | | | | | | |
| | | | | | | | | | | |
| 合计 | | | | | | | | | | |

第三联：会计记账联

供销主管：李景山　　验收保管：刘燕　　采购：吕青华　　制单：

22－1

## 中山市宝利塑料制品有限公司　领料单

No. 65348687

领料部门：注塑车间　　2010 年 12 月 11 日　　发料仓库：原材料仓库

| 材料类别 | 名称 | 规格 | 计量单位 | 数量 | | 单价 | 金额 | 用途 |
|---|---|---|---|---|---|---|---|---|
| | | | | 请领 | 实领 | | | |
| 主要原料 | 韩国 PC 料 | | 千克 | 480 | 480 | | | 棕色瓶坯 |
| 主要原料 | 低密度 PE 料 | | 千克 | 275 | 275 | | | 棕色瓶坯 |
| 主要原料 | 高密度 PE 料 | | 千克 | 258 | 258 | | | 棕色瓶坯 |
| 主要原料 | ABS 抽粒料 | | 千克 | 546 | 546 | | | 棕色瓶坯 |
| 主要原料 | 棕色色粉 | | 千克 | 45 | 45 | | | 棕色瓶坯 |
| | | | | | | | | |
| | | | | | | | | |
| 合计： | | | | | | | | |

仓库主管：朱君　　发料人：刘燕　　领料部门主管：崔伟　　领料人：胡娟娟

22－2

## 中山市宝利塑料制品有限公司　领料单

No. 65348688

领料部门：注塑车间　　2010年12月11日　　发料仓库：原材料仓库

| 材料类别 | 名称 | 规格 | 计量单位 | 数量 | | 单价 | 金额 | 用途 |
|---|---|---|---|---|---|---|---|---|
| | | | | 请领 | 实领 | | | |
| 主要原料 | 韩国PC料 | | 千克 | 800 | 800 | | | 白色瓶坯 |
| 主要原料 | 低密度PE料 | | 千克 | 457 | 457 | | | 白色瓶坯 |
| 主要原料 | 高密度PE料 | | 千克 | 430 | 430 | | | 白色瓶坯 |
| 主要原料 | ABS抽粒料 | | 千克 | 910 | 910 | | | 白色瓶坯 |
| | | | | | | | | |
| | | | | | | | | |
| 合计： | | | | | | | | |

仓库主管：朱君　　发料人：刘燕　　领料部门主管：崔伟　　领料人：胡娟娟

23－1

## 中国工商银行　信汇凭证（付款通知）

委托日期：　2010年12月11日　　第2号

| 汇款人 | 全称 | 中山市宝利塑料制品有限公司 | 收款人 | 全称 | 上海包装材料展览会 |
|---|---|---|---|---|---|
| | 账号或住址 | 201200290910848488 | | 账号或住址 | 392495865578947642 |
| | 汇出地点 | 工商银行中山南区支行 | | 汇入地点 | 浦东发展银行南京路支行 |

| 金额 | 人民币（大写） | 捌万元整 | 千 | 百 | 十 | 万 | 千 | 百 | 十 | 元 | 角 | 分 |
|---|---|---|---|---|---|---|---|---|---|---|---|---|
| | | | | | ¥ | 8 | 0 | 0 | 0 | 0 | 0 | 0 |

汇款用途：货款

上列款项已根据委托办理，如需查询，请持此回单来行面洽。

汇款行盖章　中国工商银行 中山南区支行 2010.12.11 业务办讫章

单位主管　会计　出纳　记账　　年　月　日

此联为汇出行给汇款人的付款通知

24－1

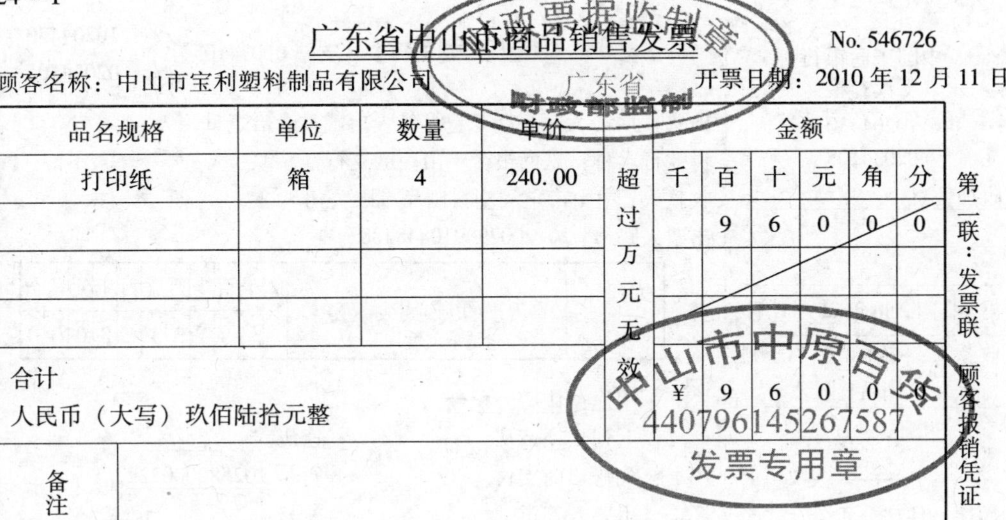

广东省中山市商品销售发票　No. 546726

顾客名称：中山市宝利塑料制品有限公司　　开票日期：2010 年 12 月 11 日

| 品名规格 | 单位 | 数量 | 单价 | | 金额 | | | | | |
|---|---|---|---|---|---|---|---|---|---|---|
| | | | | 超过万元无效 | 千 | 百 | 十 | 元 | 角 | 分 |
| 打印纸 | 箱 | 4 | 240.00 | | | 9 | 6 | 0 | 0 | 0 |
| | | | | | | | | | | |
| | | | | | | | | | | |
| | | | | | | | | | | |
| 合计<br>人民币（大写）玖佰陆拾元整 | | | | | ¥ | 9 | 6 | 0 | 0 | 0 |
| 备注 | | | | | | | | | | |

第二联：发票联　顾客报销凭证

开票人：　　收款人：　　业户名称（盖章）

广东省财政部监制　中山市中原百货 440796145267587 发票专用章

25－1

中国工商银行
支票存根
10204430
02034104

附加信息

出票日期：2010 年 12 月 11 日

收款人：中山市宝利塑料制品有限公司

金额：¥312 800.00

用途：工资

单位主管　　会计

本支票付款期限十天

中国工商银行　支票 02034104　10204430 02034104

出票日期（大写）贰零壹零年壹拾贰月壹拾壹日

付款行名称：工商银行中山南区支行

收款人：中山市宝利塑料制品有限公司

出票人账号：2012002909108484 88

| 人民币（大写） | 叁拾壹万贰仟捌佰元整 | 亿 | 千 | 百 | 十 | 万 | 千 | 百 | 十 | 元 | 角 | 分 |
|---|---|---|---|---|---|---|---|---|---|---|---|---|
| | | | | ¥ | 3 | 1 | 2 | 8 | 0 | 0 | 0 | 0 |

用途：工资

上列款项请从
我账户内支付
出票人签章

密码

行号 102589000222

复核　　记账

中山市宝利塑料制品有限公司财务专用章

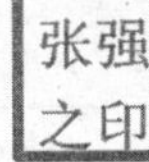

26－1

中国工商银行
支票存根
10204430
02034105

附加信息

出票日期:2010 年 12 月 11 日

| 收款人：中山市宝利塑料制品有限公司 |
|---|
| 金额：￥31 280.00 |
| 用途：住房公积金 |

单位主管　　会计

本支票付款期限十天

中国工商银行　支票 02034105　　10204430 02034105

出票日期（大写）贰零壹零年壹拾贰月壹拾壹日
付款行名称：工商银行中山南区支行
收款人：中山市宝利塑料制品有限公司
出票人账号：201200290910848488

| 人民币（大写） | 叁万壹仟贰佰捌拾元整 | 亿 | 千 | 百 | 十 | 万 | 千 | 百 | 十 | 元 | 角 | 分 |
|---|---|---|---|---|---|---|---|---|---|---|---|---|
| | | | | | ￥ | 3 | 1 | 2 | 8 | 0 | 0 | 0 |

用途：住房公积金
上列款项请从　　密码
我账户内支付　　行号 102589000222
出票人签章　　复核　　记账

中山市宝利塑料制品有限公司财务专用章　　张强之印

26－2

## （中国建设银行）进账单（收账通知）

2010 年 12 月 11 日

| 付款人 | 全称 | 中山市宝利塑料制品有限公司 | 收款人 | 全称 | 中山市宝利塑料制品有限公司 |
|---|---|---|---|---|---|
| | 账号或地址 | 201200290910848488 | | 账号 | 203201090910795678 |
| | 开户银行 | 工商银行中山南区支行 | | 开户银行 | 建设银行中山三三路支行 |

| 托收金额 | 人民币（大写） | 叁万壹仟贰佰捌拾元整 | 亿 | 千 | 百 | 十 | 万 | 千 | 百 | 十 | 元 | 角 | 分 |
|---|---|---|---|---|---|---|---|---|---|---|---|---|---|
| | | | | | ￥ | 3 | 1 | 2 | 8 | 0 | 0 | 0 | |
| 附件 | | | 合同名称号码 | | | | | | | | | | |
| 附寄单证张数 | | | 转住房公积金专户 | | | | | | | | | | |
| 备注 | | | 款项收妥日期 | 收款人开户银行签章 | | | | | | | | | |

此联是收款单位开户银行给收款单位的收账通知在款项收妥后

中国建设银行 中山三三路支行 2010.12.11 业务办讫章

27－1

## 中国工商银行他代本客户回单（借）

凭证号：0

2010 年 12 月 11 日　　币种：人民币　　单位：元

| 付款人 | | | 收款人 | | |
|---|---|---|---|---|---|
| | 全称 | 中山市宝利塑料制品有限公司 | | 全称 | |
| | 账号 | 201200290910848488 | | 账号 | |
| | 开户银行 | 工商银行中山南区支行 | | 记账行 | 分行业务处理中心 |
| 金额 | 人民币　陆万伍仟伍佰零玖元贰角柒分 | | | | ￥65 509. 27 |
| 备注：社会保险费<br>网外账号<br>交易代码：8098 | | | | 中国工商银行中山南区支行<br>2010.12.11<br>核算专用章 | |

代理网点记账员号 101　　银行盖章

27－2

## 电子缴税凭证

填发日期：2010 年 12 月 11 日　　电子交易流水号：32010540998823889

纳税人代码：440784618888333　　征收机关：中山市地方税务局（本级）

纳税人全称：中山市宝利塑料制品有限公司　　开户银行：工商银行中山市分行

缴款账号：201200290910848488　　国　　库：中山市中心支库

| 税种（品目名称） | 预算科目、预算级次 | 税款所属时期 | 实缴金额 |
|---|---|---|---|
| 8. 2 社会保险基金收入 | 企业基本养老保险（单位） | 20101101—20101130 | 24 894. 00 |
| 8. 2 社会保险基金收入 | 企业基本养老保险（个人） | 20101101—20101130 | 25 024. 00 |
| 8. 2 社会保险基金收入 | 基本医疗保险（单位） | 20101101—20101130 | 9 335. 27 |
| 8. 2 社会保险基金收入 | 基本医疗保险（个人） | 20101101—20101130 | 6 256. 00 |
| 金额合计 | （大写）陆万伍仟伍佰零玖元贰角柒分 | | ￥65 509. 27 |
| 备注 | 扣账日期：2010 年 12 月 11 日<br>电子税票号：32010121104799958 | 中国工商银行中山南区支行<br>2010.12.11<br>转讫 | |

此凭证不得用于收取现金，仅作纳税人电子转账缴税凭证

主办：　　复核：

28 -1

## 中国工商银行他代本客户回单（借）

凭证号：0

2010 年 12 月 11 日　币种：人民币　单位：元

| 付款人 | 全称 | 中山市宝利塑料制品有限公司 | 收款人 | 全称 | |
|---|---|---|---|---|---|
| | 账号 | 2012002909108484888 | | 账号 | |
| | 开户银行 | 工商银行中山南区支行 | | 记账行 | 分行业务处理中心 |
| 金额 | 人民币　陆仟玖佰伍拾肆元整 | | | | ¥6 954.00 |
| 备注：地税 26720898<br>网外账号<br>交易代码：8098 | | | | | 中国工商银行中山南区支行<br>2010.12.11<br>核算专用章 |

代理网点记账员号：110　银行盖章

28 -2

## 电子缴税凭证

填发日期：2010 年 12 月 11 日　电子交易流水号：32010540998823889

纳税人代码：440784618888333　征收机关：中山市地方税务局（本级）
纳税人全称：中山市宝利塑料制品有限公司　开户银行：工商银行中山市分行
缴款账号：2012002909108484888　国　库：中山市中心支库

| 税种（品目名称） | 预算科目、预算级次 | 税款所属时期 | 实缴金额 |
|---|---|---|---|
| 05 个人所得税 | 工资薪金所得 | 20101101—20101130 | 6 954.00 |
| 金额合计 | （大写）陆仟玖佰伍拾肆元整 | | ¥6 954.00 |
| 备注 | 扣账日期：2010 年 12 月 11 日<br>电子税票号：32010121104798088 | | 中国工商银行中山南区支行<br>2010.12.11<br>转讫 |

此凭证不得用于收取现金，仅作纳税人电子转账缴税凭证

主办：　复核：

29－1

## 费用报销单

报销部门：　　　2010年12月11日　　　单据及附件共　　页

<table>
<tr><td>报销项目</td><td>摘　要</td><td>金　额</td><td rowspan="3">备<br>注</td><td rowspan="3"></td></tr>
<tr><td></td><td></td><td></td></tr>
<tr><td></td><td></td><td></td></tr>
<tr><td></td><td></td><td></td><td rowspan="4">领<br>导<br>审<br>批</td><td rowspan="4"></td></tr>
<tr><td></td><td></td><td></td></tr>
<tr><td></td><td></td><td></td></tr>
<tr><td colspan="2">合　　计</td><td></td></tr>
<tr><td>金额大写：</td><td></td><td>原借款</td><td></td><td>应退(补)款</td></tr>
</table>

会计主管：　　　复核：　　　出纳：　　　报销人：

29－2

### 广东省广州市地方税务局通用机打发票

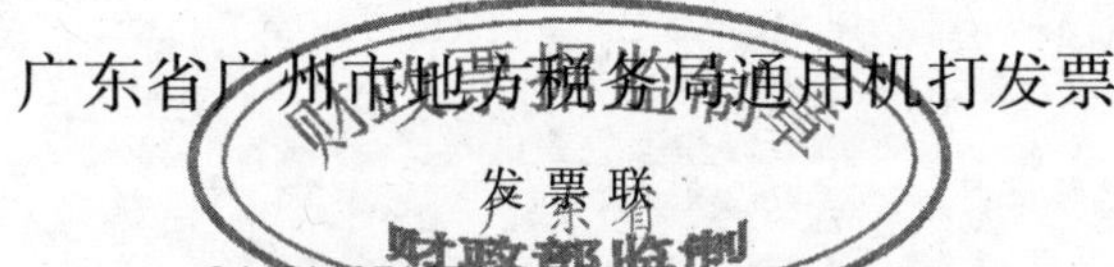


发票联

发票代码　　244011071574

发票号码　　15074672

| 入口 | 出口 | 车型 | 金额（元） |
|---|---|---|---|
| 平沙南 | | 1 | 10 |
| | 沙贝 | | |

收费员　　时间

000324　　2010－12－10 10：24 AM

29－3

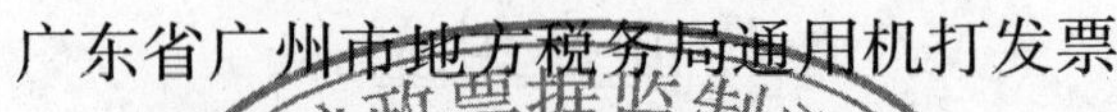

## 广东省广州市地方税务局通用机打发票

财政票据监制章 广东省财政部监制

发票联

发票代码 244010457632

发票号码 67074587

| 入口 | 出口 | 车型 | 金额（元） |
|---|---|---|---|
| 江门 | 火村 | 1 | 60 |

| 收费员 | 时间 |
|---|---|
| 000567 | 2010－12－109:46 AM |

粤港澳高速公路有限公司 440102618405678 发票专用章

---

29－4

## 广东省广州市地方税务局通用机打发票

财政票据监制章 广东省财政部监制

发票联

发票代码 244010086349

发票号码 65339876

| 入口 | 出口 | 车型 | 金额（元） |
|---|---|---|---|
| 火村 | 中山城区 | 1 | 60 |

| 收费员 | 时间 |
|---|---|
| 000123 | 2010－2－1019:46 PM |

粤港澳高速公路有限公司 440102618405678 发票专用章

29 - 5

广东省车辆通告费定额专用票据

12

HK418887

财政

壹拾元整 ¥10.00

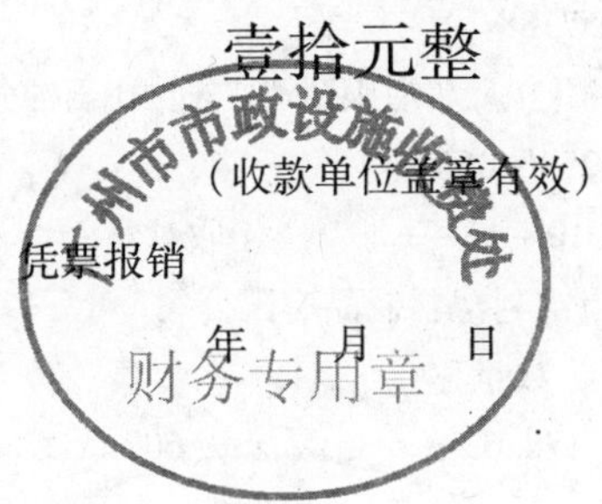


（收款单位盖章有效）

凭票报销 过期作废

年 月 日

广东省财政厅印制

29 - 6

广 东 省 地 方 税 收 通 用 定 额 发 票

GENERAL QUOTA INVOICE FOR GUANGDONG LOCAL TAXATION

发 票 联

发票代码 244001000431
CODE

5

发票号码 43962112
NO.

伍圆

付款方名称
PAYER
经营项目：
ITEM

开票日期： 年 月 日 收款方（盖章）
DATE ISSUDE

29－7

广东省中山市国家税务局通用机打发票

财政票据监制章

发票联

广东省

财政部监制

发票代码 144201120001

发票号码 00140787

机打号： 00140787

机器编号： 007530057188

收款单位： 中国石油化工股份有限公司广东中山石油分公司

税务登记号： 442000725464355

开票日期 2010－12－1 收款员： 张日运

付款单位（个人）： 中山市宝利塑料制品有限公司

| 项目 | 单价 | 数量 | 金额 |
| --- | --- | --- | --- |
| 97 号汽油 | 7.63 | 78.63 | 600 |

合计（小写）： ¥600.00

合计（大写）： 陆佰元整

税控码： 2956 5565 7523 3516 8809

中国石油化工股份有限公司广东中山石油分公司
442000725464355
发票专用章

29－8

广东省中山市国家税务局通用机打发票

财政票据监制章

发票联

广东省

财政部监制

发票代码 144201120001

发票号码 00141895

机打号： 00141895

机器编号： 007530057188

收款单位： 中国石油化工股份有限公司广东中山石油分公司

税务登记号： 442000725464355

开票日期 2010－12－06 收款员： 张日运

付款单位（个人）： 中山市宝利塑料制品有限公司

| 项目 | 单价 | 数量 | 金额 |
| --- | --- | --- | --- |
| 97 号汽油 | 7.63 | 78.63 | 600 |

合计（小写）： ¥600.00

合计（大写）： 陆佰元整

税控码： 2956 5565 7523 3516 9303

中国石油化工股份有限公司广东中山石油分公司
442000725464355
发票专用章

29－9

广东省中山市国家税务局通用机打发票

发票联

发票代码 144201120001

发票号码 00142958

机打号： 00142958

机器编号： 007530057188

收款单位： 中国石油化工股份有限公司广东中山石油分公司

税务登记号： 442000725464355

开票日期 2010－12－11 收款员： 张日运

付款单位（个人）： 中山市宝利塑料制品有限公司

| 项目 | 单价 | 数量 | 金额 |
|---|---|---|---|
| 97 号汽油 | 7.63 | 78.63 | 600 |

合计（小写）： ￥600.00

合计（大写）： 陆佰元整

税控码： 2956 5565 7523 3516 8809

（印章：中国石油化工股份有限公司广东中山石油分公司 442000725464355 发票专用章）

30－1

## 中国工商银行 电汇凭证（付款通知）

委托日期： 2010 年 12 月 12 日 第 2 号

<table>
<tr><td rowspan="3">汇款人</td><td>全称</td><td>中山市宝利塑料制品有限公司</td><td rowspan="3">收款人</td><td>全称</td><td colspan="2">东莞市多宝包装材料有限公司</td></tr>
<tr><td>账号或住址</td><td>201200290910848488</td><td>账号或住址</td><td colspan="2">260010180010010222</td></tr>
<tr><td>汇出地点</td><td>工商银行中山南区支行</td><td>汇入地点</td><td colspan="2">东莞市农村信用合作联社企石信用社</td></tr>
<tr><td colspan="2">金额</td><td colspan="4">人民币（大写） 壹万贰仟叁佰陆拾元整</td><td>千百十万千百十元角分<br>￥1 2 3 6 0 0 0</td></tr>
<tr><td colspan="3">汇款用途：货款</td><td colspan="4" rowspan="3">汇款行盖章（印章：中国工商银行 中山南区支行 2010.12.12 业务办讫章）<br>年 月 日</td></tr>
<tr><td colspan="3">上列款项已根据委托办理，如需查询，请持此回单来行面洽。</td></tr>
<tr><td colspan="3">单位主管 会计 出纳 记账</td></tr>
</table>

此联是汇出行给汇款人的付款通知

30－2

4400089468 广东省增值税专用发票 № 60210506

代开 发票联 开票日期：2010年12月11日

<table>
<tr><td rowspan="4">购货单位</td><td>名称</td><td>中山市宝利塑料制品有限公司</td><td rowspan="4">密码区</td><td rowspan="4" colspan="5"></td></tr>
<tr><td>纳税人识别号</td><td>440784618888333</td></tr>
<tr><td>地址、电话</td><td>中山市南区大宝路56号</td></tr>
<tr><td>开户行及账号</td><td>工商银行中山南区支行<br>20120029091084848</td></tr>
<tr><td colspan="2">货物或应税劳务名称</td><td>规格型号</td><td>单位</td><td>数量</td><td>单价</td><td>金额</td><td>税率</td><td>税额</td></tr>
<tr><td colspan="2">纸箱</td><td></td><td>个</td><td>8 000</td><td>1.50</td><td>12 000.00</td><td>3%</td><td>360.00</td></tr>
<tr><td colspan="2">合计</td><td></td><td></td><td></td><td></td><td>¥12 000.00</td><td></td><td>¥360.00</td></tr>
<tr><td colspan="2">价税合计（大写）</td><td colspan="4">壹万贰仟叁佰陆拾元整</td><td colspan="3">（小写） ¥12 360.00</td></tr>
<tr><td rowspan="4">销货单位</td><td>名称</td><td>东莞市国家税务局办税服务厅（二）（代开机关）</td><td rowspan="4">备注</td><td rowspan="4" colspan="5">代开企业税号：<br>441900666888999<br>代开企业名称：东莞市多宝包装材料有限公司</td></tr>
<tr><td>纳税人识别号</td><td>44190061DK00066（代开机关）</td></tr>
<tr><td>地址、电话</td><td>东莞市企石下截村第二工业区<br>0769－86744777</td></tr>
<tr><td>开户行及账号</td><td>00445010018235108888（完税凭证号）</td></tr>
<tr><td>收款人</td><td>×××</td><td>复核</td><td></td><td>开票人</td><td>×××</td><td colspan="3">销货单位（章）</td></tr>
</table>

第二联：发票联 购货方记账凭证

30－3

## 材料入库验收单

2010年12月12日

| 品名 | 规格 | 单位 | 数量 | | 实际价格 | | | | 计划价格 | |
|---|---|---|---|---|---|---|---|---|---|---|
| | | | 来料数 | 实际数 | 单价 | 总价 | 运杂费 | 合计 | | |
| 纸箱 | | 个 | 8 000 | 8 000 | | | | | | |
| | | | | | | | | | | |
| | | | | | | | | | | |
| | | | | | | | | | | |
| | | | | | | | | | | |
| 合计 | | | | | | | | | | |

供销主管：李景山 验收保管：刘燕 采购：吕青华 制单：

第三联：会计记账联



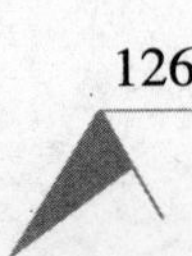

31－1

## 中国工商银行汇票委托书（存根） NO. 69588

委托日期：2010 年 12 月 13 日　　　　第　　号

| 汇款人 | 中山市宝利塑料制品有限公司 | | | 收款人 | 佛山市新新塑料制品有限公司 | | | | | | | | | |
|---|---|---|---|---|---|---|---|---|---|---|---|---|---|---|
| 账号或住址 | 20120029091084848 8 | | | 账号或住址 | 21120110022555668 8 | | | | | | | | | |
| 兑付地点 | 广东省中山市 | 兑付行 | 工商银行中山南区支行 | 汇款用途 | 货款 | | | | | | | | | |
| 汇款金额 | 人民币（大写） | 肆万陆仟捌佰元整 | | 千 | 百 | 十 | 万 | 千 | 百 | 十 | 元 | 角 | 分 | |
| | | | | | | ¥ | 4 | 6 | 8 | 0 | 0 | 0 | 0 | |
| 备注 | | | | 科目 | | | | | | | | | | |
| | | | | 对方科目 | | | | | | | | | | |
| | | | | 财务主管 | 复核 | 经办 | | | | | | | | |

中国工商银行 中山南区支行 2010.12.13 业务办讫章

32－1

## 广东省增值税专用发票 № 08170504

发票联　　开票日期：2010 年 12 月 14 日

| 购货单位 | 名称 | 中山市宝利塑料制品有限公司 | | | | | 密码区 | |
|---|---|---|---|---|---|---|---|---|
| | 纳税人识别号 | 440784618888333 | | | | | | |
| | 地址、电话 | 中山市南区大宝路 56 号 0760－88998888 | | | | | | |
| | 开户行及账号 | 工商银行中山南区支行 201200290910848488 | | | | | | |
| 货物或应税劳务名称 | 规格型号 | 单位 | 数量 | 单价 | 金额 | 税率 | 税额 | |
| 低密度 PE 料 | | 千克 | 2 000 | 16.00 | 32 000.00 | 17% | 5 440.00 | |
| 高密度 PE 料 | | 千克 | 3 000 | 12.50 | 37 500.00 | 17% | 6 375.00 | |
| 合计 | | | | | ¥69 500.00 | | ¥11 815.00 | |
| 价税合计（大写） | 捌万壹仟叁佰壹拾伍元整 | | | | （小写） | ¥81 315.00 | | |
| 销货单位 | 名称 | 广州天宏塑料制品贸易有限公司 | | | | | 备注 | |
| | 纳税人识别号 | 440107733355577 | | | | | | |
| | 地址、电话 | 广州市荔湾区花地大道 3 号 020－81666555 | | | | | | |
| | 开户行及账号 | 深圳发展银行广州分行东山支行 11006667776006227 7 | | | | | | |

收款人：×××　　复核　　开票人：×××　　销货单位（章）

第二联：发票联 购货方记账凭证

财政票据监制章 广东省财政部监制

广州天宏塑料制品贸易有限公司 440852607964521 发票专用章

32－2

## 中国工商银行　信汇凭证（付款通知）

委托日期：　2010 年 12 月 14 日　　第 2 号

| | | | | | |
|---|---|---|---|---|---|
| 汇款人 | 全称 | 中山市宝利塑料制品有限公司 | 收款人 | 全称 | 广州天宏塑料制品贸易有限公司 |
| | 账号或住址 | 201200290910848488 | | 账号或住址 | 110066677760062277 |
| | 汇出地点 | 工商银行中山南区支行 | | 汇入地点 | 深圳发展银行广州分行东山支行 |
| 金额 | | 人民币（大写） | 捌万壹仟叁佰壹拾伍元整 | 千百十万千百十元角分 | ¥8131500 |
| 汇款用途：货款 | | | 汇款行盖章 中国工商银行 中山南区支行 2010.12.14 业务办讫章 | | |
| 上列款项已根据委托办理，如需查询，请持此回单来行面洽。 | | | 年　月　日 | | |
| 单位主管　会计　出纳　记账 | | | | | |

此联是汇出行给汇款人的付款通知

32－3

## 材料入库验收单

2010 年 12 月 14 日

| 品名 | 规格 | 单位 | 数量 | | 实际价格 | | | | 计划价格 | |
|---|---|---|---|---|---|---|---|---|---|---|
| | | | 来料数 | 实际数 | 单价 | 总价 | 运杂费 | 合计 | | |
| 低密度 PE 料 | | 千克 | 2 000 | 2 000 | | | | | | |
| 高密度 PE 料 | | 千克 | 3 000 | 3 000 | | | | | | |
| | | | | | | | | | | |
| | | | | | | | | | | |
| 合计 | | | | | | | | | | |

供销主管：李景山　　验收保管：刘燕　　采购：吕青华　　制单：

第三联：会计记账联

33－1

## 固定资产验收单

2010 年 12 月 14 日 编号

| 名称 | 规格型号 | 来源 | 数量 | 购（造）价 | 使用年限 | 预计残值 | |
|---|---|---|---|---|---|---|---|
| 设备 | | 捐赠 | 1 | 10 000 | 10 | 10% | |
| 安装费 | 月折旧率 | 建造单位 | | 交工日期 | | 附件 | |
| | | | | 年 月 日 | | | |
| 验收部门 | 设备科 | 验收人员 | 刘勇 | 管理部门 | 设备科 | 管理人员 | 孙革 |

备注

34－1

## 上海市服务业统一发票

发票联 发票代码 231000870352

发票号码 00049995

财政票据监制章 上海市 财政部监制

| 客户名称 | 中山市宝利塑料制品有限公司 | | 税控装置防伪码<br>机打票号 | | |
|---|---|---|---|---|---|
| 项目 | 摘要 | 单位 | 数量 | 单价 | 金额 |
| 展位费 | | 个 | 1 | 80 000.00 | 80 000.00 |
| 合计金额（大写） | 捌万元整 | | | | ￥80 000.00 |
| 收款单位<br>税务登记号<br>地址、电话<br>客户银行及账号 | 上海包装材料展览会<br>240900764888777<br>上海市南京路 88 号<br>浦东发展银行南京路支行<br>392495865578947642 | | 税控装置号<br>开票日期 2010.12.12<br>手写无效 | | |

上海包装材料展览会 发票专用章

收款人： 复核： 开票人：

35－1

中国工商银行
支票存根
10204430
02034106

附加信息

出票日期： 年 月 日

| 收款人： |
|---|
| 金额： |
| 用途： |

单位主管 会计

本支票付款期限十天

中国工商银行 支票 02034106

10204430
02034106

出票日期（大写） 年 月 日 付款行名称：
收款人： 出票人账号：

| 人民币（大写） | | 亿 | 千 | 百 | 十 | 万 | 千 | 百 | 十 | 元 | 角 | 分 |
|---|---|---|---|---|---|---|---|---|---|---|---|---|
| | | | | | | | | | | | | |

用途：
上列款项请从 密码
我账户内支付 行号 102589000222
出票人签章 复核 记账

中山市宝利塑料制品有限公司财务专用章　张强之印

35－2

广东省地方税收通用发票（电子）

电子发票 手写无效

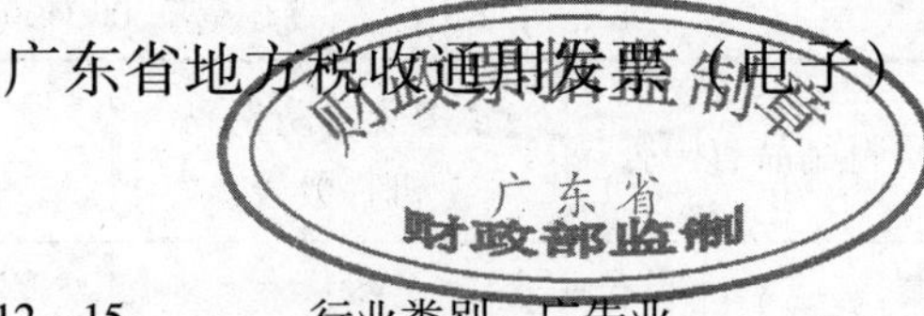


发票代码 244071008080
发票号码 01566899

开票日期：2010－12－15 行业类别：广告业

付款方名称：（单位）中山市宝利塑料制品有限公司
付款方识别号：
收款方名称：中山市电视台
收款方识别号：440703745688988
主管税务机关：中山市东区地方税务局

| 序号 | 开票项目说明 | 金额（元） | 备注 |
|---|---|---|---|
| 1 | 广告费 | 10 000.00 | 2010 年度广告费 |

合计（大写）：人民币壹万元整 合计（小写）￥10 000.00
附注：
开票单位盖章：（中山市电视台 财务专用章） 开票人：杨英

发票联：付款方付款凭证

NO. 1003001

36－1

## 产 品 入 库 单

2010 年 12 月 15 日

| 产品名称 | 计量单位 | 实收数量 | 单位成本 | 实际成本 |
|---|---|---|---|---|
| 棕色瓶 | 箱 | 3 200 | | |
| 白色瓶 | 箱 | 3 180 | | |
| | | | | |
| 合计 | | | | |

记账： 主管： 保管：

---

37－1

## 销 售 发 票 通 知 单

2010 年 12 月 15 日 No：103

<table>
<tr><td rowspan="2">购货单位</td><td>名称</td><td colspan="3">日本樱花化妆品株式会社</td><td colspan="8">纳税人登记号</td><td colspan="8"></td></tr>
<tr><td>地址、电话</td><td colspan="3">日本东京新宿 1－68</td><td colspan="8">开户银行及账号</td><td colspan="8"></td></tr>
<tr><td colspan="2" rowspan="2">货物或应税劳务名称</td><td rowspan="2">计量单位</td><td rowspan="2">数量</td><td rowspan="2">单价</td><td colspan="8">金额</td><td>税率</td><td colspan="7">税额</td></tr>
<tr><td>十</td><td>万</td><td>千</td><td>百</td><td>十</td><td>元</td><td>角</td><td>分</td><td>%</td><td>万</td><td>千</td><td>百</td><td>十</td><td>元</td><td>角</td><td>分</td></tr>
<tr><td colspan="2">棕色瓶</td><td>箱</td><td>3 000</td><td>10</td><td></td><td>3</td><td>0</td><td>0</td><td>0</td><td>0</td><td>0</td><td>0</td><td></td><td></td><td></td><td></td><td></td><td></td><td></td><td></td></tr>
<tr><td colspan="2"></td><td></td><td></td><td></td><td></td><td></td><td></td><td></td><td></td><td></td><td></td><td></td><td></td><td></td><td></td><td></td><td></td><td></td><td></td><td></td></tr>
<tr><td colspan="2"></td><td></td><td></td><td></td><td></td><td></td><td></td><td></td><td></td><td></td><td></td><td></td><td></td><td></td><td></td><td></td><td></td><td></td><td></td><td></td></tr>
<tr><td colspan="2">合计</td><td></td><td></td><td></td><td>$</td><td>3</td><td>0</td><td>0</td><td>0</td><td>0</td><td>0</td><td>0</td><td></td><td></td><td></td><td></td><td></td><td></td><td></td><td></td></tr>
<tr><td colspan="2">价税合计（大写）</td><td colspan="19">美元叁万元整 USD30 000. 00</td></tr>
<tr><td colspan="2">合同号</td><td colspan="5"></td><td colspan="4">销货人员</td><td colspan="4"></td><td colspan="3">会计</td><td colspan="3"></td></tr>
</table>

37－2

# 出 库 单

购货单位：日本樱花化妆品株式会社　　2010 年 12 月 15 日　　编号：

| 产品编号 | 产品名称规格 | 单位 | 数量 | 单位成本 | 总成本 | 备注 |
|---|---|---|---|---|---|---|
| | 棕色瓶 | 箱 | 3 000 | | | |
| | | | | | | |
| | | | | | | |
| 合 计 | | | | | | |

主管：郑坤海　　保管员：罗亚萍　　提货人：张丽　　制单：　　会计：

---

38－1

注：当日美元汇率为卖出价 6.6022、中间价 6.5860。

中国工商银行
支票存根
10204430
02034107

附加信息

出票日期：　年　月　日

收款人：

金额：

用途：

单位主管　　会计

本支票付款期限十天

中国工商银行　支票 02034107　10204430 02034107

出票日期（大写）　年　月　日　付款行名称：
收款人：　出票人账号：

| 人民币（大写） | | 亿 | 千 | 百 | 十 | 万 | 千 | 百 | 十 | 元 | 角 | 分 |
|---|---|---|---|---|---|---|---|---|---|---|---|---|
| | | | | | | | | | | | | |

用途：

上列款项请从　　密码
我账户内支付　　行号 102589000222
出票人签章　　复核　　记账

中山市宝利塑料制品有限公司财务专用章　　张强之印

38－2

广东省深圳市国际货物运输代理业务专用发票　　发票代码244030889888
INTERNATIONAL FREIGHT FORWARDING SPECIAL INVOICE　　发票号07429999
IN SHENZHEN GUANGDONG

财政票据监制章 发票联深圳市 地方税务局监制

发票联
INVOICE

开户银行名称：建设银行宝安办事处
账号：RMB　020002610405193399
BANK ACCOUNT：

付款单位：中山市宝利塑料制品有限公司　开票日期
PAYER ______　DATE ISSUED　2010－12－15
船名/航次/航班/车次　提（运）单号：JSMEXA1234A 开航日期
VESSEL/VOY/FRT/TRAIN NO. HUA-JPO VULPECULA　B/L NO. ______ DATE SAILED ______
起运港 CHIWAN　卸货港　目的港
LOAD PROT ______　DIS. PORT ______ DESTINATION ______

| 收费内容（货物名称，数量，单价）<br>PARTICULARS（DESCRIPTIONS，QUANTITY，UNIT PRICE） | 金额<br>AMOUNT | 备注<br>REMARKS |
|---|---|---|
| 代理运费 | USD1 974.00 | |
| 金额合计（大写）美元壹仟玖佰柒拾肆元整<br>TOTAL IN CAPITAL | 合计 USD 1 974.00<br>LUMP SUM | |

第二联：发票联（付款方报销凭证）

企业签章　工商登记号 332000400033333　复　核　制单：郑金
BUSINESS SIGN　BUSINESS RECISTER NO.　CHECKED BY　ISSUED BY
深圳市宝安机场航空货运公司 020002610405193399 发票专用章
税务登记号 440300280953217　（手开无效）
TAX RECISTER NO.　（HAND WRITING NULL AND VOID）

39－1

注：当日美元中间价为6.595 2。

# 广东省出口商品统一发票

Guangdong Province Exprot Goods Unify Invoice　　出口专用

发票代码 144001027025

发票号码 05453358

购货单位：日本樱花化妆品株式会社
Purchaser：

地址：日本东京银厦座5号　　电话：0081388776655　　开票日期：2010 年 12 月 16 日
Add：　　Tel：　　Issued date：Year Month Date

| 合同号码 Contract NO. | YF2010 | 贸易方式 Trade Method | 一般贸易 | 收款方式 Foreign Excange Collection Form | 先出后结 |
|---|---|---|---|---|---|
| 开户银行及账号 Bank where account opened & A/C Number | 工商银行中山南区支行 201200290910848488 | 发运港 Port of Departure | 中山 | 转运港 Port of Transshipment | |
| 信用证号 L/C NO. | | 运输工具 Means of Transportation | 空运 | 目的港 Port of Destination | 日本东京 |
| 定单号码 P. O. NO. | 品名规格 Description and Specification of Goods | 单位 Unit | 数量 Quantity | 销售单价 Unit Price | 销售总额 Total Sales Amount |
| | 棕色塑料瓶 | 箱 | 3 000 | 10.00 | USD 30 000.00 |
| 合计金额大写（币种：美元） Total Amount（Currency） | 叁万元整 | | （小写） Total Amount | USD30 000.00 | |
| 备注 Notes | | | | | |

销售单位（盖章）中山市宝利塑料制品有限公司

地址：中山市南区大宝路56号　　Address of Seller：

电话：0760－88998888　　Tel：

传真：0760－88998889　　Fax：

中山市宝利塑料制品有限公司
440784618888333
发票专用章

39－2

数据中心统一编号：000000000751199999

# 中华人民共和国海关出口货物报送单

预录入编号：981510431　　　　海关编号：519820110981399999

| 出口口岸 东山海关 | 备案号 | 出口日期 | | 申报日期 |
|---|---|---|---|---|
| 经营单位<br>中山市宝利塑料制品有限公司 | 运输方式<br>空运 | 运输工具名称 | | 提运单号<br>JSMEXA1234A |
| 发货单位<br>中山市宝利塑料制品有限公司 | 贸易方式<br>一般贸易 | 征免性质<br>免抵退 | | 结汇方式<br>先出后结 |
| 许可证号 | 运抵国（地区）<br>日本 | 指运港<br>日本 东京港 | | 境内货源地<br>中山 |
| 批准文号 857893847 | 成交方式 FOB | 运费 | 保费 | 杂费 |
| 合同协议号 QY2010 | 件数 3000 | 包装种类<br>其他 | 毛重（公斤）<br>3 000 | 净重（公斤）<br>2 891 |
| 集装箱号 | 随附单据 | | | 生产厂家 |
| 标记唛码及备注<br>随附单证　441600211003367000 | | | | |
| 项号 商品编号 商品名称 规格型号 数量及单位 最终目的国（地区） 单价 总价 币制 征免 | | | | |
| 001　05119119　棕色塑料瓶　C级　3000箱　日本　10.00　30 000.00美元　照章征税 | | | | |
| 以下空白 | | | | |
| 税费征收情况 | | | | |
| 录入员 001　录入单位 | 兹申明以上申报无讹并承担法律责任<br>申报单位（签章）<br>中山口岸报关报检服务有限公司<br>填制日期 2010. 12. 16 | | 海关审单批注及放行日期（签章） | |
| 报关员　王小平 | | | 审单　审价 | |
| 单位地址<br>邮编　电话 | | | 征税　统计<br>查验　放行 | |

中山中岸报关报检服务有限公司 报关专用章

40－1

## 凭证工本费清单

2010年12月16日

| 账号 | 201200290910848488 | 凭证名称 | 本数 | 单价 | 金额 | 手续费 |
|---|---|---|---|---|---|---|
| 单位名称 | 中山市宝利塑料制品有限公司 | 支票 | 1 | 30.00 | ¥30.00 | |
| 现金付讫 | | | | | | |
| | | 合计金额（大写）叁拾元整 | | | | |

第一联：付款人记账凭证

41－1

中国工商银行
支票存根
10204430
02034108

附加信息

出票日期：　年　月　日

收款人：

金额：

用途：

单位主管　　会计

本支票付款期限十天

中国工商银行　支票02034108　10204430 02034108

出票日期（大写）　年　月　日　付款行名称：
收款人：　出票人账号：

| 人民币（大写） | | 亿 | 千 | 百 | 十 | 万 | 千 | 百 | 十 | 元 | 角 | 分 |
|---|---|---|---|---|---|---|---|---|---|---|---|---|
| | | | | | | | | | | | | |

用途：
上列款项请从　密码
我账户内支付　行号 102589000222
出票人签章　复核　记账

中山市宝利塑料制品有限公司财务专用章　张强之印

41－2

## 广东省增值税专用发票

发票联

№ 53112537

开票日期：2010 年 12 月 16 日

| 购货单位 | 名称 | 中山市宝利塑料制品有限公司 | 密码区 | |
|---|---|---|---|---|
| | 纳税人识别号 | 440784618888333 | | |
| | 地址、电话 | 中山市南区大宝路 56 号 0760－88998888 | | |
| | 开户行及账号 | 工商银行中山南区支行 20120029091084848 8 | | |

| 货物或应税劳务名称 | 规格型号 | 单位 | 数量 | 单价 | 金额 | 税率 | 税额 |
|---|---|---|---|---|---|---|---|
| 韩国 PC 料 | | 千克 | 5 000 | 23.00 | 115 000.00 | 17% | 19 550.00 |
| ABS 抽粒料 | | 千克 | 6 000 | 19.50 | 117 000.00 | 17% | 19 890.00 |
| 合计 | | | | | ¥232 000.00 | | ¥39 440.00 |
| 价税合计（大写） | 贰拾柒万壹仟肆佰肆拾元整 | | | | （小写） | ¥271 440.00 | |

| 销货单位 | 名称 | 中山市好景塑料制品有限公司 | 备注 | |
|---|---|---|---|---|
| | 纳税人识别号 | 44200071933388X | | 中山市好景塑料制品有限公司 44200071933388X 发票专用章 |
| | 地址、电话 | 中山市小榄镇东生大道 19 号 0760－21033339 | | |
| | 开户行及账号 | 交通银行小榄菊城办 484601500010004321 | | |

收款人：××× 复核： 开票人：××× 销货单位（章）

第二联：发票联 购货方记账凭证

41－3

## 材料入库验收单

2010 年 12 月 16 日

| 品名 | 规格 | 单位 | 数量 | | 实际价格 | | | | 计划价格 | |
|---|---|---|---|---|---|---|---|---|---|---|
| | | | 来料数 | 实际数 | 单价 | 总价 | 运杂费 | 合计 | | |
| 韩国 PC 料 | | 千克 | 5 000 | 5 000 | | | | | | |
| ABS 抽粒料 | | 千克 | 6 000 | 6 000 | | | | | | |
| | | | | | | | | | | |
| | | | | | | | | | | |
| 合计 | | | | | | | | | | |

供销主管：李景山 验收保管：刘燕 采购：吕青华 制单：

第三联：会计记账联

42 - 1

## 中山市宝利塑料制品有限公司　领料单

No. 65348689

领料部门：吹瓶车间　　　　2010 年 12 月 16 日　　　　发料仓库：原材料仓库

| 材料类别 | 名称 | 规格 | 计量单位 | 数量 | | 单价 | 金额 | 用途 |
|---|---|---|---|---|---|---|---|---|
| | | | | 请领 | 实领 | | | |
| | 纸箱 | | 个 | 3 300 | 3 300 | | | 棕色瓶用 |
| | 纸箱 | | 个 | 6 700 | 6 700 | | | 白色瓶用 |
| | | | | | | | | |
| | | | | | | | | |
| | | | | | | | | |
| | | | | | | | | |
| | | | | | | | | |
| 合计： | | | | | | | | |

仓库主管：张胜利　　发料人：王杰　　领料部门主管：陶然　　领料人：孙健

43 - 1

## 半 成 品 入 库 单

2010 年 12 月 16 日

| 产品名称 | 计量单位 | 实收数量 | 单位成本 | 实际成本 |
|---|---|---|---|---|
| 棕色瓶坯 | 箱 | 920 | | |
| 白色瓶坯 | 箱 | 640 | | |
| | | | | |
| 合计 | 箱 | 1 560 | | |

记账：　　　主管：　　　保管：

44－1

## 销售发票通知单

2010 年 12 月 16 日

| 购货单位 | 名称 | 深圳市欣欣贸易有限公司 | 纳税人登记号 | 440300777163999 |
|---|---|---|---|---|
| | 地址、电话 | 深圳市龙岗区横岗镇六约金塘工业区开明路 88 号 075528509999 | 开户银行及账号 | 建设银行深圳分行横岗支行 442015585000500765 |

| 货物或应税劳务名称 | 计量单位 | 数量 | 单价 | 金额 | | | | | | | | 税率 | 税额 | | | | | | |
|---|---|---|---|---|---|---|---|---|---|---|---|---|---|---|---|---|---|---|---|
| | | | | 十 | 万 | 千 | 百 | 十 | 元 | 角 | 分 | % | 万 | 千 | 百 | 十 | 元 | 角 | 分 |
| 棕色瓶 | 箱 | 1 500 | 50 | | 7 | 5 | 0 | 0 | 0 | 0 | 0 | 17% | 1 | 2 | 7 | 5 | 0 | 0 | 0 |
| | | | | | | | | | | | | | | | | | | | |
| | | | | | | | | | | | | | | | | | | | |
| 合计 | | | | | 7 | 5 | 0 | 0 | 0 | 0 | 0 | | 1 | 2 | 7 | 5 | 0 | 0 | 0 |
| 价税合计（大写） | 零拾捌万柒仟柒佰伍拾零元零角零分 | | | | | | | | | | | ￥87 750. 00 | | | | | | | |
| 合同号 | | | 销货人员 | | | | | | | | | 会计 | | | | | | | |

44－2

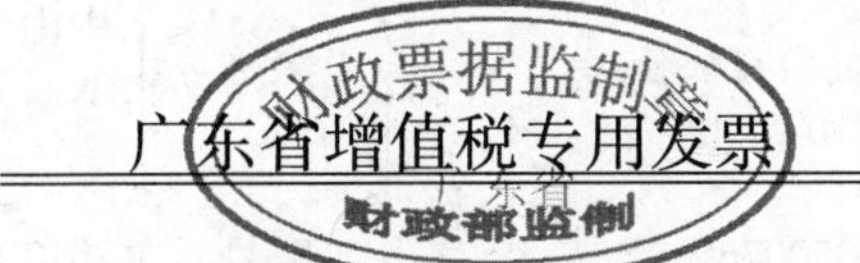


## 广东省增值税专用发票

NO. 0001003

此联不作报销、扣税凭证使用　　开票日期　年　月　日

| 购货单位 | 名称：<br>纳税人识别号：<br>地址、电话：<br>开户银行及账号： | | | | | 密码区 | | |
|---|---|---|---|---|---|---|---|---|
| 货物或应税劳务名称 | 规格型号 | 单位 | 数量 | 单价 | 金额 | 税率 | 税额 | |
| 合计 | | | | | | | | |
| 价税合计（大写） | | | （小写） | | | | | |
| 销货单位 | 名称：<br>纳税人识别号：<br>地址、电话：<br>开户银行及账号： | | | | | 备注 | 中山市宝利塑料制品有限公司<br>440784618888333<br>发票专用章 | |

第四联：记账联 销货方记账凭证

收款人：　　复核：　　开票人：　　销货单位（章）：

44 –3

## 出　库　单

购货单位：　　　　　　　　　　年　　月　　日　　　　　　　　　　编号：

| 产品编号 | 产品名称规格 | 单位 | 数量 | 单位成本 | 总成本 | 备注 |
|---|---|---|---|---|---|---|
| | | | | | | |
| | | | | | | |
| | | | | | | |
| 合　计 | | | | | | |

主管：　　　保管员：　　　提货人：　　　制单：　　　会计：

44 –4

**ICBC 中国工商银行**　　进账单（收款通知）3

2010 年 12 月 16 日

| | | | | | |
|---|---|---|---|---|---|
| 出票人 | 全称 | 深圳市欣欣贸易有限公司 | 收款人 | 全称 | 中山市宝利塑料制品有限公司 |
| | 账号 | 442015585000500765 | | 账号 | 201200290910848488 |
| | 开户银行 | 建设银行深圳分行横岗支行 | | 开户银行 | 工商银行中山南区支行 |

| 金额 | 人民币（大写） | 亿 | 千 | 百 | 十 | 万 | 千 | 百 | 十 | 元 | 角 | 分 |
|---|---|---|---|---|---|---|---|---|---|---|---|---|
| | 捌万柒仟柒佰伍拾元整 | | | | ¥ | 8 | 7 | 7 | 5 | 0 | 0 | 0 |

| | | | | |
|---|---|---|---|---|
| 票据种类 | | 票据张数 | | 中国工商银行 中山南区支行 2010.12.16 业务办讫章 |
| 票据号码 | | | | |
| 复核　　记账 | | | | 收款人开户银行签章 |

45－1

中国工商银行
支票存根
10204430
02034109

附加信息

出票日期：2010 年 12 月 16 日

收款人：中山市宝利塑料制品有限公司

金额：¥2 900.00

用途：备用金

单位主管　　会计

本支票付款期限十天

中国工商银行　支票 02034109　　10204430 02034109

出票日期（大写）贰零壹零年壹拾贰月壹拾陆日

付款行名称：工商银行中山南区支行

收款人：中山市宝利塑料制品有限公司

出票人账号：201200290910848488

| 人民币（大写） | 贰仟玖佰元整 | 亿 | 千 | 百 | 十 | 万 | 千 | 百 | 十 | 元 | 角 | 分 |
|---|---|---|---|---|---|---|---|---|---|---|---|---|
| | | | | | | | ¥ | 2 | 9 | 0 | 0 | 0 |

用途：备用金

上列款项请从　　密码
我账户内支付　　行号 102589000222
出票人签章　　复核　　记账

中山市宝利塑料制品有限公司财务专用章　张强之印

46－1

## 中山市宝利塑料制品有限公司　领料单

No. 65348691

领料部门：注塑车间　　2010 年 12 月 17 日　　发料仓库：原材料仓库

| 材料类别 | 名称 | 规格 | 计量单位 | 数量 | | 单价 | 金额 | 用途 |
|---|---|---|---|---|---|---|---|---|
| | | | | 请领 | 实领 | | | |
| 主要原料 | 韩国 PC 料 | | 千克 | 480 | 480 | | | 棕色瓶坯 |
| 主要原料 | 低密度 PE 料 | | 千克 | 274 | 274 | | | 棕色瓶坯 |
| 主要原料 | 高密度 PE 料 | | 千克 | 258 | 258 | | | 棕色瓶坯 |
| 主要原料 | ABS 抽粒料 | | 千克 | 546 | 546 | | | 棕色瓶坯 |
| 主要原料 | 棕色色粉 | | 千克 | 45 | 45 | | | 棕色瓶坯 |
| | | | | | | | | |
| | | | | | | | | |
| 合计： | | | | | | | | |

仓库主管：朱君　　发料人：刘燕　　领料部门主管：崔伟　　领料人：胡娟娟

46 -2

## 中山市宝利塑料制品有限公司　领料单

No. 65348692

领料部门：注塑车间　　2010 年 12 月 17 日　　发料仓库：原材料仓库

| 材料类别 | 名称 | 规格 | 计量单位 | 数量 | | 单价 | 金额 | 用途 |
|---|---|---|---|---|---|---|---|---|
| | | | | 请领 | 实领 | | | |
| 主要原料 | 韩国 PC 料 | 千克 | 800 | 800 | | | | 白色瓶坯 |
| 主要原料 | 低密度 PE 料 | 千克 | 457 | 457 | | | | 白色瓶坯 |
| 主要原料 | 高密度 PE 料 | 千克 | 430 | 430 | | | | 白色瓶坯 |
| 主要原料 | ABS 抽粒料 | 千克 | 910 | 910 | | | | 白色瓶坯 |
| | | | | | | | | |
| | | | | | | | | |
| | | | | | | | | |
| 合计： | | | | | | | | |

仓库主管：朱君　　发料人：刘燕　　领料部门主管：崔伟　　领料人：胡娟娟

47 -1

## 中山市宝利塑料制品有限公司　领料单

No. 65348693

领料部门：吹瓶车间　　2010 年 12 月 17 日　　发料仓库：半成品仓库

| 材料类别 | 名称 | 规格 | 计量单位 | 数量 | | 单价 | 金额 | 用途 |
|---|---|---|---|---|---|---|---|---|
| | | | | 请领 | 实领 | | | |
| 主要原料 | 棕色瓶坯 | | 箱 | 833 | 833 | | | 棕色瓶 |
| 主要原料 | 白色瓶坯 | | 箱 | 682 | 682 | | | 白色瓶 |
| | | | | | | | | |
| | | | | | | | | |
| | | | | | | | | |
| 合计： | | | | | | | | |

仓库主管：朱君　　发料人：刘燕　　领料部门主管：陶然　　领料人：胡娟娟

48 -1

中国工商银行 支票06039876

10204430
06039876

出票日期（大写） 贰零壹零年壹拾贰月壹拾陆日 付款行名称：工商银行中山西区支行

收款人：中山市宝利塑料制品有限公司 出票人账号：201200290910147258

本支票付款期限十天

| 人民币（大写） | 叁万伍仟壹佰元整 | 亿 | 千 | 百 | 十 | 万 | 千 | 百 | 十 | 元 | 角 | 分 |
|---|---|---|---|---|---|---|---|---|---|---|---|---|
| | | | | | ¥ | 3 | 5 | 1 | 0 | 0 | 0 | 0 |

用途：还前欠货款

上列款项请从 密码

我账户内支付 行号 102589000888

出票人签章 复核 记账

华联（中山）有限公司财务专用章 黄雯之印

48 -2

ICBC 中国工商银行 进账单（收款通知）3

2010年12月16日

| 出票人 | 全称 | | 收款人 | 全称 | |
|---|---|---|---|---|---|
| | 账号 | | | 账号 | |
| | 开户银行 | | | 开户银行 | |

| 金额 | 人民币（大写） | 亿 | 千 | 百 | 十 | 万 | 千 | 百 | 十 | 元 | 角 | 分 |
|---|---|---|---|---|---|---|---|---|---|---|---|---|
| | | | | | | | | | | | | |

| 票据种类 | | 票据张数 | | 中国工商银行 中山南区支行 2010.12.17 业务办讫章 |
|---|---|---|---|---|
| 票据号码 | | | | |
| 复核 记账 | | | | 收款人开户银行签章 |

49 －1

# 借 支 单

2010 年 12 月 18 日

| 工作部门 | 人力资源部 | 职务 | 人事助理 | 姓名 | 吴华 | 盖章 | |
|---|---|---|---|---|---|---|---|
| 借支金额 | 叁仟元整 | ¥3 000.00 | | | | | |
| 借款原因 | 上海出差 | | 附证件 | | | | |
| 还款日期 | 回公司一周内 | | | | | | |
| 批核 | 同意 | 董事长：张强 | | 本联供报销时销账 | | | |

现金付讫

会计： 出纳： 制单：

49 －2

中国工商银行
支票存根
10204430
02034110

附加信息

出票日期： 年 月 日

| 收款人： |
|---|
| 金额： |
| 用途： |

单位主管 会计

本支票付款期限十天

**中国工商银行** 支票 02034110　　10204430 02034110

出票日期（大写） 年 月 日　　付款行名称：

收款人：　　出票人账号：

| 人民币（大写） | | 亿 | 千 | 百 | 十 | 万 | 千 | 百 | 十 | 元 | 角 | 分 |
|---|---|---|---|---|---|---|---|---|---|---|---|---|
| | | | | | | | | | | | | |

用途：

上列款项请从　　密码

我账户内支付　　行号 102589000222

出票人签章　　复核　　记账

中山市宝利塑料制品有限公司财务专用章　　张强之印

50－1

企业机读档案登记资料

企业目前状态：吊销

企业名称：深圳市佳林有限公司

地址：深圳市福田区华安路234号

企业法人营业执照：440700100333321　　电话：0755－8599538

企业类型：内资企业法人　　副本数：1

注册资金：人民币200万元

法定代表人：孔连升

登记机关：深圳市工商行政管理局　　核准日期：二〇一〇年十一月十日

所属行业：工业企业　　成立日期：一九九八年二月十七日

最后一次年检时间：暂无记录　　经营截止日期：

经营范围：生产、销售聚乙烯管材、管件，聚乙烯管道安装施工，聚乙烯原材料及配套用阀门的经销。

吊销原因：不按规定参加年检

吊销日期：二〇一〇年七月十日

以上资料仅供参考

50－2

坏账处理报告单

2010年12月18日

| 单位名称 | 金额 | 原因 |
|---|---|---|
| 深圳市佳林有限公司 | 7 550.00 | 该公司已注销，所欠货款确实无法收回 |
| | | |
| | | |
| | | |
| 单位领导意见<br>张强之印<br>同意核销 | 注册会计师认定：<br>属实 | 主管部门意见<br>同意 |

51 －1

# 销 售 发 票 通 知 单

2010 年 12 月 19 日　　　　No：113

| 购货单位 | | | |
|---|---|---|---|
| 名称 | 深圳市欣欣贸易有限公司 | 纳税人登记号 | 440300777163999 |
| 地址、电话 | 深圳市龙岗区横岗镇六约金塘工业区开明路 88 号 075528509999 | 开户银行及账号 | 建设银行深圳分行横岗支行 442015585000500765 |

| 货物或应税劳务名称 | 计量单位 | 数量 | 单价 | 金额 | | | | | | | | 税率 | 税额 | | | | | | |
|---|---|---|---|---|---|---|---|---|---|---|---|---|---|---|---|---|---|---|---|
| | | | | 十 | 万 | 千 | 百 | 十 | 元 | 角 | 分 | % | 万 | 千 | 百 | 十 | 元 | 角 | 分 |
| 棕色瓶 | 箱 | 500 | 50 | | 2 | 5 | 0 | 0 | 0 | 0 | 0 | 17% | | 4 | 2 | 5 | 0 | 0 | 0 |
| | | | | | | | | | | | | | | | | | | | |
| | | | | | | | | | | | | | | | | | | | |
| 合计 | | | | | 2 | 5 | 0 | 0 | 0 | 0 | 0 | | | 4 | 2 | 5 | 0 | 0 | 0 |
| 价税合计（大写） | 贰万玖仟贰佰伍拾零元零角零分 | | | | | | | | | | | ¥29 250. 00 | | | | | | | |
| 合同号 | | 销货人员 | | | | | | | | | | 会计 | | | | | | | |

51 －2

# 广东省增值税专用发票

NO. 0001004

财政票据监制章

此联不作报销、扣税凭证使用　　　开票日期　年　月　日

| 购货单位 | 名称：<br>纳税人识别号：<br>地址、电话：<br>开户银行及账号： | | | | | 密码区 | |
|---|---|---|---|---|---|---|---|
| 货物或应税劳务名称 | 规格型号 | 单位 | 数量 | 单价 | 金额 | 税率 | 税额 |
| 合计 | | | | | | | |
| 价税合计（大写） | | | | （小写） | | | |
| 销货单位 | 名称：<br>纳税人识别号：<br>地址、电话：<br>开户银行及账号： | | | | | 备注 | 中山市宝利塑料制品有限公司<br>440784618888333<br>发票专用章 |

第四联：记账联　销货方记账凭证

收款人：　　复核：　　开票人：　　销货单位（章）：

51－3

## 出 库 单

购货单位： 年 月 日 编号：

| 产品编号 | 产品名称规格 | 单位 | 数量 | 单位成本 | 总成本 | 备注 |
|---|---|---|---|---|---|---|
| | | | | | | |
| | | | | | | |
| | | | | | | |
| 合 计 | | | | | | |

主管： 保管员： 提货人： 制单： 会计：

52－1

## 借款合同

贷款方：中国建设银行中山市支行
法定代表人：王飞 职务：行长
地址：略
借款方：中山市宝利塑料制品有限公司
法定代表人：张强 职务：董事长
地址：中山市南区大宝路56号
保证方：中山市德庆公司
法定代表人：杨义 职务：总经理
地址：中山市孙文东路9号

借款方为进行产品生产（或经营活动），向贷款方申请借款，并由中山市德庆公司作为保证人，贷款方业已审查批准，经三方协商，特订立本合同，以期共同遵守。

第一条 贷款种类：5年期借款。
第二条 借款用途：购买生产用设备。
第三条 借款金额2 000 000人民币（大写）贰佰万元整。
第四条 借款利率为年利6.45%，如遇国家调整利率，按新规定计算。
第五条 借款和还款期限。
(1) 借款时间共5年。自2010年12月19日起，至2015年12月19日止。
(2) 还款时间2015年12月19日，还款金额2 000 000人民币（大写）贰佰万元整。
第六条 还款资金来源及还款方式。
(略)
⋮
第十一条 本合同正本一式三份，贷款方、借款方、保证方各执一份；合同副本一式__份，报送有关单位（如经公证或鉴证，应送公证或鉴证机关）各留存一份。

贷款方：工商银行中山南区支行
代表人：王飞
日期：2010－12－19
借款方：中山市宝利塑料制品有限公司
代表人：张强
日期：2010年12月19日
银行账户：20120029091084848８
保证方：中山市德庆公司
代表人：杨义
日期：2010年12月19日
银行账户：20120029091098675４

52－2

# 中国建设银行借款凭证（回单）

日期：2010 年 12 月 19 日　银行编号：002514

<table>
<tr><td rowspan="3">收款单位</td><td>全称</td><td colspan="2">中山市宝利塑料制品有限公司</td><td rowspan="3">借款单位</td><td>全称</td><td colspan="2">中山市宝利塑料制品有限公司</td></tr>
<tr><td>往来户账号</td><td colspan="2">20120029091084 8488</td><td>放款户账号</td><td colspan="2">726125047</td></tr>
<tr><td>开户银行</td><td colspan="2">工商银行中山南区支行</td><td>开户银行</td><td colspan="2">工商银行中山南区支行</td></tr>
<tr><td colspan="2">借款期限<br>（最后还款日）</td><td>2015. 12. 19</td><td>利率</td><td colspan="2">6. 45%</td><td>起息日期</td><td>2010. 12. 19</td></tr>
<tr><td colspan="2">借款申请金额</td><td colspan="4">人民币<br>（大写）　贰佰万元整</td><td colspan="2">千 百 十 万 千 百 十 元 角 分<br>¥ 2 0 0 0 0 0 0 0 0</td></tr>
<tr><td colspan="2">借款原因及用途</td><td>购设备</td><td colspan="3">银行核定金额</td><td colspan="2">千 百 十 万 千 百 十 元 角 分<br></td></tr>
<tr><td colspan="3" rowspan="4">备注：</td><td>期限</td><td colspan="2">计划还款日期</td><td colspan="2">计划还款金额</td></tr>
<tr><td>5</td><td colspan="2">2015. 12. 19</td><td colspan="2">200 万</td></tr>
<tr><td></td><td colspan="2"></td><td colspan="2"></td></tr>
<tr><td colspan="5">上述借款业已同意贷给并转入你单位往来账户，借款到期时应按期归还　此致<br>借款单位：<br>（银行盖章）　中国建设银行 中山市支行 2010.12.19 业务办讫章　2009 年 12 月 19 日</td></tr>
</table>

此联是核定放款回单代借款单位往来户收款通知

53－1

注：当日美元买入价为 6. 5231。

收账通知

日期：2010 年 12 月 19 日

客户名称：中山市宝利塑料制品有限公司　　时间：10:50:15

客户账号：20120029091084848 8

汇入金额　　入账净额：

USD30 000. 00　　USD30 000. 00

业务编号：IR88K90987888　　汇款方式：T/T

汇入编号：B60348597293999　　汇入日期：2010 年 12 月 18 日

汇款行名：BGBTUS38　　大额流水号：

付款人名：日本樱花化妆品株式会社　　付款人国别：JPA.

申报号码：4407000001 01 223768 P123

国外银行扣费：

我行扣费：CNY

核销号码：

汇款附言：

经办：黄丽丽　　复核：

53－2

收账通知

日期：2010 年 12 月 19 日

客户名称：中山市宝利塑料制品有限公司　　时间：14:10:35

客户账号：201200290910848488

| 汇入金额 | 结汇汇率 | 结汇金额 |
|---|---|---|
| USD30 000. 00 | 6. 5231 | CNY195 693. 00 |
| 扣费总额 | 当天汇率 | 入账净额 |
| CNY | 6. 5231 | CNY195 693. 00 |

业务编号：IR88K90987888　　汇款方式：T/T

汇入编号：B60348597293999　　汇入日期：2010 年 12 月 18 日

汇款行名：BGBTUS38　　大额流水号：

付款人名：日本樱花化妆品株式会社　　付款人国别：JPA.

国外银行扣费：

我行扣费：

核销号码：

申报号码：4407000001 01 223768 P123　　外汇统计代码：2201

汇款附言

中国工商银行 中山南区支行 2010.12.19 核算用章

经办：杨义　　复核：刘丹

54－1

注：当日美元买入价为6.5231。

## 收账通知

日期：2010年12月19日

客户名称：中山市宝利塑料制品有限公司　　时间：11:20:34

客户账号：20120029091O848488

汇入金额　　入账净额：

USD1974.00　　USD1 974.00

业务编号：IR88K90987888　　汇款方式：T/T

汇入编号：B60348597294001　　汇入日期：2010年12月18日

汇款行名：BGBTUS38　　大额流水号：

付款人名：日本樱花化妆品株式会社　　付款人国别：JPA.

申报号码：4407000001 01 223768 P178

国外银行扣费：

我行扣费：CNY

核销号码：

汇款附言：

经办：黄丽丽　　复核：

中国工商银行 中山南区支行 2010.12.19 核算用章

54－2

## 收账通知

日期：2010年12月19日

客户名称：中山市宝利塑料制品有限公司　　时间：14:15:18

客户账号：20120029091O848488

| 汇入金额 | 结汇汇率 | 结汇金额 |
|---|---|---|
| USD1 974.00 | 6.5231 | CNY12 876.60 |
| 扣费总额 | 当天汇率 | 入账净额 |
| CNY | 6.5231 | CNY12 876.60 |

业务编号：IR88K90987896　　汇款方式：T/T

汇入编号：B60348597294001　　汇入日期：2010年12月18日

汇款行名：BGBTUS38　　大额流水号：

付款人名：日本樱花化妆品株式会社　　付款人国别：JPA.

国外银行扣费：

我行扣费：

核销号码：

申报号码：4407000001 01 223768 P178　　外汇统计代码：2258

汇款附言

经办：杨义　　复核：刘丹

中国工商银行 中山南区支行 2010.12.19 核算用章

55－1

## 固定资产（设备）请购单

申请部门　　办公室　　编号　　日期：2010 年 12 月 19 日

| NO. | 名称 | 数量 | 价格 |
|---|---|---|---|
| 1 | 马自达 6 | 1 | ¥180 000.00 |
| 规格型号性能参数及配置 | 马自达 62011 款 2.06 挡手动型 | | |
| 申请原因及用途 | 因各部门对外公务用车需要，配备行政管理部管理，全公司调配使用 | | |
| 申请部门经理 | 刘江河 | 申请人 | 王英一 |
| 总经理 | 同意 | 财务部 | 同意 |

55－2

中国工商银行
支票存根
10204430
02034111

附加信息

出票日期：　年　月　日

| 收款人： |
|---|
| 金额： |
| 用途： |

单位主管　　会计

本支票付款期限十天

**中国工商银行**　支票 02034111　　10204430 02034111

出票日期（大写）　年　月　日　　付款行名称：

收款人：　　出票人账号：

| 人民币（大写） | | 亿 | 千 | 百 | 十 | 万 | 千 | 百 | 十 | 元 | 角 | 分 |
|---|---|---|---|---|---|---|---|---|---|---|---|---|
| | | | | | | | | | | | | |

用途：

上列款项请从我账户内支付　　密码

出票人签章　　行号 102589000222

复核　　记账

中山市宝利塑料制品有限公司财务专用章　　张强之印

56－1

## 中山市电话费专用发票

发票号：　　　　　　　　　　　　　开票日期：2010 年 12 月 20 日

| 编号 | 6606568 | | | 应交月份 | 2010. 11 | 收款方式 | |
|---|---|---|---|---|---|---|---|
| 姓名 | 张强 | | | | | 收款员 | 张丽华 |
| 话费 | | 代维费 | | 市话费 | 580. 00 | 滞纳金 | 0. 00 |
| 月租费 | 26. 00 | 信息费 | 0. 00 | 寻呼费 | | | 0. 00 |
| 城建费 | | 长话费 | 854. 00 | 数据费 | | | 0. 00 |
| 附加费 | | 电报费 | 0. 00 | 其他费 | 0. 00 | | 0. 00 |
| 合计 | 人民币壹仟肆佰陆拾元整 | | | ¥1 460. 00 | 结算方式 | 现金 | |

57－1

## 费用报销单

报销部门：　　　　　　　　年　　月　　日　　　　　　　单据及附件共　　　页

| 报销项目 | 摘　要 | 金　额 | 备注 | |
|---|---|---|---|---|
| | | | | |
| | | | | |
| | | | 领导审批 | |
| | | | | |
| | | | | |
| 合　计 | | | | |
| 金额大写： | | 原借款 | | 应退(补)款 |

会计主管：　　　　复核：　　　　出纳：　　　　报销人：

57－2

## 广东省地方税收通用发票（电子）

电子发票 手写无效

发票代码 44071008

开票日期：2010 年 12 月 19 日　　行业类别：饮食业　　发票号码 05487878

付款方名称：中山市宝利塑料制品有限公司

付款方识别号：440784618888333

收款方名称：中山市湘香酒楼

收款方识别号：442000282143399

主管税务机关：中山市南区地方税务局

| 序号 | 开票项目说明 | 金额 |
|---|---|---|
| 1 | 餐费 | 3 500. 00 |

合计（大写）：人民币叁仟伍佰元整　　　　合计（小写）：¥3 500. 00

附注：

开票单位盖章：　　　　开票人：杨英

发票联：付款方付款凭证

NO. 1003001－38113333

58－1

中国工商银行
支票存根
10204430
02034112

附加信息

出票日期：2010 年 12 月 20 日

收款人：中山市宝利塑料制品有限公司

金额：¥4 960.00

用途：备用金

单位主管　　会计

本支票付款期限十天

**中国工商银行** 支票 02034112　　10204430 02034112

出票日期（大写）贰零壹零年壹拾贰月贰拾日

付款行名称：工商银行中山南区支行

收款人：中山市宝利塑料制品有限公司

出票人账号：201200290910848488

| 人民币（大写） | 肆仟玖佰陆拾元整 | 亿 | 千 | 百 | 十 | 万 | 千 | 百 | 十 | 元 | 角 | 分 |
|---|---|---|---|---|---|---|---|---|---|---|---|---|
| | | | | | | | ¥ | 4 | 9 | 6 | 0 | 0 | 0 |

用途：备用金

上列款项请从我账户内支付　　密码

出票人签章　　行号 102589000222

复核　　记账

中山市宝利塑料制品有限公司财务专用章　　张强之印

59－1

# 工行（南区支行）计付存款利息清单

（收账通知）

2010 年 12 月 21 日

| 单位名称：中山市宝利塑料制品有限公司 | | | | | |
|---|---|---|---|---|---|
| 结算账号：201200290910848488 | | | 存款账号：201200290910848488 | | |
| 编号 | 计算类型 | 计息起讫日期 | 计息积数 | 利率（%） | 利息金额 |
| | 普通积数 | 2010－9－21—2010－12－21 | | 0.36 | 321.58 |
| 摘要 | | | | 金额合计 | 321.58 |
| 人民币（大写）叁佰贰拾壹元伍角捌分 | | | | | |

中国工商银行中山南区支行 2010.12.21 业务办讫章

复核：　　记账：

60－1

# 广东省增值税专用发票

NO. 1698754

发票联　　开票日期：2010 年 12 月 22 日

| 购货单位 | 名称 | 中山市宝利塑料制品有限公司 | 密码区 |
|---|---|---|---|
| | 纳税人识别号 | 440784618888333 | |
| | 地址、电话 | 中山市南区大宝路 56 号 0760－88998888 | |
| | 开户银行及账号 | 工商银行中山南区支行 201200290910848488 | |

| 货物或应税劳务名称 | 规格型号 | 单位 | 数量 | 单价 | 金额 | 税率 | 税额 |
|---|---|---|---|---|---|---|---|
| 低密度 PE 料 | | 千克 | 3 500 | 13.00 | 45 500.00 | 17% | 7 735.00 |
| 合计 | | | | | ¥45 500.00 | | ¥7 735.00 |
| 价税合计（大写） | 伍万叁仟贰佰叁拾伍元整 | | | | （小写）¥53 235.00 | | |

| 销货单位 | 名称 | 中山市小榄镇正泰塑料制品厂 | 备注 |
|---|---|---|---|
| | 纳税人识别号 | 442000L14555222 | 中山市小榄镇正泰塑料制品厂 442000L14555 发票专用 |
| | 地址、电话 | 中山市小榄镇沙口德来路横街 36 号 0760－22188666 | |
| | 开户银行及账号 | 交通银行中山分行小榄支行 4846010000111777999 | |

收款人：×××　　复核：　　开票人：×××　　销货单位（章）

第四联：记账联　销货方记账凭证

60－2

# 材料入库验收单

2010 年 12 月 22 日

| 品名 | 规格 | 单位 | 数量 | | 实际价格 | | | | 计划价格 |
|---|---|---|---|---|---|---|---|---|---|
| | | | 来料数 | 实际数 | 单价 | 总价 | 运杂费 | 合计 | |
| 低密度 PE 料 | | 千克 | 3 500 | 3 500 | | | | | |
| | | | | | | | | | |
| | | | | | | | | | |
| | | | | | | | | | |
| 合计 | | | | | | | | | |

供销主管：李景山　　验收保管：刘燕　　采购：吕青华　　制单：

第三联：会计记账联

61－1

中国工商银行
支票存根
10204430
02034113

附加信息

出票日期： 年 月 日

| 收款人： |
| --- |
| 金额： |
| 用途： |

单位主管 会计

本支票付款期限十天

中国工商银行 支票 02034113

10204430
02034113

出票日期（大写） 年 月 日 付款行名称：
收款人： 出票人账号：

| 人民币（大写） | | 亿 | 千 | 百 | 十 | 万 | 千 | 百 | 十 | 元 | 角 | 分 |
| --- | --- | --- | --- | --- | --- | --- | --- | --- | --- | --- | --- | --- |
| | | | | | | | | | | | | |

用途：
上列款项请从 密码
我账户内支付 行号 102589000222
出票人签章 复核 记账

中山市宝利塑料制品有限公司财务专用章 张强之印

61－2

财政票据监制 广东省 财政部监制

# 机动车销售统一发票

2010 年 12 月 22 日

| 购货单位（人） | 中山市宝利塑料制品有限公司 | 身份证号码/组织机构代码 | | | |
| --- | --- | --- | --- | --- | --- |
| 车辆类型 | 轿车 | 厂牌型号 | 马自达 62011 款 2.06 挡手动型 | 产地 | 长春 |
| 合格证号 | 01234987 | 进口证明书号 | | 商检单号 | |
| 发动机号码 | SVT285QB6342843 | 车架号码/车辆识别代码 | | LAIEHDLSEJF039729 | |
| 数量 | 壹 | 单价 | ￥180 000.00 | 合同单号 | |
| 价外费用 | 名称 | 费 | 费 | 费 | |
| | 金额 | | | | |
| 价费合计金额 | （大写）壹拾捌万元整 | | | ￥180 000.00 | |
| 销货单位名称 | 同福汽车销售公司 | 地址 | 中山市东升镇 25 号 | 电话 | 8455678 |
| 纳税人识别号 | 440234567891288 | 开户银行 | 中行东升镇分行 | 账号 | 8649930 |
| 备注 | 一车一票 | 审核单位（盖章） | | | |

同福汽车销售公司 440234567891288 发票专用章

单位（章） 开票人： 收款人：

61－3

# 中华人民共和国
# 税收能用完税证

（2008）粤国完电 10647203 号

注册类型：　　　　填发日期：2010 年 12 月 22 日

征收机关：中山市国税局车辆购置税征收管理分局

| 纳税人代码 | 440784618888333 | | 地址<br>电话 | 中山市南区大宝路 56 号 0760－88998888 | | |
|---|---|---|---|---|---|---|
| 纳税人名称 | 中山市宝利塑料制品有限公司 | | 税款所属时期 | | 2010 年 12 月 22 日 | |
| 税　种 | 品目名称 | 课税数量 | 计税金额或<br>销售收入 | 税率或<br>单位税额 | 已缴或<br>扣除额 | 实缴金额 |
| 车辆购置税 | 马自达<br>62011 款 | 1 | 153 846.15 | 10% | | ¥15 385.00 |
| 金额合计 | （大写）壹万伍仟叁佰捌拾伍元整 | | | | | ¥15 385.00 |
| 税务机关<br>（盖章） | 委托代征单位（人）<br>（盖章） | | 填票人（章） | 备　注 | | |

61－4

# 广东省中山其他服务收入发票

中山地税监

发票号：287657

顾客名称：中山市宝利塑料制品有限公司　　　　2010 年 12 月 22 日

| 项目 | 单位 | 数量 | 收费标准 | 超过仟元无效 | 金额 | | | | | 备注 |
|---|---|---|---|---|---|---|---|---|---|---|
| | | | | | 百 | 十 | 元 | 角 | 分 | |
| 上牌费 | | | | | 1 | 5 | 0 | 0 | 0 | |
| | | | | | | | | | | |
| | | | | | | | | | | |
| | | | | | | | | | | |
| | | | | | | | | | | |
| 合计人民币（大写）壹佰伍拾元整 | | | | | 1 | 5 | 0 | 0 | 0 | |

开票人：　　　　收款人：　　　　开票单位（盖章）

61－5

## 广东省中山其他服务收入发票

中山地税监

发票号：287658

顾客名称：中山市宝利塑料制品有限公司 2010年12月22日

| 项目 | 单位 | 数量 | 收费标准 | 超过仟元无效 | 金额 | | | | | 备注 |
|---|---|---|---|---|---|---|---|---|---|---|
| | | | | | 百 | 十 | 元 | 角 | 分 | |
| 数码照相 | | | | | | 5 | 0 | 0 | 0 | |
| | | | | | | | | | | |
| | | | | | | | | | | |
| | | | | | | | | | | |
| 合计人民币（大写）伍拾元整 | | | | | | 5 | 0 | 0 | 0 | |

开票人： 收款人： 开票单位（盖章）

61－6

## 广东省中山其他服务收入专用发票

中山地税监

发票号：287659

顾客名称：中山市宝利塑料制品有限公司 2010年12月22日

| 项目 | 单位 | 数量 | 收费标准 | 超过仟元无效 | 金额 | | | | | 备注 |
|---|---|---|---|---|---|---|---|---|---|---|
| | | | | | 百 | 十 | 元 | 角 | 分 | |
| 上牌费 | | | | | 2 | 4 | 0 | 0 | 0 | |
| | | | | | | | | | | |
| | | | | | | | | | | |
| | | | | | | | | | | |
| 合计人民币（大写）贰佰肆拾元整 | | | | | 2 | 4 | 0 | 0 | 0 | |

开票人： 收款人： 开票单位（盖章）

62－1

## 托收凭证　（付款通知）　5

委托日期：2010 年 11 月 23 日　付款期限：2010 年 12 月 23 日

<table>
<tr><td colspan="2">业务类型</td><td colspan="13">委托收款（□邮划、□电划）　托收承付（□邮划、□电划）</td></tr>
<tr><td rowspan="3">付款人</td><td>全称</td><td colspan="4">中山市宝利塑料制品有限公司</td><td rowspan="3">收款人</td><td>全称</td><td colspan="7">中山市供电局</td></tr>
<tr><td>账号</td><td colspan="4">201200290910848488</td><td>账号</td><td colspan="7">201200348957448962</td></tr>
<tr><td>地址</td><td>省　市县</td><td>开户行</td><td colspan="2">工商银行中山南区支行</td><td>地址</td><td colspan="2">省　市县</td><td colspan="2">开户行</td><td colspan="3">工商银行中山石岐支行</td></tr>
<tr><td rowspan="2">金额</td><td rowspan="2">人民币（大写）</td><td colspan="5" rowspan="2">玖万叁仟陆佰柒拾贰元柒角柒分</td><td>亿</td><td>千</td><td>百</td><td>十</td><td>万</td><td>千</td><td>百</td><td>十</td><td>元</td><td>角</td><td>分</td></tr>
<tr><td></td><td></td><td></td><td>¥</td><td>9</td><td>3</td><td>6</td><td>7</td><td>2</td><td>7</td><td>7</td></tr>
<tr><td colspan="2">款项内容</td><td colspan="2">电费</td><td>托收凭据名称</td><td colspan="2">增值税专用发票</td><td colspan="2">附寄单证张数</td><td colspan="6">1</td></tr>
<tr><td colspan="2">商品发运情况</td><td colspan="3"></td><td colspan="3">合同名称号码</td><td colspan="7"></td></tr>
<tr><td colspan="3">备注：<br>付款人开户银行收到日期<br>年　月　日<br>复核　记账</td><td colspan="4">付款人开户银行签章<br>中国工商银行<br>中山南区支行<br>2010.12.23<br>业务办讫章<br>年　月　日</td><td colspan="8">付款人注意：<br>1. 根据支付结算办法，上列委托收款（托收承付）款项在付款期限内未提出拒付，即视为同意付款，以此代付款通知。<br>2. 如需提出全部或部分拒付，应在规定期限内，将拒付理由书并附债务证明退交开户银行。</td></tr>
</table>

62－2

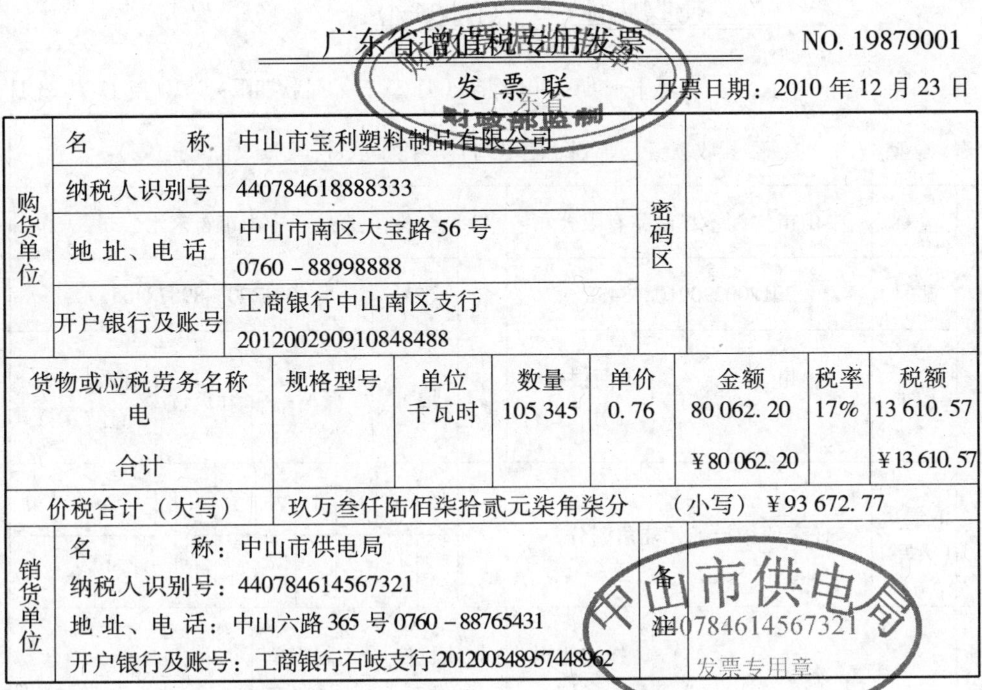

广东省增值税专用发票

NO. 19879001

发票联

开票日期：2010年12月23日

| 购货单位 | 名称 | 中山市宝利塑料制品有限公司 | 密码区 |
|---|---|---|---|
| | 纳税人识别号 | 440784618888333 | |
| | 地址、电话 | 中山市南区大宝路56号 0760－88998888 | |
| | 开户银行及账号 | 工商银行中山南区支行 20120029091084848 8 | |

| 货物或应税劳务名称 | 规格型号 | 单位 | 数量 | 单价 | 金额 | 税率 | 税额 |
|---|---|---|---|---|---|---|---|
| 电 | | 千瓦时 | 105 345 | 0.76 | 80 062.20 | 17% | 13 610.57 |
| 合计 | | | | | ￥80 062.20 | | ￥13 610.57 |
| 价税合计（大写） | 玖万叁仟陆佰柒拾贰元柒角柒分 | | | （小写）￥93 672.77 | | | |

| 销货单位 | | 备注 |
|---|---|---|
| | 名称：中山市供电局 | |
| | 纳税人识别号：440784614567321 | |
| | 地址、电话：中山六路365号 0760－88765431 | |
| | 开户银行及账号：工商银行石岐支行 20120034895744896 2 | |

收款人：　　复核：　　开票人：　　销货单位（章）

第四联：记账联 销货方记账凭证

62－3

外购动力费分配表

2010年12月23日

| 产品、部门 | 生产用电 | | | | 照明用电 | | | 车间公共用电 | | | 合计 |
|---|---|---|---|---|---|---|---|---|---|---|---|
| | 单位 | 电量 | 单价 | 金额 | 电量 | 单价 | 金额 | 电量 | 单价 | 金额 | |
| 棕色瓶坯 | 度 | 38 526 | 0.76 | 29 279.76 | | | | | | | |
| 白色瓶坯 | 度 | 36 932 | 0.76 | 28 068.32 | | | | | | | |
| 棕色瓶 | 度 | 8 462 | 0.76 | 6 431.12 | | | | | | | |
| 白色瓶 | 度 | 13 582 | 0.76 | 10 322.32 | | | | | | | |
| 维修车间 | 度 | 730 | 0.76 | 554.80 | | | | | | | |
| 模具车间 | 度 | 1 268 | 0.76 | 963.68 | | | | | | | |
| 注塑车间 | 度 | | | | | | | 2 033 | 0.76 | 1 545.08 | |
| 吹瓶车间 | 度 | | | | | | | 1 832 | 0.76 | 1 392.32 | |
| 管理部门 | 度 | | | | 1 980 | 0.76 | 1 504.80 | | | | |
| 合计 | | | | | | | | | | | |

63－1

## 托收凭证 （付款通知） 5

委托日期：2010 年 11 月 23 日　付款期限：2010 年 12 月 23 日

<table>
<tr><td>业务类型</td><td colspan="16">委托收款（□邮划、□电划）　托收承付（□邮划、□电划）</td></tr>
<tr><td rowspan="3">付款人</td><td>全称</td><td colspan="4">中山市宝利塑料制品有限公司</td><td rowspan="3">收款人</td><td>全称</td><td colspan="9">中山市自来水公司</td></tr>
<tr><td>账号</td><td colspan="4">201200290910848488</td><td>账号</td><td colspan="9">201200348957846513</td></tr>
<tr><td>地址</td><td>省　市<br>县</td><td>开户行</td><td colspan="2">工商银行中山南区支行</td><td>地址</td><td colspan="4">省　市<br>县</td><td colspan="2">开户行</td><td colspan="3">工商银行中山石岐支行</td></tr>
<tr><td rowspan="2">金额</td><td rowspan="2">人民币（大写）</td><td colspan="5" rowspan="2">壹仟壹佰柒拾贰元陆角捌分</td><td>亿</td><td>千</td><td>百</td><td>十</td><td>万</td><td>千</td><td>百</td><td>十</td><td>元</td><td>角</td><td>分</td></tr>
<tr><td></td><td></td><td></td><td></td><td>¥</td><td>1</td><td>1</td><td>7</td><td>2</td><td>6</td><td>8</td></tr>
<tr><td>款项内容</td><td colspan="3">水费</td><td>托收凭据名称</td><td>增值税专用发票</td><td colspan="3">附寄单证张数</td><td colspan="8">1</td></tr>
<tr><td>商品发运情况</td><td colspan="4"></td><td colspan="3">合同名称号码</td><td colspan="9"></td></tr>
<tr><td colspan="3">备注：<br>付款人开户银行收到日期<br>年　月　日<br>复核　记账</td><td colspan="4">付款人开户银行签章<br>（印章：中国工商银行 中山南区支行 2010.12.23 业务办讫章）<br>年　月　日</td><td colspan="10">付款人注意：<br>1. 根据支付结算办法，上列委托收款（托收承付）款项在付款期限内未提出拒付，即视为同意付款，以此代付款通知。<br>2. 如需提出全部或部分拒付，应在规定期限内，将拒付理由书并附债务证明退交开户银行。</td></tr>
</table>

63－2

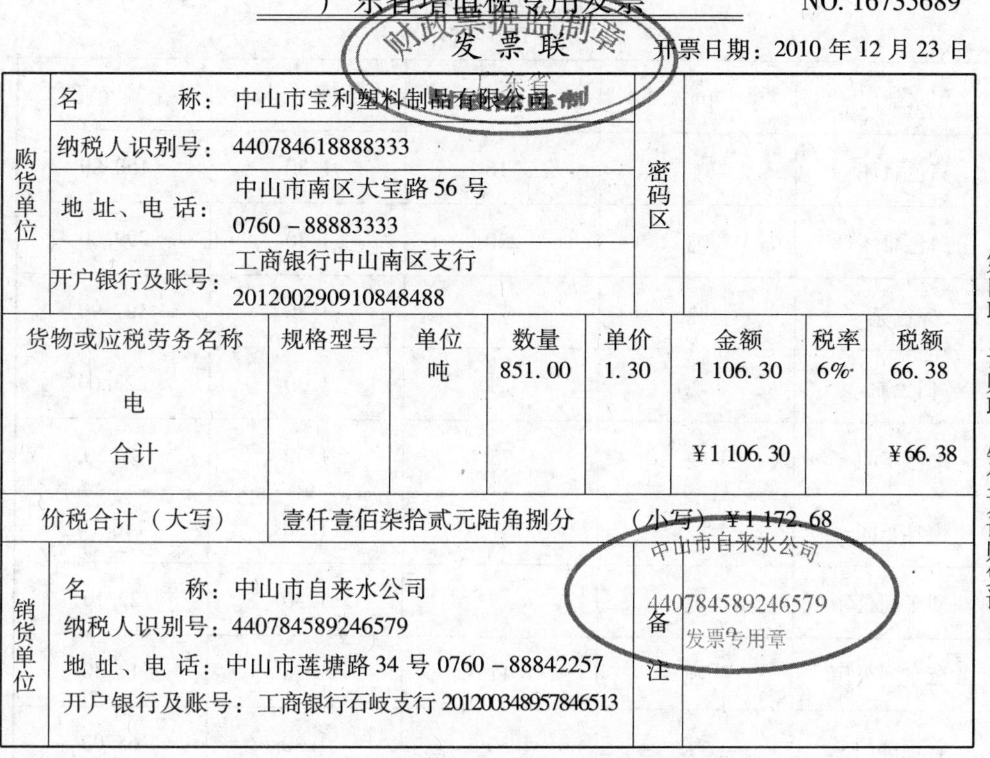

# 广东省增值税专用发票

NO. 16735689

发 票 联

开票日期：2010 年 12 月 23 日

| 购货单位 | 名　　称：中山市宝利塑料制品有限公司 | 密码区 |
|---|---|---|
| | 纳税人识别号：440784618888333 | |
| | 地 址、电 话：中山市南区大宝路 56 号 0760－88883333 | |
| | 开户银行及账号：工商银行中山南区支行 20120029091084 8488 | |

| 货物或应税劳务名称 | 规格型号 | 单位 | 数量 | 单价 | 金额 | 税率 | 税额 |
|---|---|---|---|---|---|---|---|
| 电 | | 吨 | 851.00 | 1.30 | 1 106.30 | 6% | 66.38 |
| 合计 | | | | | ¥1 106.30 | | ¥66.38 |
| 价税合计（大写） | 壹仟壹佰柒拾贰元陆角捌分 | | （小写）¥1 172.68 | | | | |

| 销货单位 | 名　　称：中山市自来水公司 | 备注 |
|---|---|---|
| | 纳税人识别号：440784589246579 | 中山市自来水公司 440784589246579 发票专用章 |
| | 地 址、电 话：中山市莲塘路 34 号 0760－88842257 | |
| | 开户银行及账号：工商银行石岐支行 20120034895784 6513 | |

收款人：　　复核：　　开票人：　　销货单位（章）：

第四联：记账联　销货方记账凭证

63－3

# 中山市自来水公司水费结算单

委托日期：2010 年 12 月 23 日

| 单位 | 中山市宝利塑料制品有限公司 | | 计费月份 | 12 月份 |
|---|---|---|---|---|
| 水表起讫数码 | 用水量（立方米） | 单价（元） | 金额（元） | 备注 |
| 645789－646640 | 851 | 1.3 | 1 106.30 | 不含税 |
| 金额人民币（大写）壹仟壹佰零陆元叁角零分 | | | | |

中山市自来水公司财务专用章

主管：　　复核：　　经办：

63－4

## 水费分配表

2010年12月23日

| 用水部门 | 单位 | 数量 | 单价（元） | 金额（元） |
|---|---|---|---|---|
| 棕色瓶坯 | 吨 | 116 | 1.30 | 150.80 |
| 白色瓶坯 | 吨 | 230 | 1.30 | 299.00 |
| 棕色瓶 | 吨 | 83 | 1.30 | 107.90 |
| 白色瓶 | 吨 | 172 | 1.30 | 223.60 |
| 维修车间 | 吨 | 75 | 1.30 | 97.50 |
| 模具车间 | 吨 | 97 | 1.30 | 126.10 |
| 注塑车间公用 | 吨 | 17 | 1.30 | 22.10 |
| 吹瓶车间公用 | 吨 | 11 | 1.30 | 14.30 |
| 管理部门 | 吨 | 50 | 1.30 | 65.00 |
| 合计 | | 851 | | 1 106.30 |

64－1

## 半成品入库单

2010年12月23日

| 产品名称 | 计量单位 | 实收数量 | 单位成本（元） | 实际成本（元） |
|---|---|---|---|---|
| 棕色瓶坯 | 箱 | 920 | | |
| 白色瓶坯 | 箱 | 640 | | |
| | | | | |
| 合计 | | | | |

记账：　　　　主管：　　　　保管：

65－1

## 中山市宝利塑料制品有限公司 领料单

No. 65348697

领料部门：注塑车间　　2010年12月23日　　发料仓库：原材料仓库

| 材料类别 | 名称 | 规格 | 计量单位 | 数量 | | 单价 | 金额 | 用途 |
|---|---|---|---|---|---|---|---|---|
| | | | | 请领 | 实领 | | | |
| 主要原料 | 韩国PC料 | | 千克 | 480 | 480 | | | 棕色瓶坯 |
| 主要原料 | 低密度PE料 | | 千克 | 274 | 274 | | | 棕色瓶坯 |
| 主要原料 | 高密度PE料 | | 千克 | 258 | 258 | | | 棕色瓶坯 |
| 主要原料 | ABS抽粒料 | | 千克 | 546 | 546 | | | 棕色瓶坯 |
| 主要原料 | 棕色色粉 | | 千克 | 45 | 45 | | | 棕色瓶坯 |
| | | | | | | | | |
| | | | | | | | | |
| 合计： | | | | | | | | |

仓库主管：朱君　　发料人：刘燕　　领料部门主管：崔伟　　领料人：胡娟娟

65－2

## 中山市宝利塑料制品有限公司 领料单

No. 65348698

领料部门：注塑车间　　2010年12月23日　　发料仓库：原材料仓库

| 材料类别 | 名称 | 规格 | 计量单位 | 数量 | | 单价 | 金额 | 用途 |
|---|---|---|---|---|---|---|---|---|
| | | | | 请领 | 实领 | | | |
| 主要原料 | 韩国PC料 | | 千克 | 800 | 800 | | | 白色瓶坯 |
| 主要原料 | 低密度PE料 | | 千克 | 457 | 457 | | | 白色瓶坯 |
| 主要原料 | 高密度PE料 | | 千克 | 430 | 430 | | | 白色瓶坯 |
| 主要原料 | ABS抽粒料 | | 千克 | 910 | 910 | | | 白色瓶坯 |
| | | | | | | | | |
| | | | | | | | | |
| | | | | | | | | |
| 合计： | | | | | | | | |

仓库主管：朱君　　发料人：刘燕　　领料部门主管：崔伟　　领料人：胡娟娟

66－1

中国工商银行
支票存根
10204430
02034114

附加信息

出票日期:2010 年 12 月 25 日

| 收款人: | 中山市小榄镇正泰塑料制品厂 |
|---|---|
| 金额: | ¥3 235.00 |
| 用途: | 货款 |

单位主管　　会计

本支票付款期限十天

中国工商银行　支票 02034114　　10204430 02034114

出票日期（大写）贰零壹零年壹拾贰月贰拾伍日
付款行名称：工商银行中山南区支行
收款人：中山市小榄镇正泰塑料制品厂
出票人账号：201200290910848488

| 人民币（大写） | 叁仟贰佰叁拾伍元整 | 亿 | 千 | 百 | 十 | 万 | 千 | 百 | 十 | 元 | 角 | 分 |
|---|---|---|---|---|---|---|---|---|---|---|---|---|
| | | | | | | | ¥ | 3 | 2 | 3 | 5 | 0 | 0 |

用途：货款
上列款项请从
我账户内支付
出票人签章

密码
行号 102589000222
复核　　记账

中山市宝利塑料制品有限公司财务专用章　张强之印

67－1

# 销售通知单

2010 年 12 月 25 日　　No：103

| 购货单位 | 名称 | 中山市日晟日用化工有限公司 | | | 纳税人登记号 | | | | | | | | | 440784616666123 | | | | | | | |
|---|---|---|---|---|---|---|---|---|---|---|---|---|---|---|---|---|---|---|---|---|---|
| | 地址、电话 | 中山市石岐区朝阳路 333 号 0760－88365555 | | | 开户银行及账号 | | | | | | | | | 工商银行石岐区支行 201200290910792992 | | | | | | | |
| 货物或应税劳务名称 | 计量单位 | 数量 | 单价 | 金额 | | | | | | | | 税率 | 税额 | | | | | | | | |
| | | | | 十 | 万 | 千 | 百 | 十 | 元 | 角 | 分 | % | 万 | 千 | 百 | 十 | 元 | 角 | 分 | | |
| 棕色瓶 | 箱 | 200 | 50.00 | | 1 | 0 | 0 | 0 | 0 | 0 | 0 | 17% | | 1 | 7 | 0 | 0 | 0 | 0 | | |
| 白色瓶 | 箱 | 3 000 | 80.00 | 2 | 4 | 0 | 0 | 0 | 0 | 0 | 0 | 17% | 4 | 0 | 8 | 0 | 0 | 0 | 0 | | |
| | | | | | | | | | | | | | | | | | | | | | |
| 合计 | | | | 2 | 5 | 0 | 0 | 0 | 0 | 0 | 0 | | 4 | 2 | 5 | 0 | 0 | 0 | 0 | | |
| 价税合计（大写） | 贰拾玖万贰仟伍佰元整 | | | | | | | | | | | | ¥292 500.00 | | | | | | | | |
| 合同号 | | | | 销货人员 | | | | | | | | 会计 | | | | | | | | | |
| 销售产品发货单号 | | | | 销售主管 | | | | | | | | 制单 | | | | | | | | | |
| 备注 | | | | | | | | | | | | | | | | | | | | | |

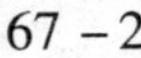

67－2

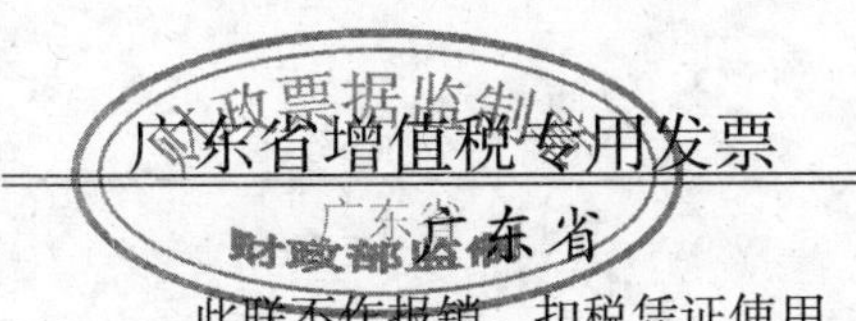


## 广东省增值税专用发票

NO. 00010005

广东省

此联不作报销、扣税凭证使用　　开票日期　年　月　日

| 购货单位 | 名称：<br>纳税人识别号：<br>地址、电话：<br>开户银行及账号： | | | | 密码区 | | |
|---|---|---|---|---|---|---|---|
| 货物或应税劳务名称 | 规格型号 | 单位 | 数量 | 单价 | 金额 | 税率 | 税额 |
| 合计 | | | | | | | |
| 价税合计（大写） | （小写） | | | | | | |
| 销货单位 | 名称：<br>纳税人识别号：<br>地址、电话：<br>开户银行及账号： | | | | 备注 | | |

第四联：记账联　销货方记账凭证

中山市宝利塑料制品有限公司
440784618888333
发票专用章

收款人：　　复核：　　开票人：　　销货单位（章）：

67－3

## 银行承兑汇票　　2

出票日期
（大写）贰零壹零年零陆月贰拾伍日　　008928

| 付款人 | 出票人全称 | 中山大昌有限公司 | 收款人 | 全称 | 中山市日晟日用化工有限公司 |
|---|---|---|---|---|---|
| | 出票人账号 | 405607475736859877 | | 账号 | 201200290910792992 |
| | 付款行全称 | 工商银行中山南区支行 | | 开户银行 | 工商银行中山石岐区支行 |
| 出票金额 | 人民币（大写） | 贰拾玖万元整 | | 千百十万千百十元角分 | ¥29000000 |
| 汇票到期日（大写） | 贰零壹零年壹拾贰月贰拾伍日 | | 付款行 | 行号 | 77091 |
| 承兑协议编号 | 528 | | | 地址 | 中山市南区362号 |
| 本汇票请你行承兑，到期后无条件付款<br>中山市大昌有限公司财务专用章<br>出票人签章 | | | 本汇票已经承兑，到期日由本行付款<br>承兑行签章<br>承兑日期 2010 年 06 月 25 日<br>备注： | 复核 | 记账 |

中国工商银行
中山南区支行
2010.12.25
业务办讫章

67－4

| 背书 | 背书 | 背书 |
|---|---|---|
| 本公司将本汇票金额转让给中山市宝利塑料制品有限公司<br>2010 年 12 月 25 日<br>（中山市日晟日用化工有限公司财务专用章） | 年 月 日 | |
| 背书人：中山市日晟日用化工有限公司 | 背书人： | 背书人： |

67－5

ICBC 中国工商银行　进账单（收款通知）3

年　月　日

| 出票人 | 全称 | | 收款人 | 全称 | |
|---|---|---|---|---|---|
| | 账号 | | | 账号 | |
| | 开户银行 | | | 开户银行 | |

| 金额 | 人民币（大写） | 亿 | 千 | 百 | 十 | 万 | 千 | 百 | 十 | 元 | 角 | 分 |
|---|---|---|---|---|---|---|---|---|---|---|---|---|
| | | | | | | | | | | | | |

| 票据种类 | | 票据张数 | | 中国工商银行 中山南区支行 2010.12.25 业务办讫章<br>收款人开户银行签章 |
|---|---|---|---|---|
| 票据号码 | | | | |
| | 复核 | 记账 | | |

67－6

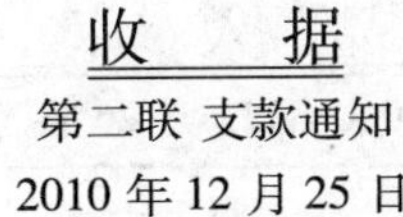

收　据

第二联 支款通知

2010 年 12 月 25 日

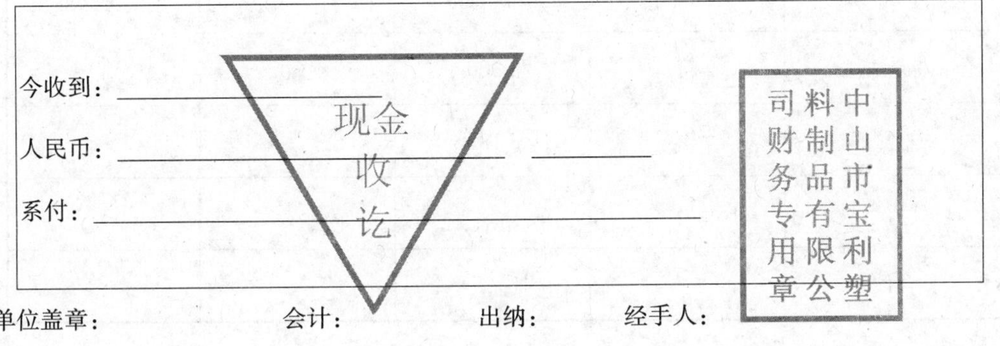

今收到：

人民币：

系付：



单位盖章：　　　会计：　　　出纳：　　　经手人：

68－1

中国工商银行现金进账单（回单或收账通知）　1

2010 年 12 月 25 日　　　　第　　号

| 收款人 | 全称 | 中山市宝利塑料制品有限公司 | 开户银行 | 工商银行中山南区支行 | | | | | | | | | |
|---|---|---|---|---|---|---|---|---|---|---|---|---|---|
| | 账号 | 20120029091084848 8 | 款项来源 | 收销货款 | | | | | | | | | |
| 人民币（大写）贰仟肆佰陆拾伍元整 | | | | 千 | 百 | 十 | 万 | 千 | 百 | 十 | 元 | 角 | 分 |
| | | | | | | | ¥ | 2 | 4 | 6 | 5 | 0 | 0 |

| 票面 | 张数 | 金额 | 票面 | 张数 | 金额 | |
|---|---|---|---|---|---|---|
| 壹佰元 | 24 | 2 400.00 | 壹元 | | | 中国工商银行 中山南区支行 2010.12.25 业务办讫章 |
| 伍拾元 | 1 | 50.00 | 伍角 | | | |
| 拾元 | 1 | 10.00 | 贰角 | | | |
| 伍元 | 1 | 5.00 | 壹角 | | | 收款银行盖章 |
| 贰元 | | | | | | 收款员　　复核员 |

69－1

# 产 品 入 库 单

2010 年 12 月 26 日

| 产品名称 | 计量单位 | 实收数量 | 单位成本 | 实际成本 |
|---|---|---|---|---|
| 棕色瓶 | 箱 | 3 200 | | |
| 白色瓶 | 箱 | 3 187 | | |
| | | | | |
| 合计 | | | | |

记账：　　　　主管：　　　　保管：

70－1

600584　　**成交过户交割凭单**　　买

2010 年 12 月 27 日

| | |
|---|---|
| 股东编号：A16357683 | 成交证券：美达股份 |
| 电脑编号：97869 | 成交数量：5 000 |
| 公司代号：567 | 成交价格：￥6.19 |
| 申请编号：658 | 成交金额：￥30 950.00 |
| 申报时间：9:45:10 | 标准佣金：￥80.00 |
| 成交时间：10:05:43 | 过户费用： |
| 上次余额：5 000（股） | 印花税：￥40.00 |
| 本次成交：5 000（股） | 应收金额：￥30 830.00 |
| 本次余额：0（股） | 最终金额： |
| 附加费用： | 实收金额：￥30 830.00 |

经办单位：　　　　客户签名：

71－1

中国工商银行 支票 06039999

10204430
06039999

出票日期（大写） 贰零壹零年壹拾贰月贰拾伍日　　付款行名称：工商银行中山西区支行

收款人：中山市宝利塑料制品有限公司　　出票人账号：201200290910147258

本支票付款期限十天

| 人民币（大写） | 贰拾陆万元整 | 亿 | 千 | 百 | 十 | 万 | 千 | 百 | 十 | 元 | 角 | 分 |
|---|---|---|---|---|---|---|---|---|---|---|---|---|
| | | | | ¥ | 2 | 6 | 0 | 0 | 0 | 0 | 0 | 0 |

用途：购货预付款

上列款项请从　　密码

我账户内支付　　行号 102589000888

出票人签章　　复核　　记账

华联（中山）有限公司财务专用章　黄雯之印

---

71－2

ICBC 中国工商银行　进账单　（收款通知）　3

年　月　日

| 出票人 | 全称 | | 收款人 | 全称 | | | | | | | | | | | |
|---|---|---|---|---|---|---|---|---|---|---|---|---|---|---|---|
| | 账号 | | | 账号 | | | | | | | | | | | |
| | 开户银行 | | | 开户银行 | | | | | | | | | | | |
| 金额 | 人民币（大写） | | | | 亿 | 千 | 百 | 十 | 万 | 千 | 百 | 十 | 元 | 角 | 分 |
| | | | | | | | | | | | | | | | |
| 票据种类 | | 票据张数 | | 中国工商银行 中山南区支行 2010.12.28 业务办讫章 收款人开户银行签章 | | | | | | | | | | | |
| 票据号码 | | | | | | | | | | | | | | | |
| 复核 | 记账 | | | | | | | | | | | | | | |

71－3

# 收　　据

第二联　支款通知

2010 年 12 月 28 日

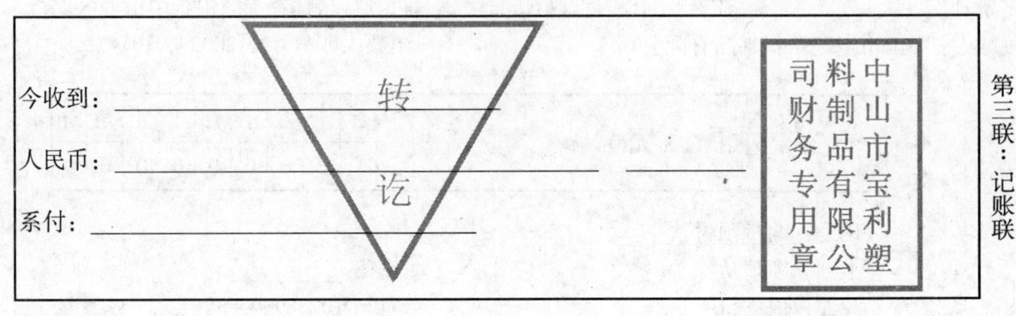

今收到：

人民币：

系付：



第三联：记账联

单位盖章：　　　会计：　　　出纳：　　　经手人：

72－1

# 销　售　通　知　单

2010 年 12 月 28 日　　　　No：106

| 购货单位 | 名称 | 华联（中山）公司 | | | 纳税人登记号 | | | | | | | | 440784617412906 | | | | | | | |
|---|---|---|---|---|---|---|---|---|---|---|---|---|---|---|---|---|---|---|---|---|
| | 地址、电话 | 中山市西区 125 号<br>0760－86756623 | | | 开户银行及账号 | | | | | | | | 工商银行中山西区支行<br>201200290910147258 | | | | | | | |
| 货物或应税劳务名称 | | 计量单位 | 数量 | 单价 | 金额 | | | | | | | | 税率 | 税额 | | | | | | |
| | | | | | 十 | 万 | 千 | 百 | 十 | 元 | 角 | 分 | % | 万 | 千 | 百 | 十 | 元 | 角 | 分 |
| 白色瓶 | | 箱 | 2800 | 80.00 | 2 | 2 | 4 | 0 | 0 | 0 | 0 | 0 | 17% | 3 | 8 | 0 | 8 | 0 | 0 | 0 |
| | | | | | | | | | | | | | | | | | | | | |
| 合计 | | | | | 2 | 2 | 4 | 0 | 0 | 0 | 0 | 0 | | 3 | 8 | 0 | 8 | 0 | 0 | 0 |
| 价税合计（大写） | | 贰拾陆万贰仟零捌拾元整　　￥262 080.00 | | | | | | | | | | | | | | | | | | |
| 合同号 | | | | | 销货人员 | | | | | | | | 会计 | | | | | | | |
| 销售产品发货单号 | | | | | 销售主管 | | | | | | | | 制单 | | | | | | | |
| 备注 | | | | | | | | | | | | | | | | | | | | |

72－2

中国工商银行 支票06034123

10204430
06034123

出票日期(大写) 贰零壹零年壹拾贰月贰拾捌日 付款行名称：工商银行中山西区支行
收款人：中山市宝利塑料制品有限公司 出票人账号：20120029091014725 8

本支票付款期限十天

| 人民币(大写) | 贰仟零捌拾元整 | 亿 | 千 | 百 | 十 | 万 | 千 | 百 | 十 | 元 | 角 | 分 |
|---|---|---|---|---|---|---|---|---|---|---|---|---|
| | | | | | | ¥ | 2 | 0 | 8 | 0 | 0 | 0 |

用途：购货补付货款差额
上列款项请从 密码
我账户内支付 行号 102589000888
出票人签章 复核 记账

华联（中山）有限公司财务专用章　黄雯之印

72－3

ICBC 中国工商银行 进账单 （收款通知） 3

年 月 日

| 出票人 | 全称 | | 收款人 | 全称 | |
|---|---|---|---|---|---|
| | 账号 | | | 账号 | |
| | 开户银行 | | | 开户银行 | |

| 金额 | 人民币(大写) | 亿 | 千 | 百 | 十 | 万 | 千 | 百 | 十 | 元 | 角 | 分 |
|---|---|---|---|---|---|---|---|---|---|---|---|---|
| | | | | | | | | | | | | |

| 票据种类 | | 票据张数 | | 中国工商银行 中山南区支行 2010.12.28 业务办讫章 |
|---|---|---|---|---|
| 票据号码 | | | | |
| 复核 记账 | | | | 收款人开户银行签章 |

72 -4

# 收　　据

第二联　支款通知

2010 年 12 月 28 日

今收到：

人民币：

系付：

转讫

中山市宝利塑料制品有限公司财务专用章

第三联：记账联

单位盖章：　　　　会计：　　　　出纳：　　　　经手人：

---

72 -5

# 广东省增值税专用发票

NO. 00010006

此联不作报销、扣税凭证使用　　开票日期　　年　月　日

| 购货单位 | 名称：<br>纳税人识别号：<br>地址、电话：<br>开户银行及账号： | | | | | 密码区 | | |
|---|---|---|---|---|---|---|---|---|
| 货物或应税劳务名称 | 规格型号 | 单位 | 数量 | 单价 | 金额 | 税率 | 税额 | |
| 合计 | | | | | | | | |
| 价税合计（大写） | | | | （小写） | | | | |
| 销货单位 | 名称：<br>纳税人识别号：<br>地址、电话：<br>开户银行及账号： | | | | | 备注 | 中山市宝利塑料制品有限公司<br>440784618888333<br>发票专用章 | |

第四联：记账联　销货方记账凭证

收款人：　　　　复核：　　　　开票人：　　　　销货单位（章）

73－1

中国工商银行
支票存根
10204430
02034115

附加信息

出票日期　　年　月　日

| 收款人： |
|---|
| 金额： |
| 用途： |

单位主管　　会计

中国工商银行　支票 02034115　　10204430 02034115

出票日期（大写）　　年　　月　　日　　付款行名称：
收款人：　　出票人账号：

本支票付款期限十天

| 人民币（大写） | | 亿 | 千 | 百 | 十 | 万 | 千 | 百 | 十 | 元 | 角 | 分 |
|---|---|---|---|---|---|---|---|---|---|---|---|---|
| | | | | | | | | | | | | |

用途：
上列款项请从　　密码
我账户内支付　　行号 102589000222
出票人签章　　复核　　记账

中山市宝利塑料制品有限公司财务专用章　　张强之印

73－2

广东省地方税收通用发票（电子）　　电子发票　手写无效

发票代码 441000230987

开票日期：2010 年 12 月 28 日　　发票号码 00012345

| 防伪码 | | | |
|---|---|---|---|
| 付款方 | 中山市宝利塑料制品有限公司 | 身份证号/组织机构代码/纳税人识别号 | 440784618888333 |
| 收款方 | 中山德瑞会计师事务所 | 身份证号/组织机构代码/纳税人识别号 | 440108745685125 |
| 项目 | | 金额（元） | 备注 |
| 审计费 | | 2 500.00 | |
| 合计金额（大写）：人民币贰仟伍佰元整　　¥2 500.00 | | | |
| 查询网址：http：//www.gdltax.gov.cn | 主管税务机关 | | |

发票联　付款方付款凭证

No.　244001000888－12330999

开票人：　　开票单位盖章

中山德瑞会计师事务所 440187456851253888 发票专用章

74－1

## 交易性金融资产公允价值变动表

2010年12月31日

| 股票名称 | 持股数量（股） | 期初价值 | 期末每股收盘价（元） | 期末价值（元） |
|---|---|---|---|---|
| 珠江股份 | 160 000 | | 6.50 | |
| | | | | |
| | | | | |
| 合计 | | | | |

会计主管：　　　　复核：　　　　制表：

75－1

## 持有至到期投资利息计算表

2010年12月31日

| 债券名称 | 面值（元） | 月利率（单利） | 月利息（元） |
|---|---|---|---|
| 国库券 | 360 000 | 0.625% | 2 250 |
| | | | |

会计主管：　　　　复核：　　　　制表：

76－1

## 材料报废申请表

2010年12月31日　　　　第　号

| 编号 | 材料 | 名称 | 单位 | 规格 | 数量 | 单价 | 金额 十万 | 万 | 千 | 百 | 十 | 元 | 角 | 分 |
|---|---|---|---|---|---|---|---|---|---|---|---|---|---|---|
| | | 工具 | 个 | | 15 | 20.00 | | | | 3 | 0 | 0 | 0 | 0 |
| | | | | | | | | | | | | | | |
| | | | | | | | | | | | | | | |
| | | | | | | | | | | | | | | |
| 合计：人民币（大写）叁佰元整 | | | | | | | | | ¥ | 3 | 0 | 0 | 0 | 0 |
| 报废原因 | 生产车间主管意见<br>同意<br>林智贤　2010.12.31 | | | | | | 厂部主管意见<br>同意<br>张强　2010.12.31 | | | | | | | |

第三联：财务　附件：张

77－1

## 发料凭证分配汇总表

2010 年 12 月 31 日

| 总账科目 | 明账科目 | 韩国 PC 料 | | 低密度 PE 料 | | 高密度 PE 料 | | ABS 抽粒料 | | 合计 |
|---|---|---|---|---|---|---|---|---|---|---|
| | | 数量 | 金额 | 数量 | 金额 | 数量 | 金额 | 数量 | 金额 | |
| | | | | | | | | | | |
| | | | | | | | | | | |
| | | | | | | | | | | |
| | | | | | | | | | | |
| | | | | | | | | | | |
| | | | | | | | | | | |
| | | | | | | | | | | |
| | | | | | | | | | | |
| | | | | | | | | | | |

制表： 复核：

78－1

## 吹瓶车间领用纸箱费用分配汇总表

2010 年 12 月 31 日

| 总账科目 | 明账科目 | 棕色瓶用 | | 白色瓶用 | |
|---|---|---|---|---|---|
| | | 数量 | 金额 | 数量 | 金额 |
| | | | | | |
| | | | | | |
| | | | | | |
| | | | | | |
| | | | | | |
| | | | | | |
| | | | | | |

制表：

79－1

# 工资结算汇总表

2010年12月31日 单位：元

| 部门 | 基本工资 | 奖金 | 津贴 | 应发合计 | 养老保险（8%） | 医疗保险（2%） | 公积金（5%） | 个人所得税 | 实发工资 |
|---|---|---|---|---|---|---|---|---|---|
| 总经办 | 12462.00 | 600.00 | 300.00 | 13362.00 | | | | 363.00 | |
| 采购部 | 5343.00 | 200.00 | 200.00 | 5743.00 | | | | 147.20 | |
| 报关部 | 2320.00 | 100.00 | 100.00 | 2520.00 | | | | | |
| 财务部 | 7949.00 | 200.00 | 200.00 | 8349.00 | | | | 188.60 | |
| 人事部 | 10226.00 | 400.00 | 400.00 | 11026.00 | | | | 271.10 | |
| 销售部 | 15870.00 | 600.00 | 600.00 | 17070.00 | | | | 386.00 | |
| 注塑车间管理人员 | 25500.00 | 900.00 | 600.00 | 27000.00 | | | | 501.00 | |
| 吹瓶车间管理人员 | 16887.00 | 900.00 | 600.00 | 18387.00 | | | | 437.00 | |
| 维修车间 | 6332.00 | 200.00 | 200.00 | 6732.00 | | | | 149.30 | |
| 模具车间 | 11046.00 | 400.00 | 400.00 | 11846.00 | | | | 274.50 | |
| 注塑－棕色瓶坯 | 50260.00 | 3800.00 | 3800.00 | 57860.00 | | | | 1287.80 | |
| 注塑－白色瓶坯 | 84560.00 | 3800.00 | 3800.00 | 92160.00 | | | | 2726.90 | |
| 吹瓶－棕色瓶 | 21800.00 | 1900.00 | 1900.00 | 25600.00 | | | | 489.80 | |
| 吹瓶－白色瓶 | 46600.00 | 1900.00 | 1900.00 | 50400.00 | | | | 1132.60 | |
| 合计 | 317155.00 | 15900.00 | 15000.00 | 348055.00 | | | | 8354.80 | |

财务主管： 制表：

80 - 1

# 单位负担工会经费、职工教育经费分配表

2010 年 12 月 31 日

| 部门 | 应发合计 | 工会经费 2% | 职工教育经费 1.5% |
|---|---|---|---|
| 总经办 | | | |
| 采购部 | | | |
| 报关部 | | | |
| 人事部 | | | |
| 财务部 | | | |
| 销售部 | | | |
| 注塑车间管理人员 | | | |
| 吹瓶车间管理人员 | | | |
| 维修车间 | | | |
| 模具车间 | | | |
| 注塑 - 棕色瓶 | | | |
| 注塑 - 白色瓶 | | | |
| 吹瓶 - 棕色瓶 | | | |
| 吹瓶 - 白色瓶 | | | |
| 合计 | | | |

财务主管: 制表:

81－1

# 单位负担社会保险分配表

2010 年 12 月 31 日

| 部　门 | 人数 | 人均标准工资（元） | 标准工资合计（元） | 养老保险（12%） | 医疗保险（4.5%） | 合计 |
|---|---|---|---|---|---|---|
| 总经办 | 3 人 | 1 383.00 | | | | |
| 采购部 | 2 人 | 1 383.00 | | | | |
| 报关部 | 1 人 | 1 383.00 | | | | |
| 人事部 | 2 人 | 1 383.00 | | | | |
| 财务部 | 4 人 | 1 383.00 | | | | |
| 销售部 | 6 人 | 1 383.00 | | | | |
| 注塑车间管理人员 | 6 人 | 1 383.00 | | | | |
| 吹瓶车间管理人员 | 6 人 | 1 383.00 | | | | |
| 维修车间 | 2 人 | 1 383.00 | | | | |
| 模具车间 | 4 人 | 1 383.00 | | | | |
| 注塑－棕色瓶 | 38 人 | 1 383.00 | | | | |
| 注塑－白色瓶 | 38 人 | 1 383.00 | | | | |
| 吹瓶－棕色瓶 | 19 人 | 1 383.00 | | | | |
| 吹瓶－白色瓶 | 19 人 | 1 383.00 | | | | |
| 合计 | | | | | | |

财务主管：　　　　　　　　制表：

82-1

## 单位负担住房公积金分配表

2010年12月31日

| 部　　门 | 应发合计 | 住房公积金（5%） |
|---|---|---|
| 总经办 | | |
| 采购部 | | |
| 报关部 | | |
| 人事部 | | |
| 财务部 | | |
| 销售部 | | |
| 注塑车间管理人员 | | |
| 吹瓶车间管理人员 | | |
| 维修车间 | | |
| 模具车间 | | |
| 注塑-棕色瓶 | | |
| 注塑-白色瓶 | | |
| 吹瓶-棕色瓶 | | |
| 吹瓶-白色瓶 | | |
| 合计 | | |

财务主管：　　　　　　　　　　　　制表：

83－1

# 固定资产折旧计算表

2010年12月31日

| 序号 | 名称 | 所在部门 | 预计使用年限 | 原值（元） | 预计残值率 | 对应折旧科目 | 可提折旧月份 | 已提折旧月份 | 本月计提折旧额 |
|---|---|---|---|---|---|---|---|---|---|
| 1 | 厂房 | 总经办 | 20 | 1 200 000 | 10% | 管理费用 | 略 | 略 | |
| 2 | 厂房 | 注塑车间 | 20 | 133 330 | 10% | 制造费用 | 略 | 略 | |
| 3 | 厂房 | 吹瓶车间 | 20 | 87 870 | 10% | 制造费用 | 略 | 略 | |
| 4 | 厂房 | 维修车间 | 20 | 53 400 | 10% | 辅助生产成本 | 略 | 略 | |
| 5 | 厂房 | 模具车间 | 20 | 66 540 | 10% | 辅助生产成本 | 略 | 略 | |
| 6 | 注塑机 | 注塑车间 | 10 | 1 000 000 | 10% | 制造费用 | 略 | 略 | |
| 7 | 机械手 | 注塑车间 | 10 | 213 300 | 10% | 制造费用 | 略 | 略 | |
| 8 | 干燥机 | 注塑车间 | 10 | 277 814 | 10% | 制造费用 | 略 | 略 | |
| 9 | 模温机 | 注塑车间 | 10 | 66 087 | 10% | 制造费用 | 略 | 略 | |
| 10 | 冷水机 | 注塑车间 | 10 | 120 000 | 10% | 制造费用 | 略 | 略 | |
| 11 | 吹瓶机 | 吹瓶车间 | 10 | 1 466 733 | 10% | 制造费用 | 略 | 略 | |
| 12 | 加温炉 | 吹瓶车间 | 10 | 400 000 | 10% | 制造费用 | 略 | 略 | |
| 13 | 空压机 | 吹瓶车间 | 10 | 240 000 | 10% | 制造费用 | 略 | 略 | |
| 14 | 货车 | 销售部 | 10 | 169 367 | 10% | 销售费用 | 略 | 略 | |
| 15 | 轿车 | 总经办 | 10 | 140 000 | 10% | 管理费用 | 略 | 略 | |
| 16 | 空调 | 总经办 | 5 | 5 650 | 10% | 管理费用 | 略 | 略 | |
| 17 | 空调 | 财务部 | 5 | 5 650 | 10% | 管理费用 | 略 | 略 | |
| 18 | 空调 | 人事部 | 5 | 5 650 | 10% | 管理费用 | 略 | 略 | |
| 19 | 打印机 | 总经办 | 3 | 6 400 | 10% | 管理费用 | 略 | 略 | |
| 20 | 复印机 | 总经办 | 3 | 7 200 | 10% | 管理费用 | 略 | 略 | |
| 21 | 传真机 | 总经办 | 3 | 6 000 | 10% | 管理费用 | 略 | 略 | |
| 22 | 传真机 | 销售部 | 3 | 6 000 | 10% | 销售费用 | 略 | 略 | |
| 23 | 消防设备 | 总经办 | 3 | 4 800 | 10% | 管理费用 | 略 | 略 | |
| | 合计 | | | 5 681 791 | | | | | |

注：计算出来的折旧额四舍五入取整数。

财务主管：　　　　　　　　制表：

83－2

## 固定资产折旧费用分配表

年　　月　　日

| 部门 | 销售费用 | 辅助生产成本 | 管理费用 | 制造费用 |
|---|---|---|---|---|
| 总经办 | | | | |
| 注塑车间 | | | | |
| 吹瓶车间 | | | | |
| 维修车间 | | | | |
| 模具车间 | | | | |
| 销售部 | | | | |
| 财务部 | | | | |
| 人事部 | | | | |
| 总计 | | | | |

财务主管：　　　　　　　　　　制表：

84－1

## 辅助生产劳务供应通知单

| 受益单位 | 维修车间提供工时 | 模具车间提供模具 |
|---|---|---|
| 注塑车间 | 100 | |
| 吹瓶车间 | 80 | 100 |
| 合计 | 180 | 100 |

注：用直接分配法分配。

84－2

## 辅助生产费用分配表

| 辅助车间名称 | 维修车间 | 模具车间 | 金额合计 |
|---|---|---|---|
| 待分配费用 | | | |
| 费用分配率 | | | |
| 注塑车间耗用 | | | |
| 吹瓶车间耗用 | | | |
| 分配金额合计 | | | |

财务主管：　　　　　　　　　　制表：

85－1

## 注塑车间制造费用分配表

| 应借科目 | | | 生产工人工资 | 分配率 | 分配金额 |
|---|---|---|---|---|---|
| 基本生产成本 | 棕色瓶坯 | 制造费用 | | | |
| | 白色瓶坯 | 制造费用 | | | |
| 合计 | | | | | |

财务主管：　　　　　　　　　　制表：

86－1

## 吹瓶车间制造费用分配表

| 应借科目 | | | 生产工人工资 | 分配率 | 分配金额 |
|---|---|---|---|---|---|
| 基本生产成本 | 棕色瓶 | 制造费用 | | | |
| | 白色瓶 | 制造费用 | | | |
| 合计 | | | | | |

财务主管：　　　　　　　　　　制表：

87－1

## 棕色瓶坯成本计算单（期末清点在产品产量800箱）

| | | 直接材料 | 直接人工 | 制造费用 | 合计 |
|---|---|---|---|---|---|
| 月初在产品成本 | | | | | |
| 本月发生费用 | | | | | |
| 合计 | | | | | |
| 约当产量 | 完工半成品产量（箱） | 2 770 | 2 770 | 2 770 | 2 770 |
| | 在产品产量×50% | 800 | 400 | 400 | |
| 单位成本 | | | | | |
| 完工半成品成本 | | | | | |
| 月末在产品成本 | | | | | |

财务主管：　　　　　　　　　　制表：

87－2

## 白色瓶坯成本计算单（期末清点在产品产量600箱）

| | | 直接材料 | 直接人工 | 制造费用 | 合计 |
|---|---|---|---|---|---|
| 月初在产品成本 | | | | | |
| 本月发生费用 | | | | | |
| 合计 | | | | | |
| 约当产量 | 完工半成品产量（箱） | 1 920 | 1 920 | 1 920 | 1 920 |
| | 在产品产量×50% | 600 | 300 | 300 | |
| 单位成本 | | | | | |
| 完工半成品成本 | | | | | |
| 月末在产品成本 | | | | | |

财务主管： 制表：

87－3

## 半成品入库汇总表

2010年12月31日

| 产品编号 | 品名 | 单位 | 入库数量 | 备注 |
|---|---|---|---|---|
| | | | | |
| | | | | |
| | | | | |
| | | | | |
| | | | | |
| | | | | |
| | | | | |

仓库负责人： 保管：

88－1

## 吹瓶车间领用棕色瓶坯和白色瓶坯汇总表

| 名称 | 数量 | 单价 | 金额 |
|---|---|---|---|
| 棕色瓶坯 | | | |
| 白色瓶坯 | | | |

财务主管： 制表：

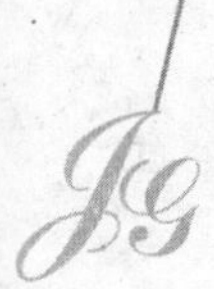

89－1

## 棕色瓶成本计算单（期末清点在产品产量400箱）

| | | 直接材料 | 直接人工 | 制造费用 | 合计 |
|---|---|---|---|---|---|
| 月初在产品成本 | | | | | |
| 本月发生费用 | | | | | |
| 合计 | | | | | |
| 约当产量 | 完工产品产量 | 9 600 | 9 600 | 9 600 | 9 600 |
| | 在产品产量×50% | 400 | 200 | 200 | |
| 单位成本 | | | | | |
| 完工产品成本 | | | | | |
| 月末在产品成本 | | | | | |

财务主管：　　　　　　　　　　制表：

89－2

## 白色瓶成本计算单（期末清点在产品产量400箱）

| | | 直接材料 | 直接人工 | 制造费用 | 合计 |
|---|---|---|---|---|---|
| 月初在产品成本 | | | | | |
| 本月发生费用 | | | | | |
| 合计 | | | | | |
| 约当产量 | 完工产品产量 | 9 547 | | | |
| | 在产品产量×50% | 400 | 200 | 200 | |
| 单位成本 | | | | | |
| 完工产品成本 | | | | | |
| 月末在产品成本 | | | | | |

财务主管：　　　　　　　　　　制表：

89－3

## 产品入库汇总表

（2010年12月31日）

| 产品编号 | 品名 | 单位 | 入库数量 | 备注 |
|---|---|---|---|---|
| | | | | |
| | | | | |
| | | | | |

仓库负责人：　　　　　　保管：

90－1

## 短期借款利息计算表

2010年12月31日

| 借款名称 | 借款银行 | 本金 | 年利率（单利） | 月利率（单利） | 月利息 |
|---|---|---|---|---|---|
| 短期借款 | 工行 | 420 000.00 | 6.45% | 0.537 5% | 2 257.50 |
| | | | | | |
| | | | | | |
| | | | | | |

会计主管： 复核： 制表：

90－2

## 中国工商银行放款利息通知单（代传票）

2010年12月31日

<table>
<tr><td>户名</td><td>中山市宝利塑料制品有限公司</td><td>账户</td><td colspan="7">201200290910848488</td></tr>
<tr><td>利息计算时间</td><td>2010年10月1日至12月31日止</td><td>利息基数：420 000.00</td><td colspan="7">年利率：6.45%</td></tr>
<tr><td rowspan="2">利息金额</td><td rowspan="2" colspan="2">人民币（大写）陆仟柒佰柒拾贰元伍角零分</td><td>万</td><td>千</td><td>百</td><td>十</td><td>元</td><td>角</td><td>分</td></tr>
<tr><td>¥</td><td>6</td><td>7</td><td>7</td><td>2</td><td>5</td><td>0</td></tr>
<tr><td colspan="2">上列利息已由你存款户扣收<br>中国工商银行<br>中国工商银行 中山南区支行 2010.12.31 业务办讫章</td><td colspan="8">科目<br>转账 2010年12月31日<br>复核 记账 制单</td></tr>
</table>

91－1

## 长期借款利息计算表

2010年12月31日

| 借款名称 | 借款银行 | 本金（元） | 年利率（单利） | 月利率（单利） | 利息（19—31日） |
|---|---|---|---|---|---|
| 长期借款 | 建行 | 2000000.00 | 6.45% | 0.5375% | 4300.00 |
| | | | | | |
| | | | | | |
| | | | | | |

会计主管： 复核： 制表：

92－1

# 产品销售汇总表

2010 年 12 月 31 日

| 项目 | 棕色瓶 | | 白色瓶 | | 合计 |
|---|---|---|---|---|---|
| | 数量 | 金额 | 数量 | 金额 | |
| 月初结存 | | | | | |
| 本月入库 | | | | | |
| 加权平均单价 | | | | | |
| 本月销售产品 | | | | | |

会计主管： 复核： 制表：

注：加权平均单价保留四位小数。

93－1

# 生产企业出口货物免、抵、退税申报汇总表

（适用于增值税一般纳税人）

纳税人识别号： 纳税人名称（公章）：

海关代码： 税款所属期： 年 月至 年 月

申报日期： 年 月 日 金额单位：元（列至角分）

| 项目 | 栏次 | 当期 | 本年累计 | 与增值税纳税申报表差额 |
|---|---|---|---|---|
| | | (a) | (b) | (c) |
| 免抵退出口货物销售额（美元） | 1 | | | — |
| 免抵退出口货物销售额 | 2＝3＋4 | | | |
| 其中：单证不齐销售额 | 3 | | | — |
| 单证齐全销售额 | 4 | | | — |
| 前期出口货物当期收齐单证销售额 | 5 | | — | — |
| 单证齐全出口货物销售额 | 6＝4＋5 | 0.00 | | — |
| 免税出口货物销售额（美元） | 7 | | | |
| 免税出口货物销售额 | 8 | | | |
| 全部出口货物销售额（美元） | 9＝1＋7 | | | |
| 全部出口货物销售额 | 10＝2＋8 | | | |
| 不予免抵退出口货物销售额 | 11 | | | — |

续 93－1

| 项　目 | 栏　次 | 当期 (a) | 本年累计 (b) | 与增值税纳税申报表差额 (c) |
|---|---|---|---|---|
| 出口销售额乘征退税率之差 | 12 | | | — |
| 上期结转免抵退税不得免征和抵扣税额抵减额 | 13 | | — | — |
| 免抵退税不得免征和抵扣税额抵减额 | 14 | | | — |
| 免抵退税不得免征和抵扣税额 | 15（如 12 > 13 + 14 则为 12 － 13 － 14，否则为 0） | | | |
| 结转下期免抵退税不得免征和抵扣税额抵减额 | 16（如 13 + 14 > 12 则为 13 + 14 － 12，否则为 0） | | — | — |
| 出口销售额乘退税率 | 17 | | | — |
| 上期结转免抵退税额抵减额 | 18 | | — | — |
| 免抵退税额抵减额 | 19 | | | — |
| 免抵退税额 | 20（如 17 > 18 + 19 则为 17 － 18 － 19，否则为 0） | | | — |
| 结转下期免抵退税额抵减额 | 21（如 17 < 18 + 19 则为 18 + 19 － 17，否则为 0） | | — | — |
| 增值税纳税申报表期末留抵税额 | 22 | | — | — |
| 计算退税的期末留抵税额 | 23 = 22 － 15c | | — | — |
| 当期应退税额 | 24 =（如 20 > 23 则为 23，否则为 20） | | | — |
| 当期免抵税额 | 25 = 20 － 24 | | | — |
| 前期单证收齐 | 26 | | | |
| 前期信息收齐 | 27 | | | |

| 出口企业申明： | 退税部门 |
|---|---|
| 此表各栏目填报内容是真实、合法的，与实际出口货物情况相符。此次申报的出口业务不属于“四自三不见”等违背正常出口经营程序的出口业务。否则，本企业愿承担由此产生的相关责任。<br>经办人：<br>财务负责人：　　（公章）<br>企业负责人：　　年　　月　　日 | 经办人：<br>复核人：<br>（章）<br>负责人：<br>年　　月　　日 |

注：出口退税率按 13% 计算。

受理人：　　　　受理日期：　　年　　月　　　　受理税务机关（签章）

93-2

## 出口销售不得抵扣的进项税计算表

2010 年 12 月 31 日

| 项　　目 | 出口销售额 | 征税率 | 退税率 | 征退税率之差 | 不得免征和抵扣税额 |
|---|---|---|---|---|---|
| 一般贸易（免抵退税） | | | | | |
| | | | | | |

会计主管：　　　　复核：　　　　制表：

94-1

## 坏账准备计提表

2010 年 12 月 31 日

| 项　　目 | 应收账款 | 提取比例 | 坏账准备 |
|---|---|---|---|
| 月初结存金额 | 122 850.00 | 2% | 2 457.00 |
| 本期结转坏账 | | | |
| 计提前金额（负数为借方） | | | |
| 月末结存金额 | | | |
| 本月应计提坏账准备 | | | |

95-1

## 增值税纳税申报表

（适用于增值税一般纳税人）

根据《中华人民共和国增值税暂行条例》第二十二条和第二十三条的规定制定本表。纳税人不论有无销售额，均应按主管税务机关核定的纳税期限按期填报本表，并于次月一日起十五日内，向当地税务机关申报。

税款所属时间：自 2010 年 12 月 01 日至 2010 年 12 月 31 日　　填表日期：2011 年 01 月 08 日

所属行业：制造业

| 纳税人识别号 | 440784618888333 | 纳税人编码 | | 法人姓名 | 张强 |
|---|---|---|---|---|---|
| 名　称 | 中山市宝利塑料制品有限公司 | | | | |
| 注册地址 | 中山市南区大宝路 56 号 | | 电话 | 0760-88998888 | |
| 营业地址 | 中山市南区大宝路 56 号 | | 传真 | 0760-88998889 | |
| 开户银行及账号 | 工商银行中山南区支行 201200290910848488 | | 登记注册类型 | | |

续 95－1

| 项目 | | 栏次 | 一般货物及劳务 | | 即征即退货物及劳务 | |
|---|---|---|---|---|---|---|
| | | | 本月数 | 本年累计 | 本月数 | 本年累计 |
| 销售额 | （一）按适用税率征税货物及劳务销售额 | 1 | | | | |
| | 其中：应税货物销售额 | 2 | | | | |
| | 应税劳务销售额 | 3 | | | | |
| | 纳税检查调整的销售额 | 4 | | | | |
| | （二）按简易征收办法征税货物销售额 | 5 | | | | |
| | 其中：纳税检查调整的销售额 | 6 | | | | |
| | （三）免、抵、退办法出口货物销售额 | 7 | | | — | — |
| | （四）免税货物及劳务销售额 | 8 | | | — | — |
| | 其中：免税货物销售额 | 9 | | | — | — |
| | 免税劳务销售额 | 10 | | | — | — |
| 税款计算 | 销项税额 | 11 | | | | |
| | 进项税额 | 12 | | | | |
| | 上期留抵税额 | 13 | | — | | — |
| | 进项税额转出 | 14 | | | | |
| | 免抵退货物应退税额 | 15 | | | — | — |
| | 按适用税率计算的纳税检查应补缴税额 | 16 | | | — | — |
| | 应抵扣税额合计（＝12＋13－14－15＋16） | 17 | | — | | — |
| | 实际抵扣税额＝Min（11，17） | 18 | | | | |
| | 应纳税额（＝11－18） | 19 | | | | |
| | 期末留抵税额（＝17－18） | 20 | | — | | — |
| | 简易征收办法计算的应纳税额 | 21 | | | | |
| | 按简易征收办法计算的纳税检查应补缴税额 | 22 | | | — | — |
| | 应纳税额减征额 | 23 | | | | |
| | 应纳税额合计（＝19＋21－23） | 24 | | | | |
| 税款缴纳 | 期初未缴税额（多缴为负数） | 25 | | | | |
| | 实收出口开具专用缴款书退税额 | 26 | | | — | — |
| | 本期已缴税额（＝28＋29＋30＋31） | 27 | | | | |
| | ①分次预缴税额 | 28 | | — | | — |

续 95－1

| 项目 | | 栏次 | 一般货物及劳务 | | 即征即退货物及劳务 | |
|---|---|---|---|---|---|---|
| | | | 本月数 | 本年累计 | 本月数 | 本年累计 |
| 税款缴纳 | ②出口开具专用缴款书预缴税额 | 29 | | — | — | — |
| | ③本期缴纳上期应纳税额 | 30 | | | | |
| | ④本期缴纳欠缴税额 | 31 | | | | |
| | 期末未缴税额（＝24＋25＋26－27） | 32 | | | | |
| | 其中：欠缴税额（≥0）（＝25＋26－27） | 33 | | — | | — |
| | 本期应补（退）税额（＝24－28－29） | 34 | | — | | — |
| | 即征即退实际退税额 | 35 | — | — | | |
| | 期初未缴查补税额 | 36 | | | — | — |
| | 本期入库查补税额 | 37 | | | — | — |
| | 期末未缴查补税额（＝16＋22＋36－37） | 38 | | | — | — |
| 授权声明 | 如果你已委托代理人申报，请填写下列资料：______为本纳税人的代理申报人，任何与本申请表有关的往来文件都可寄与此人。<br>授权人签字： | 申报人声明 | 此纳税申报表是根据《中华人民共和国增值税暂行条例》的规定填报的，我相信它是真实的、可靠的、完整的。<br>声明人签字： | | | |

收到日期：　　　　　　　　　　接收人：

95－2

# 税费计算表

2010 年 12 月 31 日

| 项目 | 税基 | | 税率 | 应交税费 |
|---|---|---|---|---|
| | 项目 | 金额 | | |
| 城建税 | | | 7% | |
| 教育费附加 | | | 3% | |
| 堤围费 | | | 0.1% | |
| 印花税 | | | 0.03% | |
| 合计 | | | | |

会计主管：　　　　　　　复核：　　　　　　　制表：

95－3

# 广东省地方税收纳税申报表（综合）

申报日期：　　　　　　　　　申报流水号：

税务登记号：　　　　　　　纳税人编码：　　　　　　管理机关：

正常申报□　　自查补报□　　被查补报□　　延期申报预缴□

纳税人分类号：　　　　计算单位：元（列至角分）·平方米·本·份·吨

| 纳税人名称 | | | | 注册地址 | | | | | 注册类型 | | 其他有限责任公司 | |
|---|---|---|---|---|---|---|---|---|---|---|---|---|
| 开户银行 | | | | 账号 | | | 联系电话 | | | | 邮政编码 | |
| 征收项目 | 征收品目 | 税费所属时期起 | 税费所属时期止 | 申报计税总额或总数量 | 允许扣除金额或数量 | 计税金额或计税数量 | 税（征收）率（单位税额） | 速算扣除额 | 应缴纳税额 | 批准减免税额 | 已（抵）缴税额 | 实际应缴税（费）额 |
| 城市维护建设税 | | | | | | | | | | | | |
| 教育费附加收入 | | | | | | | | | | | | |
| 堤围防护费 | | | | | | | | | | | | |
| 本期税费合计 | | | | | | | | | | | | |
| 房产税附列资料 | 房产建筑面积 | | 本期实际房产原值 | | 本期从价计税的房产原值 | | 本期从租计税的房产原值 | | 本期批准减免税的房产原值 | | 本期租金收入 | |
| | | | | | | | | | | | | |
| 如纳税人填报，由纳税人填写以下各栏 | | | | | | 如委托人填报，由委托人填写以下各栏 | | | | | | |
| | | | | | | | | | | | | |
| 主管会计 | | 经办人 | | | | 税务代理机构（盖章） | | | 电话 | | 经办人 | |
| 由税务机关填写 | 受理人：　　年　月　日 | | | | 审核人：　　年　月　日 | | | | 录入人：　　年　月　日 | | | |

96－1

## 所得税计算表

2010 年 12 月 31 日

| 项 目 | 金 额 |
| --- | --- |
| 利润总额 | |
| 减国债利息收入 | |
| 应纳税所得额 | |
| 所得税率 | |
| 本期应交所得税 | |
| 本期所得税费用 | |

财务主管： 制表：

97－1

## 内部转账单

转账日期：

| 摘 要 | 转账项目 | 金 额 |
| --- | --- | --- |
| 转到本年利润账户 | | |
| 转到本年利润账户 | | |
| 转到本年利润账户 | | |
| 转到本年利润账户 | | |
| 转到本年利润账户 | | |
| 转到本年利润账户 | | |
| 转到本年利润账户 | | |
| 转到本年利润账户 | | |
| 转到本年利润账户 | | |
| 转到本年利润账户 | | |
| 转到本年利润账户 | | |
| 转到本年利润账户 | | |
| 转到本年利润账户 | | |
| 转到本年利润账户 | | |
| 合 计 | | |

会计主管： 复核： 制表：

97－2

# 内部转账单

转账日期：

| 摘　要 | 转账项目 | 金　额 |
|---|---|---|
| 转到本年利润账户 | | |
| 转到本年利润账户 | | |
| 转到本年利润账户 | | |
| 转到本年利润账户 | | |
| 转到本年利润账户 | | |
| 转到本年利润账户 | | |
| 转到本年利润账户 | | |
| 转到本年利润账户 | | |
| 转到本年利润账户 | | |
| 转到本年利润账户 | | |
| 转到本年利润账户 | | |
| 转到本年利润账户 | | |
| 转到本年利润账户 | | |
| 转到本年利润账户 | | |
| 转到本年利润账户 | | |
| 转到本年利润账户 | | |
| 转到本年利润账户 | | |
| 转到本年利润账户 | | |
| 转到本年利润账户 | | |
| 转到本年利润账户 | | |
| 转到本年利润账户 | | |
| 转到本年利润账户 | | |
| 转到本年利润账户 | | |
| 转到本年利润账户 | | |
| | 合　计 | |

会计主管：　　　　复核：　　　　制表：

98－1

## 内部转账单

转账日期：2010年12月31日

| 转入<br>金额（元）<br>转出 | |
|---|---|
| 本年利润 | |

会计主管：　　　　复核：　　　　制表：

99－1

## 利润分配计算表

2010年度　　　　单位：元

| 利润分配项目 | 分配基数 | 分配比例 | 分配金额 |
|---|---|---|---|
| 法定盈余公积金 | | 10% | |
| 任意盈余公积金 | | 10% | |
| 向投资者分配利润 | | 50% | |
| | | | |
| | | | |
| | | | |
| 合计 | | | |

会计主管：　　　　复核：　　　　制表：

100－1

## 内部转账单

转账日期：2010年12月31日

| 应借<br>金额（元）<br>应贷 | 利润分配——未分配利润 |
|---|---|
| 利润分配——提取法定盈余公积 | |
| 利润分配——提取任意盈余公积 | |
| 利润分配——向投资者分配利润 | |
| 合计 | |

会计主管：　　　　复核：　　　　制表：

# 附录一 银行对账单和银行存款余额调节表

1. 银行对账单

## 银行对账单

单位：中山市宝利塑料制品有限公司　　　2010 年 12 月 31 日

| 日期 | 结算方式 | 票号 | 借方金额（元） | 贷方金额（元） | 余额（元） |
|---|---|---|---|---|---|
| 2010. 12. 1 | | | | | 622 123. 61 |
| 2010. 12. 2 | 托收承付 | | 64 860. 80 | | 557 262. 81 |
| 2010. 12. 4 | 信汇 | | | 150 930. 00 | 708 192. 81 |
| 2010. 12. 7 | 支票 | 34103 | 1 000. 00 | | 707 192. 81 |
| 2010. 12. 7 | 托收承付 | | 9 381. 50 | | 697 811. 31 |
| 2010. 12. 8 | 银行承兑汇票 | 00032 | | 11 700. 00 | 709 511. 31 |
| 2010. 12. 9 | 银行汇票 | 03287 | | 320 580. 00 | 1 030 091. 31 |
| 2010. 12. 10 | 其他 | | 61 000. 00 | | 969 091. 31 |
| 2010. 12. 10 | 其他 | | 30 000. 00 | | 939 091. 31 |
| 2010. 12. 10 | 其他 | | 7 786. 00 | | 931 305. 31 |
| 2010. 12. 10 | 其他 | | | 70 200. 00 | 1 001 505. 31 |
| 2010. 12. 11 | 信汇 | | 80 000. 00 | | 921 505. 31 |
| 2010. 12. 11 | 其他 | | 65 509. 27 | | 855 996. 04 |
| 2010. 12. 11 | 支票 | 34105 | 31 280. 00 | | 824 716. 04 |
| 2010. 12. 11 | 支票 | 34104 | 312 800. 00 | | 511 916. 04 |
| 2010. 12. 11 | 其他 | | 6 954. 00 | | 504 962. 04 |
| 2010. 12. 12 | 电汇 | | 12 360. 00 | | 492 602. 04 |
| 2010. 12. 13 | 其他 | | 46 800. 00 | | 445 802. 04 |
| 2010. 12. 14 | 信汇 | | 81 315. 00 | | 364 487. 04 |
| 2010. 12. 15 | 支票 | 34107 | 13 032. 74 | | 351 454. 30 |

续上表

| 日期 | 结算方式 | 票号 | 借方金额（元） | 贷方金额（元） | 余额（元） |
| --- | --- | --- | --- | --- | --- |
| 2010. 12. 16 | 电汇 | | | 87 750. 00 | 439 204. 30 |
| 2010. 12. 16 | 支票 | 34106 | 10 000. 00 | | 429 204. 30 |
| 2010. 12. 17 | 支票 | 34109 | 2 900. 00 | | 426 304. 30 |
| 2010. 12. 17 | 支票 | 39876 | | 35 100. 00 | 461 404. 30 |
| 2010. 12. 18 | 支票 | 34110 | 3 000. 00 | | 458 404. 30 |
| 2010. 12. 19 | 其他 | | | 195 693. 00 | 654 097. 30 |
| 2010. 12. 19 | 其他 | | | 12 876. 60 | 666 973. 90 |
| 2010. 12. 19 | 支票 | 34108 | 271 440. 00 | | 395 533. 90 |
| 2010. 12. 19 | 其他 | | | 2 000 000. 00 | 2 395 533. 90 |
| 2010. 12. 20 | 支票 | 34111 | 180 000. 00 | | 2 215 533. 90 |
| 2010. 12. 21 | 其他 | | | 321. 58 | 2 215 855. 48 |
| 2010. 12. 22 | 支票 | 34113 | 15 825. 00 | | 2 200 030. 48 |
| 2012. 12. 23 | 委托收款 | | 93 672. 77 | | 2 106 357. 71 |
| 2012. 12. 24 | 委托收款 | | 1 172. 68 | | 2 105 185. 03 |
| 2012. 12. 25 | 支票 | 34114 | 3 235. 00 | | 2 101 950. 03 |
| 2012. 12. 25 | 其他 | | | 2 465. 00 | 2 104 415. 03 |
| 2010. 12. 25 | 银行承兑汇票 | 08928 | | 290 000. 00 | 2 394 415. 03 |
| 2010. 12. 26 | 委托收款 | | 7 800. 00 | | 2 386 615. 03 |
| 2010. 12. 28 | 支票 | 39999 | | 260 000. 00 | 2 646 615. 03 |
| 2010. 12. 28 | 支票 | 34112 | 4 960. 00 | | 2 641 655. 03 |
| 2010. 12. 30 | 委托收款 | | | 35 100. 00 | 2 676 755. 03 |
| 2010. 12. 31 | 其他 | | 6 772. 50 | | 2 669 982. 53 |

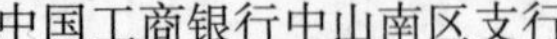
中国工商银行中山南区支行

操作员：987

2. 银行存款余额调节表

银行存款余额调节表

| 项 目 | 金 额 | 项 目 | 金 额 |
|---|---|---|---|
| 企业银行存款日记账余额 | | 银行对账单余额 | |
| 加：银行已收、企业未收 | | 加：企业已收、银行未收 | |
| | | | |
| | | | |
| | | | |
| | | | |
| | | | |
| | | | |
| 减：银行已付、企业未付 | | 减：企业已付、银行未付 | |
| | | | |
| | | | |
| | | | |
| | | | |
| | | | |
| | | | |
| 调节后存款余额 | | 调节后存款余额 | |

# 附录二　会计报表

1. 资产负债表

## 资产负债表

会企 01 表

编制单位：　　　　　　　　　年　　月　　日　　　　　　　　　　单位：元

| 资　产 | 期末余额 | 年初余额 | 负债和所有者权益（或股东权益） | 期末余额 | 年初余额 |
|---|---|---|---|---|---|
| **流动资产：** | | | **流动负债：** | | |
| 货币资金 | | | 短期借款 | | |
| 交易性金融资产 | | | 交易性金融负债 | | |
| 应收票据 | | | 应付票据 | | |
| 应收账款 | | | 应付账款 | | |
| 预付款项 | | | 预收款项 | | |
| 应收利息 | | | 应付职工薪酬 | | |
| 应收股利 | | | 应交税费 | | |
| 其他应收款 | | | 应付利息 | | |
| 存货 | | | 应付股利 | | |
| 一年内到期的非流动资产 | | | 其他应付款 | | |
| 其他流动资产 | | | 一年内到期的非流动负债 | | |
| 流动资产合计 | | | 其他流动负债 | | |
| **非流动资产：** | | | 流动负债合计 | | |
| 可供出售金融资产 | | | **非流动负债：** | | |
| 持有至到期投资 | | | 长期借款 | | |

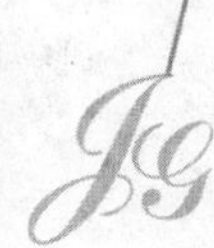

续上表

| 资　产 | 期末余额 | 年初余额 | 负债和所有者权益（或股东权益） | 期末余额 | 年初余额 |
|---|---|---|---|---|---|
| 长期应收款 | | | 应付债券 | | |
| 长期股权投资 | | | 长期应付款 | | |
| 投资性房地产 | | | 专项应付款 | | |
| 固定资产 | | | 预计负债 | | |
| 在建工程 | | | 递延所得税负债 | | |
| 工程物资 | | | 其他非流动负债 | | |
| 固定资产清理 | | | 非流动负债合计 | | |
| 生产性生物资产 | | | 负债合计 | | |
| 油气资产 | | | **所有者权益（或股东权益）：** | | |
| 无形资产 | | | 实收资本（或股本） | | |
| 开发支出 | | | 资本公积 | | |
| 商誉 | | | 减：库存股 | | |
| 长期待摊费用 | | | 盈余公积 | | |
| 递延所得税资产 | | | 未分配利润 | | |
| 其他非流动资产 | | | 所有者权益（或股东权益）合计 | | |
| 非流动资产合计 | | | | | |
| 资产总计 | | | 负债和所有者权益（或股东权益）总计 | | |

2. 利润表

# 利润表

会企02表

编制单位： 年 月 单位：元

| 项目 | 本期金额 | 上期金额 |
|---|---|---|
| 一、营业收入 | | |
| 减：营业成本 | | |
| 营业税金及附加 | | |
| 销售费用 | | |
| 管理费用 | | |
| 财务费用 | | |
| 资产减值损失 | | |
| 加：公允价值变动收益（损失以“－”号填列） | | |
| 投资收益（损失以“－”号填列） | | |
| 其中：对联营企业和合营企业的投资收益 | | |
| 二、营业利润（亏损以“－”号填列） | | |
| 加：营业外收入 | | |
| 减：营业外支出 | | |
| 其中：非流动资产处置损失 | | |
| 三、利润总额（亏损总额以“－”号填列） | | |
| 减：所得税费用 | | |
| 四、净利润（净亏损以“－”号填列） | | |
| 五、每股收益： | | |
| （一）基本每股收益 | | |
| （二）稀释每股收益 | | |

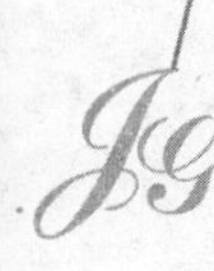

3．现金流量表

# 现金流量表

会企03表

编制单位：　　　　　　　　年　　月　　　　　　　　单位：元

| 项　目 | 本期金额 | 上期金额 |
|---|---|---|
| **一、经营活动产生的现金流量** | | |
| 销售商品、提供劳务收到的现金 | | |
| 收到的税费返还 | | |
| 收到其他与经营活动有关的现金 | | |
| 经营活动现金流入小计 | | |
| 购买商品、接受劳务支付的现金 | | |
| 支付给职工以及为职工支付的现金 | | |
| 支付的各项税费 | | |
| 支付其他与经营活动有关的现金 | | |
| 经营活动现金流出小计 | | |
| 经营活动产生的现金流量净额 | | |
| **二、投资活动产生的现金流量** | | |
| 收回投资收到的现金 | | |
| 取得投资收益收到的现金 | | |
| 处置固定资产、无形资产和其他长期资产收回的现金净额 | | |
| 处置子公司及其他营业单位收到的现金净额 | | |
| 收到其他与投资活动有关的现金 | | |

续上表

| 项　目 | 本期金额 | 上期金额 |
|---|---|---|
| 投资活动现金流入小计 | | |
| 购建固定资产、无形资产和其他长期资产支付的现金 | | |
| 投资支付的现金 | | |
| 取得子公司及其他营业单位支付的现金净额 | | |
| 支付其他与投资活动有关的现金 | | |
| 投资活动现金流出小计 | | |
| 投资活动产生的现金流量净额 | | |
| **三、筹资活动产生的现金流量** | | |
| 吸收投资收到的现金 | | |
| 取得借款收到的现金 | | |
| 收到其他与筹资活动有关的现金 | | |
| 筹资活动现金流入小计 | | |
| 偿还债务支付的现金 | | |
| 分配股利、利润或偿付利息支付的现金 | | |
| 支付其他与筹资活动有关的现金 | | |
| 筹资活动现金流出小计 | | |
| 筹资活动产生的现金流量净额 | | |
| **四、汇率变动对现金及现金等价物的影响** | | |
| **五、现金及现金等价物净增加额** | | |
| 加：期初现金及现金等价物余额 | | |
| **六、期末现金及现金等价物余额** | | |

4. 企业所得税月（季）度预缴纳税申报表

## 中华人民共和国
## 企业所得税月（季）度预缴纳税申报表（A类）

税款所属期间：　　年　月　日至　　年　月　日

纳税人识别号：□□□□□□□□□□□□□□□□□□

纳税人名称：　　　　金额单位：人民币元（列至角分）

| 行次 | 项目 | | 本期金额 | 累计金额 |
|---|---|---|---|---|
| 1 | **一、据实预缴** | | | |
| 2 | 营业收入 | | | |
| 3 | 营业成本 | | | |
| 4 | 利润总额 | | | |
| 5 | 税率（25%） | | | |
| 6 | 应纳所得税额（4行×5行） | | | |
| 7 | 减免所得税额 | | | |
| 8 | 实际已缴所得税额 | | — | |
| 9 | 应补（退）的所得税额（6行－7行－8行） | | — | |
| 10 | **二、按照上一纳税年度应纳税所得额的平均额预缴** | | | |
| 11 | 上一纳税年度应纳税所得额 | | — | |
| 12 | 本月（季）应纳税所得额（11行÷12或11行÷4） | | | |
| 13 | 税率（25%） | | — | — |
| 14 | 本月（季）应纳所得税额（12行×13行） | | | |
| 15 | **三、按照税务机关确定的其他方法预缴** | | | |
| 16 | 本月（季）确定预缴的所得税额 | | | |
| 17 | **总分机构纳税人** | | | |
| 18 | 总机构 | 总机构应分摊的所得税额（9行或14行或16行×25%） | | |
| 19 | | 中央财政集中分配的所得税额（9行或14行或16行×25%） | | |
| 20 | | 分支机构分摊的所得税额（9行或14行或16行×50%） | | |
| 21 | 分支机构 | 分配比例 | | |
| 22 | | 分配的所得税额（20行×21行） | | |

续上表

<table>
<tr><td colspan="3">谨声明：此纳税申报表是根据《中华人民共和国企业所得税法》、《中华人民共和国企业所得税法实施条例》和国家有关税收规定填报的，是真实的、可靠的、完整的。<br>法定代表人（签字）：　　　　年　月　日</td></tr>
<tr><td>纳税人公章：<br>会计主管：<br>填表日期：　年　月　日</td><td>代理申报中介机构公章：<br>经办人：<br>经办人执业证件号码：<br>代理申报日期：　年　月　日</td><td>主管税务机关受理专用章：<br>受理人：<br>受理日期：　年　月　日</td></tr>
</table>

国家税务总局监制

# 附录三 经济业务的文字描述

1. 12 月 1 日，销售给深圳天马化妆品有限公司棕色瓶 500 箱，单价 50.00 元；白色瓶1 300箱，单价 80.00 元，增值税税率为 17%。开具增值税专用发票，货款暂未支付。

2. 12 月 1 日，注塑车间领用原材料。(月末统一出库，此处不做账务处理)

3. 12 月 1 日，吹瓶车间领用棕色瓶坯 800 箱，白色瓶坯 600 箱。(此处不做账务处理，期末统一做)

4. 12 月 2 日，用存于南方证券公司的保证金购入美达股份（000782）股票 5 000股作为交易性金融资产，每股买入价 5.78 元，支付各种佣金共 87.00 元。

5. 12 月 2 日，向云浮市新兴塑料有限公司购买低密度 PE 料 2 000 千克，单价 15.50 元，购买高密度 PE 料 2 000 千克，单价 11.62 元，增值税税率 17%，取得增值税专用发票，运费 1 400.00 元，已取得运输业的专用运输发票，货款和运费以托收承付结算方式支付，材料尚未验收入库（运杂费按重量分配）。

6. 12 月 3 日，维修车间领用维修用工具 30 件，价值 600.00 元，领用时摊销其价值的一半。低值易耗品的摊销采取五五摊销法。

7. 12 月 4 日，从银行取得深圳市天马化妆品有限公司以信汇方式支付的购货款的进账通知单，金额为 150 930.00 元。

8. 12 月 4 日，采购部采购员王波出差回来报销差旅费 4 500.00 元，超出上月预借部分 500.00 元，出纳以现金支付。

9. 12 月 5 日，用现金支付职工欧阳青困难补助费 500.00 元。

10. 12 月 5 日，吹瓶车间领用纸箱 5 000 个。其中棕色瓶组用 2 000 个，白色瓶组用 3 000 个。纸箱 1.50 元/个。(此处不做账务处理，期末统一做。)

11. 12 月 6 日，吹瓶车间完工产品入库。(此处不做账务处理，期末统一做。)

12. 12 月 7 日，开出支票提取现金 1 000.00 元备用。

13. 12 月 7 日，向浙江省嘉兴市高高化工有限公司购买棕色色粉 150 千克，单价 53.00 元，增值税税率 17%，价税款以托收承付结算方式支付，色粉已验收入库。上述棕色色粉通过圆通快递公司运送，由发货方垫付，并取得定额发票 80.00 元。

14. 12 月 8 日，东莞市晶亮化妆品有限公司签发的三个月期限的无息银行承兑汇票 11 700.00 元到期，到期前将其送交银行，现在款已到账。

15. 12 月 9 日，于 12 月 2 日向云浮市新兴塑料有限公司购入的 PE 材料现运抵公司并经过验收放入仓库。

16. 12月9日，销售给珠海市伟创股份有限公司棕色瓶1 000箱，单价50.00元；白色瓶2 800箱，单价80.00元，增值税税率为17%。开具增值税专用发票，以上款项收到珠海市伟创股份有限公司交来的银行汇票一张。

17. 12月10日，收到银行收款通知，中山市日晟日用化工有限公司上月所欠70 200.00元货款已收讫。

18. 12月10日，注塑车间完工产品入半成品库，棕色瓶坯930箱，白色瓶坯640箱（此处不做账务处理，期末统一做）。

19. 12月10日，以银行存款缴纳上月应交的增值税、城建税、教育费附加、所得税、印花税、堤围费。

20. 12月10日，吹瓶车间领用棕色瓶坯860箱，白色瓶坯700箱。（此处不做账务处理，期末统一做）

21. 12月11日，向江门市丽百塑胶制品有限公司购入韩国PC料4 000千克，单价22.95元，购买ABS抽粒料4 500千克，单价18.95元。运杂费595.00元（按重量分配）（代支运杂费，取得普通发票）。以银行承兑汇票结算，材料已经验收入库。

22. 12月11日，注塑车间领用原材料，具体领用情况如22-1、22-2。（月末一次加权平均法计算，此处不做账务处理。）

23. 12月11日，销售部张丽申请汇上海包装材料展览会展位费80 000.00元。（上海包装材料展览会，浦东发展银行南京路支行392495865578947642）

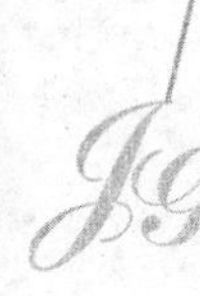

24. 12月11日，购买办公用品960.00元，以现金支付。

25. 12月11日，签发支票一张，发放上月工资。

26. 12月11日，签发支票一张，缴交上月应缴的住房公积金。

27. 12月11日，缴纳上月的养老保险、医疗保险。

28. 12月11日，代缴职工的个人所得税。

29. 12月12日，行政办公室报销董事长汽车过桥过路费及加油、停车等各项差旅费用1 945.00元。

30. 12月12日，向东莞市多宝包装材料有限公司（小规模纳税人）购入纸箱8 000个，单价1.50元，已收到由当地税务局代开增值税专用发票。纸箱已收到，货款已用电汇的方式结清。

31. 12月13日，向银行申请开出银行汇票，支付前欠佛山市新新塑料制品有限公司上月货款46 800.00元。

32. 12月14日，向广州天宏塑料制品贸易有限公司购买低密度PE料2 000千克，单价16.00元，购买高密度PE料3 000千克，单价12.50元，增值税税率17%，材料已验收入库，款项已采用信汇的方式支付。

33. 12月14日，收到外商捐赠不需要安装全新设备一台，直接交生产车间使用，按国内市场价值10 000.00元入账。

34. 12 月 14 日，收到上海包装材料展览会展位费的发票。

35. 12 月 15 日，开出支票支付中山市电视台 2010 年度的广告费 10 000. 00 元，并收到广告业发票一张。

36. 12 月 15 日，吹瓶车间完工产品入库。（此处不做账务处理，期末统一做。）

37. 12 月 15 日，出口日本棕色瓶 3 000 箱，每箱售价 10. 00 美元。办理出口商品出库。（此处不做账务处理，期末统一做。）

38. 12 月 15 日，开支票付深圳宝安机场航空货运公司（建设银行宝安办事处 020002610405193399）运费（FOB 垫付），USD1 974. 00 × 6. 5860 = 13 000. 76 元，USD1 974. 00 × 6. 6022 = 13 032. 74 元（当日美元汇率　卖出价：6. 6022　中间价：6. 5860）

39. 12 月 16 日，办理完上述出口日本 3 000 箱货物的出口报关手续，确认销售收入：3 000 × 10 = 30 000 美元，向银行申请信用证托收。（当日美元中间价：6. 5952）

40. 12 月 16 日，向银行购买支票，支付工本费 30. 00 元，直接用现金支付。

41. 12 月 16 日，向中山市好景塑料制品有限公司购买韩国 PC 料 5 000 千克，单价 23. 00 元；购买 ABS 抽粒料 6 000 千克，单价 19. 50 元，增值税税率 17%。材料已验收入库，款项已用银行存款支付。

42. 12 月 16 日，吹瓶车间领用包装箱 10 000 个。（此处不做账务处理，期末统一做。）

43. 12 月 16 日，注塑车间完工产品入半成品库，棕色瓶坯 920 箱，白色瓶坯 640 箱。（此处不做账务处理，期末统一做。）

44. 12 月 16 日，向深圳市欣欣贸易有限公司销售棕色瓶 1 500 箱，单价 50. 00 元，增值税税率为 17%。开具增值税专用发票，货款采用电汇方式结算，款已收到。

45. 12 月 16 日，提现金 2 900. 00 元备用。

46. 12 月 17 日，注塑车间领用原材料。（此处不做账务处理，期末统一做。）

47. 12 月 17 日，吹瓶车间领用棕色瓶坯 833 箱，白色瓶坯 682 箱。（此处不做账务处理，期末统一做。）

48. 12 月 17 日，收到华联（中山）有限公司交来的支票一张，收到货款 35 100. 00元。

49. 12 月 18 日，职工吴华出差预借差旅费 3 000. 00 元，开出支票支付。

50. 销售员许奇伟取回到深圳工商行政局查询的资料显示：深圳市佳林有限公司已注销。其所欠货款 7 550. 00 元，经确认无法收回，12 月 18 日，经内部审核后同意作坏账处理。

51. 12 月 19 日，向深圳市欣欣贸易有限公司销售棕色瓶 500 箱，单价 50. 00

元，增值税税率为17%。开具增值税专用发票，货款暂未支付。

52. 12月19日，从中国建设银行中山市支行取得长期贷款2 000 000.00元，期限5年，利率6.45%/年（每月的利率为5.375‰）。

53. 12月19日，出口商品货款USD 30 000到账，结汇入账（当日美元买入价：6.523 1。）

54. 12月19日，银行转入出口商品汇入代垫运费USD 1 974.00，结汇入账（结汇水单）。（当日美元买入价：6.523 1）

55. 12月19日，行政管理部门申请购买轿车一辆，采购员王涛申请预付购车款180 000.00元给福田汽车销售公司，开支票付款。

56. 12月20日，以现金方式为公司总经理张强支付手机话费1 460.00元。

57. 12月20日，张健报销餐费3 500.00元。

58. 12月20日，提现金4 960.00元备用。

59. 12月21日，收到银行存款利息通知单，第四季度存款利息321.58元已存入本公司账户。

60. 12月22日，向中山市小榄镇正泰塑料制品厂购入低密度PE料3 500千克，单价13.00元，增值税税率17%，开具增值税专用发票，有关款项用预付账款支付，余额暂欠，货已验收入库。

61. 12月22日，提车，同时收到福田汽车销售公司销售机动车费用发票、车辆购置税（180 000/1.17 × 10% = 15 385.00）收据及车辆落户相关费用共计195 825.00元，车辆已交行政管理部门使用。公司开出15 825.00元的支票结清货款及代支的费用（数码照相50.00元，装饰150.00元，办证手续费240.00元）。

62. 12月23日，收到工商银行转来的市供电局委托收款凭证，付讫款项共计93 672.77元，按规定取得的增值税专用发票列明电费80 062.20元和增值税13 610.57元。要求：编制电费分配表。

63. 12月23日收到工商银行转来的市自来水公司委托收款凭证，付讫款项计1 172.68元，按规定取得的增值税专用发票列明水费1 106.30元和增值税66.38元。要求：编制水费分配表。

64. 12月23日，注塑车间完工产品入半成品库，棕色瓶坯920箱，白色瓶坯640箱。（此处不做账务处理，期末统一做。）

65. 12月23日，注塑车间领用原材料，具体领用情况如65－1，65－2。（此处不做账务处理，期末统一做。）

66. 12月25日，用银行存款归还前欠中山市小榄镇正泰塑料制品厂购材料款3 235.00元。

67. 12月25日，销售给中山市日晟日用化工有限公司棕色瓶200箱，单价50.00元；白色瓶3 000箱，单价80.00元。增值税税率为17%。开具增值税专用发票，收到中山市日晟日用化工有限公司背书转让的一张承兑申请人为中山大昌有限公司的银行承兑汇票，金额为290 000.00元，汇票已到期，填写进账单，一同交给开户银行，同时收到中山市日晟日用化工有限公司交来现金2 500.00元，补付货款差额，签发收据一张。

68. 12月25日，返纳现金2 465.00元入行，其中壹佰元面值的有24张，伍拾元面值的一张，壹拾元面值的一张，伍元面值的一张。

69. 12月26日，吹瓶车间完工产品入库。（此处不做账务处理，期末统一做。）

70. 12月27日，将12月2日购入的美达股份股票5 000股出售，每股卖价6.19元，佣金80.00元，印花税40.00元。

71. 12月28日，收到华联（中山）有限公司预付的购货款260 000.00元。

72. 12月28日，销售给华联（中山）有限公司白色瓶2 800箱，单价80.00元，增值税税率17%，已开具增值税专用发票，收到华联（中山）有限公司转账支票补付购货款2 080.00元。

73. 12月29日，开出支票2 500.00元付中山德瑞会计师事务所会计报表年度审计费。

74. 12月31日，本公司持有的珠江股份股票收盘价为6.50元/股（持有160 000股）。

75. 12月31日，计提国库券本月利息2 250.00元，该国库券为面值购入，到期一次还本付息。

76. 12月31日，摊销维修用工具的另一半。

77. 12月31日，根据本月发料情况，编制发料凭证汇总表。

78. 12月31日，根据本月吹瓶车间领用纸箱情况，编制纸箱费用分配汇总表。

79. 12月31日，分配结转本月职工工资，编制工资结算汇总表一份。

80. 12月31日，根据“工资结算汇总表”编制职工教育经费分配表、“工会经费分配表”，计提职工教育经费和工会经费。

81. 12月31日，按标准工资计提本月职工养老保险、职工医疗保险。

82. 12月31日，按标准工资计提本月职工住房公积金。

83. 12月31日，填制“固定资产折旧计算表”计提本月折旧。

84. 12月31日，用直接分配法分配本月辅助生产费用。

85. 12月31日，根据棕色瓶坯和白色瓶坯的生产工人工资分配注塑车间制造费用。

86. 12月31日，根据棕色瓶和白色瓶的生产工人工资分配吹瓶车间制造费用。

87. 12月31日，计算本月半成品成本。

88. 汇总吹瓶车间领用棕色瓶坯和白色瓶坯数量。

89. 计算完工产品成本。

90. 12月31日，用银行存款支付第四季度短期借款利息6 772.50元（年利率

6.45%，前已计提利息4 515.00元）。

91. 12月31日，计提长期借款利息4 300.00元（年利率6.45%）。

92. 12月31日，计算并结转已销产品成本（棕色瓶已销售6 700箱，白色瓶已销售9 900箱）。

93. 12月31日，月末根据《免抵退税汇总申报表》中计算出的“免抵退税不予免征和抵扣税额”计算出口销售不得抵扣的进项税并做业务处理。（退税率按13%计算。）

94. 12月31日，按期末应收账款余额的2%，计提坏账准备。

95. 12月31日，分别计提本月应交增值税、城市维护建设税、教育费附加、堤围防护费、印花税并填制增值税申报表。

96. 12月31日，计算本月所得税（假设除国债利息收入外，无其他纳税调整事项）。

97. 12月31日，结转损益类账户。

98. 12月31日，结转本年利润。

99. 12月31日，提取本年度10%的法定盈余公积金和10%的任意盈余公积金，并按本年度净利润的50%向投资者分配利润。

100. 12月31日，结转利润分配各明细账户。

# 附录四　企业应缴税费、社会保险费申报缴纳过程

## 附录四之一　企业应缴税费业务的申报、缴纳过程

### 一、纳税申报、缴纳

纳税申报、缴纳，是指纳税人、扣缴义务人在法律、行政法规规定或者税务机关依照法律、行政法规的规定确定的申报期限、申报内容如实填写纳税申报表，代扣代缴、代收代缴、委托代征税款报告表，并加盖印章后，连同规定报送的各种附表、异地已税凭证、财务会计报表以及其他有关材料，到税务机关办税服务厅申报纳税窗口办理纳税申报、缴纳。

由于我国的纳税征收机关有国家税务局和地方税务局。其中国家税务局主要负责增值税、企业所得税、消费税等税种的征收；地方税务局主要负责营业税、资源税、城市维护建设税、个人所得税、印花税、企业所得税、城镇土地使用税、房产税、车船使用税（车船使用牌照税）、土地增值税、教育费附加等税种的征收。所以，企业每个月都必须分别向国家税务局和地方税务局办理纳税申报、缴纳手续。

（一）国家税务局纳税申报、缴纳程序

1. 直接申报、缴纳程序

一般的企业都会在法定纳税期间（以一个月为一期纳税的纳税人，应于期满后 15 日内进行纳税申报，纳税申报期限的最后一天如遇国家规定的公休假日可以顺延），直接到企业所在地的国家税务局办税服务厅报送纳税申报表及有关资料，申报纳税，其申报纳税的基本程序如下：

（1）纳税人在每期申报纳税之前，自行填制纳税申报表，自行计算税款后，直接到企业所在地的国家税务局办税服务厅办理申报手续。

（2）征收人员对纳税人报送的各类纳税申报表进行逻辑审核，并办理纳税申报；对逾期申报的纳税人，除办理纳税申报外，征收人员还开具《税务行政处罚事项告知书》，按法定的行政处罚程序进行处理；对需要加收滞纳金的纳税人，由征收人员按法定的行政处罚程序进行处理。

（3）对经审核符合规定的纳税申报表，征收人员将信息录入计算机（各种税款缴款书通过代扣缴银行取得），可以通过现金、银行或其他支付结算方式办理税款缴纳手续（自核自缴方式除外，现金纳税的开具完税证明），并在纳税申报表上加盖“纳税申报受理章”。

（4）经批准减免税及延期缴纳税款的纳税人，在执行减免税及延期缴纳税款期间，应将当期发生的实现税额如实填报申报表。

（5）当期未发生应纳税额的纳税人，进行零税额申报。

（6）征收人员在受理申报表的同时，受理纳税人财务报表及有关资料。特别要说明的是，纳税人申报纳税需要携带以下资料：办税员证、各类申报表。如应履行增值税纳税义务的增值税纳税人应报送以下报表：①增值税纳税申报表；②增值税（专用发票/收购凭证/运输发票）抵扣明细表；③分支机构销售明细表（需汇总核算的企业）；④增值税纳税申报表附列资料。如应履行消费税纳税义务的消费税纳税人应报送以下报表：①消费税纳税申报表；②金银饰品购销存月报表。如应履行国税局征收的企业所得税的纳税人应报送以下报表：①企业所得税纳税申报表（一般按季申报，即每季申报一次）；②企业所得税年度纳税申报表、企业所得税年度纳税申报表附表（一般在次年1—5月汇缴时申报，即每年申报一次）；③财务报表。

2. 网上申报、缴纳程序

网报系统的本质就是全天候全方位全地域为纳税人服务的网上办税服务厅。纳税人只需在法定纳税申报期限内，登陆广东省国家税务局网站的“网上办税大厅”，即可查阅税务部门发布的服务信息和通知、公告，并可轻松完成国家税费的网上申报、税款的实时扣缴等涉税业务的办理。网上申报操作方便，也无需支付额外费用，其操作步骤如下。

第一步：申请注册。

（1）登陆广东省国家税务局网站选择“纳税服务”，点击“网上办税”，进入用户登录/申请注册界面。

（2）点击左上角普通登录“注册”按钮，可进入注册界面。

（3）根据提示填写相关注册资料，录入纳税人识别号、企业法人代表姓名及注册人资料等详细的用户信息（带*号为必填项）并提交：

①“用户名”只需输入国家税务登记证上的识别号；

②“登录密码”可以输入纳税人容易记忆的数字或字母，“确认密码”必须输入和“登录密码”相同的内容；

③“密码提示问题”是当遗忘密码时用于取回密码的提示信息，建议输入纳税人熟悉的内容；

④“找回密码答案”是用于回答“密码提示问题”的信息，建议输入纳税人熟悉的内容。

⑤点击提交并打印《网上办税注册申请表》；纳税人携带《网上办税注册申请表》、税务登记证副本和企业法人（负责人）身份证复印件，到主管税务分局的办税大厅办理开通手续，即可进行网上办税。

第二步：网上报税。

(1) 登陆广东省国家税务局网站，选择“纳税服务”，点击“网上办税”进入用户登录界面。

(2) 进入普通登录界面后，输入企业用户名和密码，点击“登陆”按钮，可进入网上报税界面，有税务登记、申报征收、发票认证、发票管理等操作菜单栏可供选择。纳税人可以根据自己的实际情况进行纳税业务处理。

(3) 申报及缴款。

网上申报纳税包括申报和缴款两个环节，在正式申报成功后应及时缴款，点击“现在去缴税”可直接进入扣款界面，点击“确定”进行扣款；如本次不进行缴款操作，下次可以选择“网上缴税”，点击“清缴税款”，进行税款缴纳。纳税人必须在申报纳税期限内缴纳税款，否则国家税务局将按规定加收滞纳金。

进行扣款操作后如果扣款不成功，余额不足的须及时补足存款再进行扣款操作，其他原因需与银行或税务局联系，解决问题后再扣款。

填写申报表后，可点击“提交”，系统会自动计算应缴纳税款，如果应缴纳税款计算不正确，可以点击“取消”按钮，返回申报界面重新输入申报数据；如果应缴纳税款计算正确，可点击“提交”，确认提交后，系统则不允许修改、删除申报表，如确实需修改或删除申报表的，必须到税务局办税大厅办理。

(4) 申报及扣款情况查询、打印。

① 申报查询。

- 选择“申报表查询”菜单，显示输入查询条件页面；
- 输入查询条件后，选择“查询”，系统显示查询结果页面；
- 点击红色字体的申报表链接，显示该次的申报表，并可进行打印。

②扣款查询。

- 选择“缴款情况查询”，系统显示输入查询条件页面；
- 输入查询条件后，选择“查询”，系统显示查询结果页面，并可进行打印。

第三步：纳税人成功缴纳税款后，由银行提供《电子缴税付款凭证》。

第四步：申报资料的报送。

纳税人采用网上报税的，还应当于申报期结束后当月将各税种申报表及附表、会计财务报表以及税务机关要求纳税人报送的其他纸质资料报送主管国家税务局。

另可自行保存备查，在税务检查中按税务机关的要求出示。

第五步：遗失“办税大厅”用户名或密码。

(1) 如果纳税人注册后忘记“办税大厅”的用户名，可以拨打12366－2咨询热线，提供纳税人识别号和法人证件号码后，取回用户名。

(2) 如果纳税人忘记“办税大厅”密码，纳税人须到征收大厅出示税务登记证，填写《电子申报征收开户/变更/终止登记表》，提供税务局要求的相关资料（如企业法定代表人和经办人的身份证原件及复印件，国家税务登记证副本原件及复印件等）后，办理取回或申请重置密码。

（3）如果纳税人因特殊原因要求删除已注册的用户，纳税人需到征收大厅出示税务登记证，填写《电子申报征收开户/变更/终止登记表》，申请删除已注册的网站“我的办税大厅”用户。

3. 出口企业“免、抵、退”申报程序

其他程序同上，但生产企业将货物报关出口并在财务上做销售后，还需要按月填报《生产企业自营（委托）出口货物免、抵、退税申报表》，并于次月 15 日前报送纳税申报窗口并附送出口货物报关单、出口收汇核销单。属于委托出口的货物，还需附送《代理出口证明》、内销货物纳税申报表，经主管税务机关审核无误盖章后第四联返回企业。

纳税人于每季度末将出口及内销货物等情况按季汇总填报《生产企业自营（委托）出口货物免、抵、退税申报表》于季后 15 日内报送纳税申报窗口，如当月附送资料报送不全的，于第二个季度内补齐。

4. 防伪税控系统报税和认证程序

（1）办理防伪税控系统认证程序。

纳税人取得增值税专用发票，需要通过发票认证资料采集系统把扫描后的发票资料读进 U 盘，并携带已填写完整的发票认证抵扣联封面及增值税专用发票抵扣联。每月纳税申报前，到办税服务厅窗口办理增值税专用发票认证抵扣事宜。

（2）办理防伪税控系统的抄税程序。

纳税人在每月会计期结束后，将防伪税控系统中的数据及当月抄税资料，抄税到“税控 IC 卡”上。在每月申报纳税 10 日前（含 10 日），携带“税控 IC 卡”、当月抄税的发票资料表一式一份（共五份），到企业所在地的国税局办税服务厅窗口办理抄税事宜（或直接通过网上抄报税）。

（二）地方税务局纳税申报、缴纳程序

1. 直接申报、缴纳程序

直接申报、缴纳程序，是指纳税人、扣缴义务人应先向税务机关领购各种纳税申报表、费用缴纳申报表及代扣代缴、代收代缴税款报告表，如实填写，连同其他申报资料直接到企业所在地的地方税务办税服务厅纳税申报窗口办理各种税种的纳税申报、缴纳手续。其申报程序与国家税务局相同，但报送的纳税申报资料有所不同：①各类税种的申报表；②资产负债表和利润表；③税务机关要求提供的其他资料。

2. 网上申报、缴纳程序

网报系统的本质就是全天候全方位全地域为纳税人服务的网上办税服务厅。纳税人只需在法定纳税申报期限内，登陆广东省地方税务局网站的“办税大厅”，即可查阅税务部门发布的服务信息和通知、公告，并可轻松完成各地方税费的网上申报、相关财务会计报表的报送和税款的实时扣缴等涉税业务的办理。网上申报、缴纳操作方便，也无需支付额外费用，节约了纳税人办税的时间，降低了纳税人的经

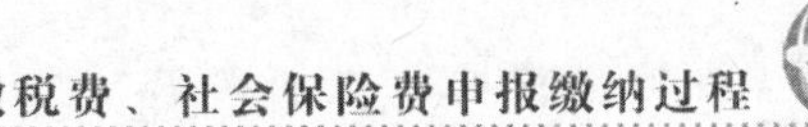


济成本，向纳税人提供更人性化的服务，其具体的操作步骤如下。

第一步：纳税人申请开户。

申请采用网上申报纳税申报方式的纳税人，须持下列资料到主管地方税务机关申请办理网上申报登记手续。

(1) 税务登记证副本原件（查验后退回）。

(2) 与银行或其他金融机构签订的ETS委托缴税协议书（相应的银行须已加入税库银联网办税系统（简称ETS）或税银联网办税系统（简称EFS））。

(3) 主管地方税务机关要求提供的其他资料。

第二步：主管地方税务机关受理审核。

主管地方税务机关按照规定的程序，审核并为纳税人开通网上报税资格。

(1) 初审。检查纳税人的扣税银行账号、缴款方式、申报方式、征收方式等。

(2) 签订《网上办税协议书》。

(3) 打印《核准网上申报纳税通知书》。主管地方税务机关会在5个工作日内完成纳税人网上申报登记（变更、注销）的审核，并开通网上申报资格和创建初始密码。

第三步：登录网上办税大厅。

纳税人在办理完审批手续1个工作日后，即可通过互联网，登陆到广东省地方税务局网站或各市局网站，进入"办税大厅"，根据主管地方税务机关发放的用户名和初始密码进入网上申报系统。纳税人第一次登陆网上申报系统必须修改密码，并妥善保管好密码（由于纳税人的原因导致密码泄漏而造成的损失由纳税人自己承担责任）。

第四步：网上报税。

纳税申报，是指纳税人按照规定，在规定期限内如实地根据其生产经营情况向税务机关进行申报，包括当前已核定税种的申报和非核定税种的申报。

登陆"广东省地税局办税大厅"，选择"纳税申报"操作界面，进行各种税种的纳税申报与缴纳。

## 附录四之二　企业社会保险费的申报、缴纳过程

### 一、社会保险范围

依据中华人民共和国国务院令第259号《社会保险费征缴暂行条例》的规定，基本养老保险费的征缴范围为国有企业、城镇集体企业、外商投资企业、城镇私营企业和其他城镇企业及其职工，实行企业化管理的事业单位及其职工。

参保人员的范围为企业职工（含农民合同工）、自由职业人员、城镇个体工商

业主和其从业人员。

新成立的企业在工商行政管理机关批准成立后的规定期间内，持营业执照（或批准成立证书、执业许可证）、国家质量技术监督部门颁发的组织机构统一代码证书，到当地社保经办机构申请办理社会保险登记。

## 二、网上申报、缴纳社保费的条件

广东省地方税务局网上办税系统——社保费管理（以下简称社保费管理子系统），是广东省地方税务局为纳税人通过互联网（Internet）办理申报、缴纳社会保险费事项提供的操作平台，同时具备了以下条件的纳税人方可使用社保费管理子系统。

（1）纳税人的申报方式为网络申报（Internet），并已开通网报系统操作使用权限。此项设置须到税局办税大厅或者联系专管员进行开通。

（2）纳税人的申报缴款方式为“ETS”缴款方式。“ETS”（中文全称为广东省电子缴税入库系统）是中国人民银行广州分行、省财政厅、省国税局、省地税局与各商业银行共同建设的电子缴税入库系统。纳税人只需与所属市内的工行、建行、农行、中行等联网银行中的一家签订《委托银行代扣缴税费协议书》，经税务机关确认后，即可成为“ETS”用户（有关签约账户的具体要求请咨询各联网银行）。《委托银行代扣缴税费协议书》可到各联网银行或地税办税大厅索取。

（3）纳税人已经有缴费项目核定，参保人核定了最低缴费基数。此项设置须到税局办税大厅或者联系专管员进行核定。

## 三、网上申报、缴纳社保费的操作流程

网上申报、缴款操作流程如下：登录“广东省地方税务局网上办税大厅”，在浏览器地址栏中输入“http：//www. gdltax. gov. cn/wssw/”点击“进入广东省地方税务局网上办税系统”，纳税人输入用户名、密码，登录成功后选择进入“社保费管理”模块，进行相应的操作（见下图）。

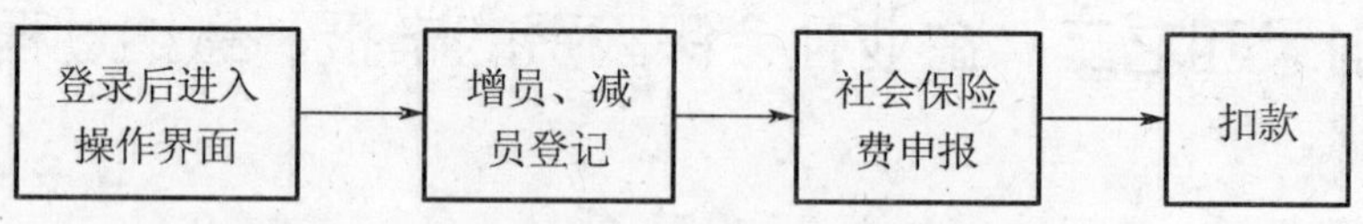


网上申报、缴款操作流程图

# 参 考 文 献

[1] 中华人民共和国财政部．企业会计准则 2006［M］．北京：经济科学出版社，2006.
[2] 中华人民共和国财政部．企业会计准则——应用指南 2006［M］．北京：中国财政经济出版社，2006.
[3] 中华人民共和国财政部．企业内部控制基本规范解读及应用指南［M］．北京：中国商业出版社，2009.
[4] 罗勇．企业内部控制规范解读及案例精析［M］．上海：立信会计出版社，2009.
[5] 孙万军．会计岗位综合实训［M］．2 版．北京：高等教育出版社，2009.
[6] 王颖．会计岗位实操［M］．广州：华南理工大学出版社，2009.
[7] 孙佐军．企业涉外会计［M］．大连：东北财经大学出版社，2008.
[8] 张艳萍．会计学原理与实务［M］．厦门：厦门大学出版社，2007.
[9] 梁伟样．企业纳税实务［M］．北京：清华大学出版社，2009.
[10] 梁伟样，王碧秀．企业纳税全真实训［M］．北京：清华大学出版社，2009.
[11] 杨智慧．财务会计应用与实训教程［M］．北京：高等教育出版社，2008.
[12] 富琳姝．高职院校会计仿真教学的思考与实践［J］．天津市经理学院学报，2008（3）：57－58.
[13] 郭秀珍．会计实践教学全仿真操作设想［J］．会计之友，2006（3）：90－91.
[14] 赵秀茹．会计专业实践教学环节探讨［J］．中国乡镇企业会计，2007（5）：85－86.